教育部高校国别和区域研究高水平建设单位
华南理工大学印度洋岛国研究中心　学术译丛

印度洋
海洋互联与社会创生

［坦桑］阿卜杜勒·谢里夫（Abdul Sheriff）　［英］何永盛（Engseng Ho）　主编

朱献珑　杜可君　主译

俞明焕　战双鹃　袁瑀童　王姝鉴　叶瑞正　高畅　谢含章　参译

The Indian Ocean
Oceanic Connections and the Creation of New Societies

著作权合同登记号 图字：19-2019-174

图书在版编目（CIP）数据

印度洋：海洋互联与社会创生/（坦桑）阿卜杜勒·谢里夫（Abdul Sheriff），（英）何永盛（Engseng Ho）主编；朱献珑，杜可君主译. —广州：华南理工大学出版社，2023.8

书名原文：The Indian Ocean：Oceanic Connections and the Creation of New Societies

ISBN 978-7-5623-7344-5

Ⅰ. ①印⋯　Ⅱ. ①阿⋯ ②何⋯ ③朱⋯ ④杜⋯　Ⅲ. ①南亚-历史　Ⅳ. ①K35

中国国家版本馆 CIP 数据核字（2023）第 059754 号

The Indian Ocean：Oceanic Connections and the Creation of New Societies
by Abdul Sheriff, Engseng Ho
ISBN：978-1-8490-4426-4

The original version was published by C. Hurst & Co. (Publishers) Ltd. in 2018. Copyright © ZIORI and the Contributors

Simplified Chinese translation copyright © 2023 by South China University of Technology Press

All rights reserved. This translation published under license. No part of this book may be reproduced in any form without the written permission of the original copyrights holder.

印度洋：海洋互联与社会创生

[坦桑] 阿卜杜勒·谢里夫（Abdul Sheriff）　　[英] 何永盛（Engseng Ho）　主编
朱献珑　杜可君　主译

出 版 人：柯　宁
出版发行：华南理工大学出版社
　　　　　（广州五山华南理工大学 17 号楼，邮编 510640）
　　　　　http：//hg. cb. scut. edu. cn　E-mail：scutc13@ scut. edu. cn
　　　　　营销部电话：020-87113487　87111048（传真）
责任编辑：吴翠微
责任校对：梁樱雯
印 刷 者：佛山家联印刷有限公司
开　　本：787mm×1092mm　1/16　印张：12.75　字数：336 千
版　　次：2023 年 8 月第 1 版　印次：2023 年 8 月第 1 次印刷
定　　价：62.00 元

版权所有　盗版必究　印装差错　负责调换

译丛编译委员会

主　任：钟书能　朱献珑

委　员（按姓氏拼音排序）：

陈一楠　程　杰　崔　岭　邓　锐

杜可君　金苏扬　雷　霄　李英垣

刘喜琴　欧　剑　荣　榕　夏晶晶

肖锦银　谢宝霞　谢　洪　徐　玲

薛荷仙　袁　瑀　战双娟　张黎黎

张琳琳　朱　丹　朱　琳

译者序

《印度洋：海洋互联与社会创生》（*The Indian Ocean: Oceanic Connections and the Creation of New Societies*）一书由原坦桑尼亚达累斯萨拉姆大学历史学教授阿卜杜勒·谢里夫与英国杜克大学文化人类学教授何永盛联合主编。全书主要分为"海洋运动与海洋互联"和"人口迁徙与社会创生"两大板块，共辑录了10篇高水平印度洋研究论文，论文作者均系人类学或历史学领域的知名学者，在印度洋地区研究方面具有深厚的学术造诣。本书视野宏阔、内容翔实、视角新颖，涵盖了印度洋地区的社会变迁、经济发展、政治生态、文化融合、族群认同等内容，向读者展示了一幅印度洋地区波澜壮阔的历史画卷。相信中译本的面世将会对国别和区域研究尤其是印度洋研究产生重要的方法论意义与文献参考价值。

在翻译过程中，译者始终以读者的理解和接受能力为依归，充分发挥译语优势，兼顾译文的忠实与通顺。本书的翻译工作前后历时两载有余，"一名之立，旬月踟蹰"，译者在翻译过程中深刻体会到译事之不易。首先是译名问题，书中可见大量与印度洋、斯瓦希里文化等相关的专业术语，这些术语在中文中均无对应词。译者结合语境，同时查阅相关史料对术语一一进行考据，多采取意译法或音译法进行转换，针对不易理解的译名，采取"译者注"的方式进行解释和说明，以帮助读者理解和把握原文的意旨。其次是句法问题，本书属典型的学术专著，句式结构复杂、逻辑关系严密，译者在忠实于原文的前提下，采取明晰化的翻译策略：一方面，按照汉语的思维方式，对句子结构进行切分和重组，使译文的行文逻辑符合汉语受众的认知方式和阅读习惯；另一方面，适当采取增译的方法，在句内增加文化背景知识或语境提示信息，以增强译文的可读性与可理解性。

本书主编阿卜杜勒·谢里夫教授专门致信询问翻译工作的进展，并在翻译版权转让过程中大力协助,在此谨致谢忱。北京外国语大学亚非学院的俞明焕和天津外国语大学亚非语学院的杨瑾瑜仔细审校了书中与非洲及斯瓦希里文化相关的文字表述,确保了译文的准确性与严谨性。华南理工大学外国语学院的俞家海、袁瑀童、王姝鉴、叶瑞正、高畅、谢含章等参与了译文的校对工作,在此深表谢意。此外,我们要特别感谢华南理工大学出版社编辑吴翠微女士为译作付梓倾注的心血!

限于译者的水平,译文难免会有错漏或不妥之处,敬请读者朋友批评指正。

译 者

前　言

2008年8月，桑给巴尔印度洋研究所（ZIORI）组织召开首届印度洋主题会议，与会学者齐聚一堂，共同探讨印度洋相关的话题。在过去的几千年里，诸多先进文明形态在印度洋周边出现，人类围绕印度洋开展贸易、社交和跨文化对话。本次会议的召开是印度洋研究这一新兴学科领域的里程碑事件，为该领域的研究指点迷津、照亮前路。

在德国大众基金会（Volkswagen Stiftung）和格尔达·汉高基金会（Gerda Henkel Stiftung）的慷慨资助下，为期三天的印度洋主题会议成功举办。来自印度洋地区内外，以及远至马来西亚和菲律宾的学者云集盛会，共同探讨问题、交流经验。在两大基金会的资助下，我们得以支付本书的编辑和出版费用。此外，坦桑尼亚达累斯萨拉姆大学歌德学院为本次会议邀请到了一位印度学者。我们对上述三个机构深表谢意。

柏林高级研究所（Wissenschaftskolleg zu Berlin）时任秘书约阿希姆·内特尔贝克（Joachim Nettelbeck）先生为我们牵线搭桥，为本次会议引介了德国大众基金会和格尔达·汉高基金会。约阿希姆全力支持我们的资助申请，并亲临会议现场。我与约阿希姆·内特尔贝克先生的渊源可追溯到2002年3月。当时，我受邀担任柏林高级研究所研究员，在研究所工作期间完成了《印度洋的独桅帆船文化：世界主义、商业与伊斯兰教》（*Dhow Cultures of the Indian Ocean: Cosmopolitanism, Commerce & Islam*）一书的写作，对于这段经历我一直记忆犹新并心怀感激。2007年，我和约阿希姆前往柏林进行短暂访问。其间，在得知我准备成立桑给巴尔印度洋研究所的消息后，他当即承诺提供运行经费，研究所因此得以顺利成立并正常运行。从那时起，他对研究所的帮助从未停止过。如今，他已经功成身退，开始了自己的退休生活。他确信，桑给巴尔印度洋研究所及2008年会议，甚至我自己和本书，都是他终身致力于学习的最佳证明。

我还要感谢2008年会议的30余名与会学者。他们的参与让会议议程更富成效。遗憾的是，限于篇幅与主题选择，本书未能涵盖所有会议论文。不过许多本书未能刊载的论文此前已经问世，或正在通过其他渠道出版，又让我略感欣慰。我相信，与会者在2008年会议中均受益匪浅。

我要感谢我的合作编辑。我们一起制定本书的编写方案，推动出版商审核出版申请。他参与本书大半数论文的编辑，但因其他要事中途不得不退出编辑工作，但本书仍是他智慧的结晶。我非常荣幸能和他一起担任编辑工作。

在此，我要向本书的论文作者致以诚挚的歉意。由于各种原因，他们的大作耽搁了许久才最终得以付梓。其中部分原因是不可避免的，但还有部分原因在于合作者事务繁忙，无法同时兼顾论文编辑工作。然而，这些论文的价值历久弥新，经受住了时间的检验，我们希望各位读者能从中获益，受到启发，共同推动印度洋历史的创新性研究。

最后，我要特别感谢桑给巴尔印度洋研究所董事会和顾问委员会对研究所的支持，感谢他们莅临会议并提交论文。我要特别感谢董事长伊萨·希福吉（Issa Shivji）教授和已故的哈鲁布·奥斯曼（Haroub Othman）教授，他们自始至终坚定支持在桑给巴尔建立印度洋研究所，并坚持认为应定期举行一系列国际会议，2008年会议正是该系列会议中的首届会议。正是在他们的鼓励和支持下，我才能够全身心地投身到研究所的工作中，在研究所难以为继的关头，我也从未轻言放弃。在此，我还要感谢桑给巴尔印度洋研究所的所有工作人员，包括纳斯拉（Nasra）、萨利赫（Saleh）、乔卡（Jokha）和萨拉姆（Salum），以及所有志愿者，包括英西娅·萨利姆（Insiya Salim）、我的儿子苏海尔（Suhail）和他的妻子伊斯马特（Ismat），以及所有助力会议成功举办的同仁。

阿卜杜勒·谢里夫
2014年2月15日于桑给巴尔

目录

绪论 / 1
    海洋运动与海洋互联 / 2
    人口迁徙与社会创生 / 4
    结语 / 5

1　不一样的全球化 / 6
    1.1　地中海视角下的印度洋 / 6
    1.2　海洋环境 / 6
    1.3　商业的逻辑和作用 / 11
    1.4　"伊斯兰湖" / 14
    1.5　文化融合和连续体 / 16
    1.6　印度洋的全球化世界及其对立面 / 18

第1部分　海洋运动与海洋互联 / 25

2　印度洋世界的海上贸易、政治关系及驻地外交 / 27
    2.1　印度洋亚洲海岸的国家建构模式 / 29
    2.2　印度洋国际体系中的欧洲人 / 36

3　海湾商人的印度洋世界（1870—1960）/ 42
    3.1　学术研究视野中的海湾地区和印度洋 / 43
    3.2　印度洋中的海湾商人网络（1870—1930）/ 44
    3.3　海湾地区与印度洋之间的贸易往来及权力关系 / 50
    3.4　结语 / 56

4　穿梭于草原、海岸和岛屿之间：西印度洋商队挑夫及港口、帆船水手的劳动文化 / 58
    4.1　挑夫和水手 / 61
    4.2　19世纪的商队和港口城镇 / 65
    4.3　商队和海洋水手文化 / 71

目录

5 印度洋地区的奴隶问题 / 76
   5.1 导言 / 76
   5.2 印度洋中的奴隶贸易 / 77
   5.3 奴隶的作用 / 80
   5.4 印度洋奴隶制的特点 / 83
   5.5 作为社会保障制度的奴隶制 / 87
   5.6 奴隶制中的同化现象 / 88
   5.7 移民奴隶 / 90
   5.8 印度洋地区奴隶制的废除 / 91
   5.9 结语 / 92

6 印度洋世界的契约劳工及新社会的形成 / 94
   6.1 导言 / 94
   6.2 契约劳工移民 / 96
   6.3 研究概览 / 98
   6.4 研究评述 / 108
   6.5 结语 / 110

第 2 部分　人口迁徙与社会创生 / 115

7 斯瓦希里文明的现状
　——语言、社会、印度洋祖先及人类学研究 / 117
   7.1 引言 / 117
   7.2 种族混合现象 / 119
   7.3 文学作为映照语言的明镜 / 120
   7.4 方言学作为重建语言连续体的基石 / 122
   7.5 标准化理论 / 128
   7.6 跨学科研究前瞻 / 129

目录

8 世界主义还是排他主义？
　　——当代桑给巴尔表现性文化中的身份建构 / 132

9 桑给巴尔科摩罗人的身份认同及公民权（1886—1963）/ 150

　9.1　科摩罗人和桑给巴尔社群的建立 / 152

　9.2　法国人地位的巩固 / 155

　9.3　故乡和郡县之间 / 157

　9.4　亚米尼派和什玛利派 / 159

　9.5　科摩罗学校 / 162

　9.6　桑给巴尔移民 / 164

　9.7　归化为桑给巴尔人 / 166

　9.8　结语 / 167

10　马六甲海峡的慈善与信托：民间和全球处理国家问题的差异性 / 168

　10.1　导言 / 168

　10.2　福利、慈善和信托的概念 / 170

　10.3　历史上的企业家 / 173

　10.4　联姻与慈善 / 174

　10.5　朝圣作为财富和特权的新来源 / 177

　10.6　树立地位的模式 / 178

　10.7　独立穆斯林媒体的兴起 / 180

　10.8　志愿服务与社会福利 / 181

　10.9　福利和慈善的本土社区网络 / 181

　10.10　结语 / 183

索引 / 185
关于作者 / 190

绪 论

阿卜杜勒·谢里夫（Abdul Sheriff）

十几年前，已故的考古学家内维尔·奇蒂克（Neville Chittick）认为印度洋称得上是"世界上最大的文化连续体"①。在欧洲人对印度洋的长期干预下，印度洋的大部分被纳入资本主义世界经济体系，但仍然保留了许多独特的社会和文化特征。费尔南·布罗代尔（Fernand Braudel）探讨了海洋在世界历史中发挥的作用②，其论点颇具开创性。法国历史学家迈克尔·莫劳特（Michael Mollat）曾如此描述印度洋：

> 地中海从古至今一直是文明的中心，印度洋亦是如此……以印度洋环流为轴，来自其四面八方的文化交流互动汇聚于此，印度洋成为最多元化的中心，由此塑造了这个得天独厚、不可比拟的文化十字路口。③

这些思想启发了整整一代印度洋学者④，同时促成了2007年桑给巴尔印度洋研究所的成立。2008年8月，研究所组织学术研讨会，旨在探讨印度洋漫长的发展历史中涌现出的一些研究议题。印度洋被最先进的文明所包围，几千年以来的贸易、社会交往和文化对话均在此交汇。在这浩如烟海的人类文明史中，这本仅仅收录了十篇论文的文集自然无法穷尽所有重要的议题。本次会议旨在阐明要点，指引印度洋未来的研究之路，助力研究者深入探索这片新领域。这次会议的两个主题分别是"海洋运动与海洋互联"和"人口迁徙与社会创生"，本书正是围绕这两个主题展开编写的。

在第1篇"不一样的全球化"中，阿卜杜勒·谢里夫围绕两大主题，通过对

---

① Chittick, Neville, "East Africa and the Orient: ports and trade before the arrival of the Portuguese", in Menaud (ed.), *Historical Relations across the Indian Ocean*, Paris: UNESCO, 1980, pp. 13 – 22.

② Braudel, Fernand, *The Mediterranean and the Mediterranean World in the Age of Philip II*, New York: Harper, 1972.

③ Mollat, Michael, "The importance of maritime traffic to cultural contacts in the Indian Ocean", *Diogenes*, 111, (1980a), pp. 16 – 17.

④ Chaudhuri, Kirti N., *Trade and Civilisation in the Indian Ocean*, Cambridge: Cambridge University Press, 2003; Pearson, Michael N., *Indian Ocean*, London: Routledge, 2003; Sheriff, Abdul, *Dhow Cultures of the Indian Ocean: Cosmopolitanism, Commerce & Islam*, London: Hurst, 2010.

全书架构的多层次分析，对全书从"各种资源可用性的地理分析，海洋和印度洋典型的季风系统"进行了整体介绍。后者推动了印度洋的流动，加强了商业、社会和文化的融合。印度洋的商业环境孕育了文化和宗教的多样性和包容性，促进了穆斯林的繁荣发展，为跨印度洋的文明对话搭建了平台。穆斯林正是在麦加独特的商业环境中逐步发展起来的。在印度洋西部，三个社群的角色尤为突出：南阿拉伯海岸的哈达拉毛人、东非沿岸的斯瓦希里人和印度东西海岸的穆斯林。第1篇同时对比了不同文明对待印度洋的方式。15世纪，中国明朝船队下西洋，他们有足够的实力征服印度洋，但并没有这么做。时至15世纪末，葡萄牙尝试征服印度洋，但因实力不济未能得逞。但是葡萄牙人通过商业垄断、宗教限制和政治统治，为印度洋进入历史上的"达伽马时代"打下了基础。

海洋运动与海洋互联

多重、多样的跨洋联系的重要性不言而喻，但又鲜为人知，这为印度洋研究带来了机遇与挑战。关于跨洋联系的细节散落于各类叙述中，借此我们可以用新的研究方法探究这一精耕细作的领域，其中包括各种各样的地理轴线和历史时期。

本书的第2篇是"印度洋世界的海上贸易、政治关系及驻地外交"。拉维·帕拉特认为，从北非到东亚跨印度洋的整个区域内，国家间交往的历史悠久。历史上，在自由贸易的商业世界中，存在着相互重叠的主权和自治社区。在这一特定体系中，商人、学者、法官、官员和军官为了工作和谋生，可以在几个管辖区之间自由流动。跨洋的不同商人社区可自行协调内部分歧，大多数情况下不必诉诸当地政府解决争端，除非涉及社区间的冲突。另外，葡萄牙人等欧洲人带来了排外的、紧凑的、有领土边界的威斯特伐利亚主权国家体系，这与印度洋的传统格格不入。随着印度洋沿岸地区被纳入资本主义世界经济体系，印度洋国家间原有的格局分崩离析，与之相伴的种族化和民族化政治身份亦不复存在。帕拉特认为，深入挖掘原始的印度洋国家间关系原则极为必要，可为理解当代世界的一些痼疾提供另一种视角。

大多数历史观以大陆化和内陆化视角为核心。这种视角主导了阿拉伯人的历史，他们总是被视为沙漠中的贝都因人，而且总是和中世纪穆斯林大陆王朝联系在一起。实际上，阿拉伯半岛在阿拉伯语中的意思是al-Jazeera，即被印度洋三面包围的岛屿或半岛，它还有一部分毗邻地中海。阿拉伯半岛拥有漫长的海岸线，从地质和生活方式的角度来考察，它自然属于海洋性的存在。但正如法赫德·艾哈迈德·比沙拉在"海湾商人的印度洋世界（1870—1960）"中所介绍的，陆地化视角仍然主导着人们对印度洋历史的认知。他认为，海湾的阿拉伯人在经济、社会和文化方面都依托于印度洋而不是沙漠。他们拥有航海网络以及正式或非正式的信托和社会资本机制,能够参与文化多元的印度洋贸易世界。海湾商人和船长依靠广阔的印度洋资源寻求独特的生存和发展机会,具备了较强的社会、经济和政治流动性。他在总结中提到:"印度洋世界构成了海湾地区经济和政治生活的一个重要维度。"

史蒂芬·J. 洛克尔研究的是"硬币"的另一面,即从海洋到东非腹地的跨区域联系。他在"穿梭于草原、海岸和岛屿之间:西印度洋商队挑夫及港口、帆船水手的劳动文化"中指出,19 世纪东非的长途大篷车挑夫与西印度洋独桅帆船船员存在诸多共同之处。他们均为同一国际化经济(生产、消费和欲望)的参与者。大篷车和帆船催生了独特的流动形式和劳动模式,并受到季节、劳动程序和劳动文化习俗的共同影响。这种流动的劳动文化在广阔的空间得以传播,一方面掺杂了不同的经验和习俗,另一方面与"具有高度流动性的陆地和海洋网络"交织在一起。他特别指出,独特的 utani(仪式化的戏谑关系)在长途大篷车和贸易世界中广泛传播,增强了种族之间的经济和文化交流。utani 是一种独特的生存策略,风行于大篷车城镇和斯瓦希里沿岸的港口。至于水手群体内部以及水手和港口城镇本土居民之间是否出现相似的交流机制,洛克尔在文中并未提及。艾伦·维里尔斯(Alan Villiers)则提到"四海之内皆兄弟"的现象,水手和当地居民之间互动交流极为紧密,港口由此出现了"世界居民",但他们之间是否存在类似机制有待进一步探究。挑夫和水手的劳动世界与其他跨印度洋文化交流网络存在交叉重叠之处,他们沿着大篷车的路线进入东非内陆,把伊斯兰教和斯瓦希里语带进了非洲的心脏地区。洛克尔提出这是"基于创新、世俗原则、权威主义新形式和多民族劳动文化的独特的东非现代性",早于后来的殖民主义现代性。

本书从各个方面探讨了普通贸易商、挑夫、水手、学者和官员自古以来的跨印度洋流动。除此之外,还有两类人的流动及其历史意义值得特别关注。第一类是印度洋的奴隶贸易和奴隶制,虽然历史久远,但往往被误读。大西洋奴隶制研究范式的"统治"对研究印度洋奴隶制度造成了不良影响。前者认为,在资本主义生产方式盛行期间,白人蓄奴阶层和在种植园劳作的奴隶阶层之间泾渭分明,奴隶阶层主要由成年非洲男性组成。在"印度洋地区的奴隶问题"中,格温·坎贝尔提出,印度洋奴隶制存在的时间更长,具有多方向性,奴隶来自不同的国家,包括非洲人、亚洲人甚至欧洲人。此外,印度洋奴隶制更为多样化,少部分与大西洋主义者的种植园奴隶制相似,但也包括军事奴隶制和家政奴隶制,因此奴隶的性别和年龄分布更广。因为受到了意识形态、风俗习惯和经济活动的影响,印度洋奴隶制的体系和社会融合的形式多种多样。将大西洋的模式强加于印度洋之上,意味着对历史更悠久、更复杂的人类奴隶制度视而不见。

在废除奴隶制之后,为了向西南印度洋岛屿和殖民地的蔗糖种植园提供劳动力,出现了第二类人亦即契约劳工的流动。这被历史学家称为"奴隶制度的新形式"。随着资本主义和殖民主义时代的来临,大西洋地区的契约劳工日益普遍,

6　引起了很多学者的关注。蒂洛克在"印度洋世界的契约劳工及新社会的形成"中指出,印度洋的契约劳工有其自身特点。不是所有的印度人都成为契约劳工,也并不是所有的契约劳工都是印度人,还有一些是中国人、非洲人、科摩罗人和马达加斯加人。早期的研究关注劳工招聘的数量和过程,当代的研究,特别是来自接受地的研究,则将目光转向社会转变和新社会的设立,研究范围包括契约劳工如何获取财产和接受教育,如何提升社会和政治地位,以及更广泛的克里奥尔化过程。

人口迁徙与社会创生

在逻辑和历史层面,第二个主题是前一个主题的延续,即聚焦于新的社会形态如何在单一的区域中得以形成和展现。谁是斯瓦希里人?谁是非洲人、阿拉伯人?对处在非洲和印度洋交汇点的社会而言,这是一个长期存在的问题。若采用单一的研究视角,而不是多层次融合的角度对身份进行界定,这一问题将会构成极大困扰。穆罕默德·巴卡利在"斯瓦希里文明的现状——语言、社会、印度洋祖先及人类学研究"中指出,从索马里的巴纳迪尔海岸到南部的莫桑比克和科摩罗群岛,构成了一个相对同质的语言和文化区。通过语言学研究,尤其是斯瓦希里语言学,可以发现其起源于班图语系,与临近语言的关系非常密切。但是也有证据表明,在斯瓦希里语言和社会形成的过程中,受到了很多外来的影响,其中东非与印度洋附近地区的交流发挥了重要作用。若不考虑印度洋社会对斯瓦希里社会演变的影响,我们很难想象斯瓦希里会出现美食、家具、语言、文学、信仰(特别是伊斯兰教)。随着贸易路线延伸到内地,斯瓦希里文化逐渐散播到非洲腹地。关于此类研究,我们迫切需要一个跨学科的方法来分析斯瓦希里的语言、文学、历史和人类学。我们必须对斯瓦希里社会和文化连续体进行更深入和系统的认知。

7　鲍拉·伊万诺夫以巴卡利的研究为基础,关注斯瓦希里人身份认同的问题。在"世界主义还是排他主义?——当代桑给巴尔表现性文化中的身份建构"一文中,她指出对桑给巴尔近代历史的研究将种族类别的概念绝对化,这似乎与桑给巴尔社会,特别是与"斯瓦希里"东非沿海的社会和文化开放性特征相矛盾。这些社会形态的出现与印度洋贸易网络中人口、思想和商品的流动密不可分。格拉斯曼认为,这种种族主义并不能简单地与欧洲殖民主义的种族人口划分联系在一起。当地的知识分子通过借鉴当地的"文明"概念以及泛阿拉伯和泛非洲民族主义,阐述了桑给巴尔特有的且相互排斥的"种族"身份概念。在独立前的民族主义动员时期,种族问题被政治化,这表现为本质主义的种族宣传,制造了"阿拉伯性"和"非洲性"的对立,最终导致了1964年革命的"反阿拉伯"情绪。具有讽刺意味的是,在那场革命之后的近半个世纪里,伊万诺夫所说的"阿拉伯性"仍然代表着文明和高雅文化的理想,体现在服饰、婚礼、家庭和酒店装饰、受保护的石头城和博物馆展品中。这或许恰恰体现出海洋联系和文化融合，即桑给巴尔"世界文化"的独特性，种族标签得以去除。

斯瓦希里文明南端的科摩罗人展示出身份认同的另一维度。如帕拉特所述，在自由贸易的商业世界中，历史上存在相互重叠的主权和自治社区，而威斯特伐利亚体系强行将排他的、紧凑的和有领土边界的国家观念引入印度洋地区。伊恩·沃克在"桑给巴尔科摩罗人的身份认同及公民权（1886—1963）"一文中剖析了桑给巴尔的科摩罗社区。该社区采用了巩固科摩罗人身份的多种策略。然而，"科摩罗人"这个称谓仍然存在双重含义：一方面是指他们是居住在英国保护国的法国人；另一方面是指基于社会属性和文化实践，他们具有科摩罗人的"民族"身份。双重身份都不能确保科摩罗人成为"完全意义上的桑给巴尔人"。一方面，法国的公民身份让科摩罗人在英国保护地享受其他桑给巴尔人无法享受的某些权利，随着桑给巴尔走向独立，他们的身份日益被边缘化。另一方面，保持民族身份导致"科摩罗人"和"科摩罗桑给巴尔人"之间的分裂。沃克研究了科摩罗人的归属化策略，即在桑给巴尔不断变化的社会政治环境中，研究他们与母国的关系，以及如何塑造自身的法律、社会和文化身份。

在东南亚季风系统的另一端，瓦齐尔·贾汉·卡里姆在"马六甲海峡的慈善与信托：民间和全球处理国家问题的差异性"一文中，探讨了印度人和阿拉伯穆斯林商人相互融合的问题。这种融合实际上并非一帆风顺。穆斯林港口城市内部在初期关系紧张，这种紧张局势通过伊斯兰教的再分配机制（包括伊斯兰教税收和福利制度）的创立而得到缓解。在马来西亚成为英国殖民地前后，以及印度尼西亚成为荷兰殖民地前后，慈善和福利事业在马六甲海峡的港口城市得以蓬勃发展，印度和阿拉伯穆斯林企业家通过信仰主导的社群活动巩固了自身的商业利益。从19世纪初开始，慈善和福利成为一种网络建构和结盟策略，重塑了当地政治和全球商业的生态，在殖民政府中具有重大影响力的穆斯林商业阶层由此开始崛起。卡里姆研究了信托和民间伊斯兰新兴概念之间的关系，提出后者促进了世俗主义和世界主义的发展。这些机制由社区发起，在独立后逐渐被国家支持的福利主义所取代。随着商业资本主义的兴起，穆斯林企业家面临新的竞争，他们在当地贸易、朝圣和宗教教育等细分领域中继续发展。

结语

从本书中，我们可以清楚地看到印度洋世界的复杂性。奇蒂克提出了关于"印度洋文化连续体"的概念，莫劳特又将印度洋比作"地中海"。在两位学者研究的基础上，本书希望为印度洋研究描绘出一幅新的发展图景。从斯瓦希里海岸到东南亚，再到广袤的内陆，社会文化交流活动覆盖了整个印度洋地区。本书旨在抛砖引玉，提出探索印度洋漫长历史的新研究路径，这也是本次会议的主旨。

1

不一样的全球化

阿卜杜勒·谢里夫（Abdul Sheriff）

1.1 地中海视角下的印度洋

印度洋是一片三面环陆的辽阔海域，它西接非洲大陆、北倚亚洲大陆、东连东南亚，一直延伸到澳大利亚。15世纪末，在葡萄牙船队绕过非洲最南端的好望角闯入印度洋之前，其面向南极洲的南部边界如明珠蒙尘，重要性尚未凸显。许多古典地理学家一度认为印度洋如地中海一样只是一片内陆海。公元1世纪，希腊地理学家托勒密认为，非洲东海岸向东延伸，与远东地区的亚洲海岸融为一体。这一谬误一直流传至15世纪末。

从地理学的角度看，这种观念自然是站不住脚的，但是将印度洋比作地中海并非全无道理。几千年来，在人们掌握航海技术、认识季风规律后，印度洋海上交通络绎不绝、畅通无阻。正如古代地中海一样，印度洋为经济、社会、文化交流提供了便利条件。因此，法国历史学家迈克尔·莫劳特（Michael Mollat）在比较两个海域时，曾说道：

> 地中海从古至今一直是文明的中心，印度洋亦是如此……以印度洋环流为轴，来自其四面八方的文化交流互动汇聚于此，印度洋成为最多元化的中心，由此塑造了这个得天独厚、不可比拟的文化十字路口。①

1.2 海洋环境

法国历史学家费尔南·布罗代尔（Fernand Braudel）在地中海研究领域声誉显赫，他所提出的方法论可以作为思考印度洋问题的基石。布罗代尔的主要贡献在于打破了许多已有历史的内陆封闭思维，转而把研究重心放在陆地和海洋环境的交流互动方面。同时，他还研究了人类与其生存环境在交流互动中所呈现的辩

---

① Mollat, Michael, "The importance of maritime traffic to cultural contacts in the Indian Ocean", *Diogenes*, 111 (1980a), pp. 16–17.

证关系。在此研究中，地中海作为考察对象最为恰当。地中海近乎内陆海，"是一个海洋的复合体……岛屿链纵横，海岸线蜿蜒曲折"。这样的环境催生了一个陆海紧密相连的社会，无论是经济交往、生活方式还是诗歌创作都与之息息相关。①

从历史学角度出发，布罗代尔透过人类社会和自然环境不同的发展节奏和时间跨度，提出了一种融人类与自然于一体的历时性维度。他把历史切割成不同的时间层次，这是进行社会研究的关键所在。很多史学家会陷入个人和事件研究的陷阱，正如有些历史学家所说："历史是伟人的传记。"针对这种观点，布罗代尔提出第一个时间层次，即著名的历史事件或历史人物只不过是"历史发展浪潮中的浮沫"，它们/他们转瞬即逝。但从长远来看，它们/他们完全"缺乏时间密度"和结构性。第二个时间层次便是他所称的"社会时间"，在社会时间内，事件发生的节奏较为平缓，多事件并发成为常态。尽管这些历史事件发展缓慢，但人们可以清晰地感知到它们的发展进度；在社会时间层面中，历史事件可以在社会现实和环境中发展相对稳定的关系，并保持一致性和持久性。②

第三个时间层次是他提出的"长时段"概念，后人将这个概念与他的名字相联系。基于这一层次可以尝试理解真正重要的历史运动，而不是某一特定历史时刻。"长时段"尤为关注人类与环境之间的对话，以及人类与养育他们的土地之间的密切联系、无意间创造的历史。这是一段"不断重复、往复循环的历史"，发展极为缓慢，但更具深度，历时更长，影响更深远。理查德·霍尔（Richard Hall）在其著作《季风帝国》（*The Empires of the Monsoon*）中提到，"对我们普通民众造成影响的，往往是自然环境而不是重大历史事件，是永恒的季风而不是短暂的君主制度"③。第三个时间层次为历史奠定了基调。这三个层次并不是非此即彼的关系，而是一种处于同一时间轴中相互作用的关系。各个层次相互关联，对三个层次的深入理解缺一不可。④

印度洋的面积远远大于地中海，但布罗代尔的真知灼见依然适用。印度洋占全球水域的五分之一，海岸线绵长，加之红海和波斯湾深入亚非腹地，阿拉伯海和孟加拉湾海湾宽阔、印度洋沿岸岛屿链错综复杂，这些都为印度洋提供了舒适、温暖、丰饶的热带海洋环境。因此，印度洋沿岸居民可同时利用陆地与海洋环境，造就多样化的社会形态和富足的生活。印度洋被人口最多的大陆和形形色色的文明环绕。世界上三分之一的人口如今都定居在印度洋沿岸地区。

---

① Braudel, Fernand, *The Mediterranean and the Mediterranean World in the Age of Philip II*, New York: Harper, vol. I, 1972, p. 17.
② Braudel, Fernand, *On History*, Chicago: University of Chicago, 1980, pp. 3-4, 11.
③ Hall, Richard, *The Empires of the Monsoon*, London: Harper Collins, 1996, p. XXI.
④ Braudel, *On History*, pp. 12, 20, 31, 34, 93; Braudel, *The Mediterranean*, vol. I, pp. 14, 20; idem. "History and the social sciences", in Burke, Peter (ed.), *Economy and Society in Early Modern Europe*, New York: Harper, 1972, pp. 14-20, 32, 36. （注：布罗代尔所说的结构是指"一种组织，一系列现实与社会群众之间的连贯且相当固定的关系"。）

The Indian Ocean: Oceanic Connections and the Creation of New Societies
印度洋：海洋互联与社会创生

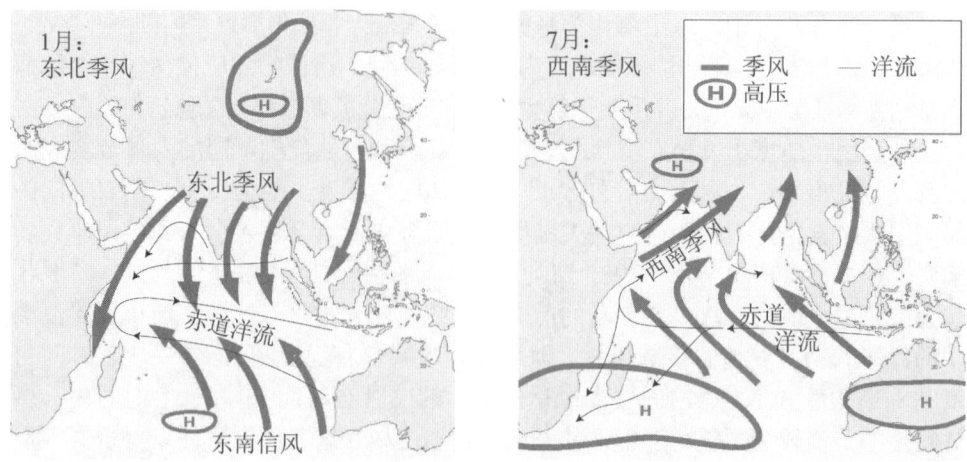

图1.1　季风

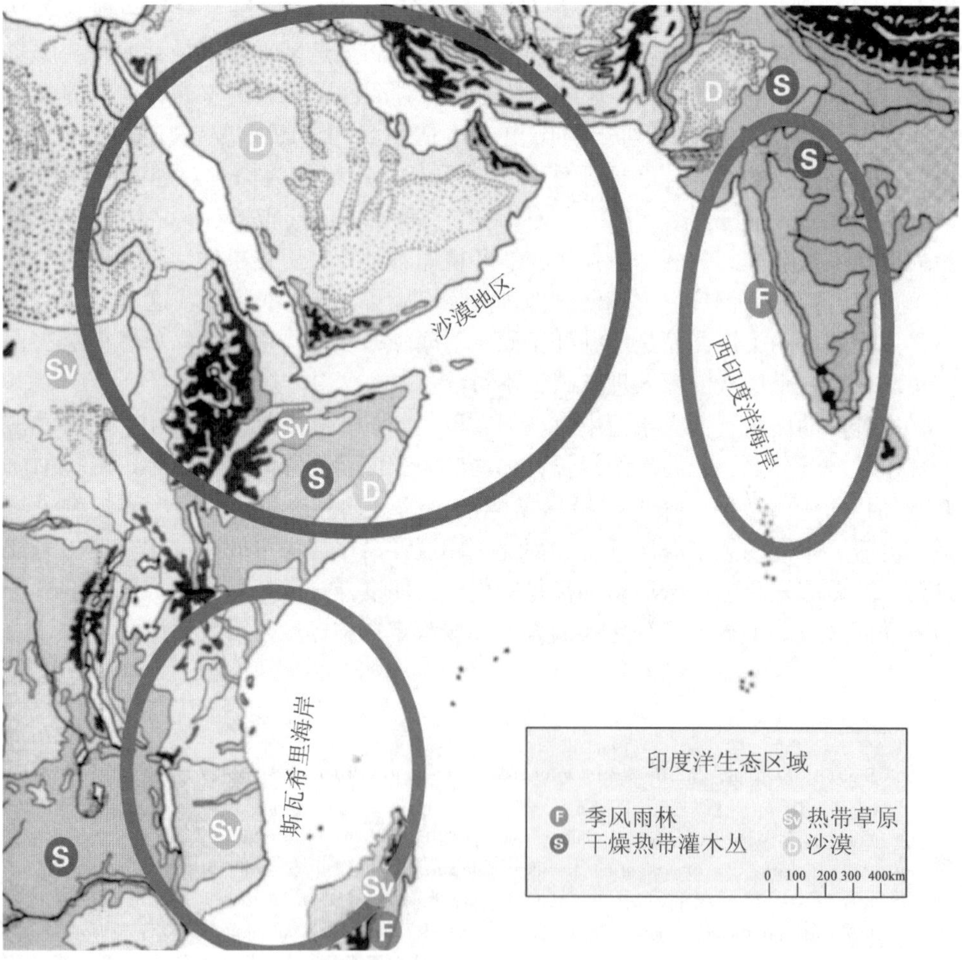

图1.2　西印度洋周边生态区域

此外，印度洋特有的季风现象促进了跨印度洋的交流。亚洲大陆冬夏两季的冷热交替，加上与南部温暖洋流的交汇，使印度洋盆地出现季节性风向逆转。季风在一个季节内为航海提供有利的风向条件，六个月后，风向开始发生逆转，独桅帆船借助季风开始返航。季风系统限制了独桅帆船的自由航行，船只为等待风向改变，被迫在目的地港口滞留，这种航行模式不利于社会发展。

季风还在印度洋盆地形成不同的互补环境，造成资源和商品的分配不均，使跨印度洋交流成为可能。历史地理学家威廉·柯克（William Kirk）提出三个互相独立又互为补充的生态区：

第一个生态区是东非沿海地区的热带森林。这里盛产珍稀木材，包括抗白蚁的红树林木杆（mangrove poles）。红树林木杆价格低廉，质地结实，一千多年来一直被用以建造多层石屋，也可用作燃料。此外，东非沿海热带森林还出产食物和象牙。

第二个生态区是位于非洲之角至印度河谷之间盛产椰枣的中间沙漠地带。漫长的海岸线为海洋经济、文化的发展提供了有利的自然环境。此外，南阿拉伯海岸的冷水上泛，使其成为世界上最多产的渔场之一。在这里，鱼类可以充当食物、肥料和家畜饲料，同时还大量出口到其他国家和地区。然而，该区域木材匮乏，粮食产量低，无法满足人口增长的需要，从而导致突出的人口外流问题。历史上，曾有大量人口从该区域迁至东非、印度和东南亚。

第三个生态区是印度半岛与东南亚之间的森林地区。该区域盛产珍贵木材，包括檀香木、桃花心木、柚木，以及红树林木杆。几千年来，人们将木材出口至沙漠地区，用以建造独桅帆船和房屋。此外，该生态区为香料和棉花的生产创造了适宜的环境，马拉巴尔海岸和东南亚以香料生产闻名遐迩。古吉拉特邦是主要的棉花产地，棉纺织品出口历史十分悠久。①

除上述三个区域外，还有西方的地中海世界和远东的中国。历史上，这两个区域的生产、消费和交换活动一直十分活跃，属于经济发达的富庶区域。两千多年以来，印度洋在这两个区域不同时期的发展进程中始终发挥着重要的纽带作用。

历史学家乔杜里（K. N. Chaudhuri）是将布罗代尔的思想引入印度洋研究领域的第一人。他认为，印度洋的气候条件、经济活动、人员流动和历史力量在千百年来创造了独特的凝聚力，使其拥有了内在统一性及独特的影响范围。通过红海和波斯湾两个主干道，以中亚的丝绸之路作为补充，印度洋和地中海开展远途贸易，形成了一个强大的经济消费区。商品以及伊斯兰教等的宗教思想的流通和

---

① Kirk, William, "The N. E. monsoon and some aspects of African history", *Journal of African History*, 4 (1962), pp. 263-267.

传播进一步增强了印度洋地区的统一性。① 然而，我们也有理由怀疑乔杜里夸大了地中海和印度洋之间海路统一的概念。毕竟他提及的某些区域距离印度洋有成百上千英里。他认为构成印度洋的部分文明主要以陆地为基础，只有当大宗商品贸易受限时，海洋才会发挥一定的辅助作用，这种作用与陆地贸易相比自然是次要的。

是否有更为合理的方法来定义这一概念呢？迈克尔·皮尔逊（Michael Pearson）认为，沿海社会是印度洋历史的主要参与者。② 一方面，沿海社会位于两种环境的交汇处，不仅在经济交流方面发挥着主要作用，而且在社会与文化交流方面也有着举足轻重的影响；另一方面，沿海社会受到海洋力量的显著影响，从港口和海岸向内陆延伸，前沿地带具有渗透性，发挥着过滤的作用，里维斯曾形象地描述这一过程："海洋中的盐逐渐被陆地的泥沙所取代。"③

这种观点的创新之处在于其肯定了陆地与海洋的关联性和互补性。皮尔逊把印度洋看作是陆地与海洋的连续体，二者以复杂、多样的方式相互联系。因此，把沿海社会视为完全以大陆为基础的族群，或完全以海洋为基础的族群都是不妥当的。在沿海社会中既有农民也有渔民，其中有些人在不同季节身兼两职。他们在社区间进行互动，在市场上交换商品，进行社交，共享文化。虽然沿海社会可能由多元人口组成，管理体系和法律制度各异，但频繁的经济合作推动了同质化进程。④

从更宏观的层面来看，沿海社会与腹地或更远的沿海地区有着频繁的互动。海洋与大陆的边界互相渗透，具有弹性，随着离岸距离的增加，边界日益模糊。皮尔逊关注的是沿海社会边界的具体位置，以区分主要的海洋影响区和大陆影响区。他认为这条边界线应该划在中间地带。尽管在地图上画一条线来确定沿海地区的做法非常简单，但实际的边界线互相交织、富有弹性，并且会随着历史的发展浪潮不断改变。将印度洋造成的影响进行汇总后，得出陆地和海洋影响的平均值，这样的做法是对印度洋不同的经济、政治、社会和文化层面复杂现象的静态呈现。因此，布罗代尔采用了一种更为动态的方式进行解释，他把海洋比作电场或磁场，其影响力随着地理距离的扩大而下降，这一距离在经济上是指商品交换

---

① Chaudhuri, K. N., *Trade and Civilisation in the Indian Ocean*, Cambridge: Cambridge University Press, 1985, pp. 2 - 3, 9, 15.

② Pearson, Michael N., "Introduction I: the state of the subject", in Gupta, Ashin D. and Michael N. Pearson (eds.), *India & the Indian Ocean, 1500 - 1800*, Calcutta: OUP, 1987, p. 13. 在之后的研究中，Pearson 将"印度洋主要参与者"的范围缩小为典型的沿海居民，即那些生活在海岸上、在海上工作但很少旅行的渔民。Pearson, Michael N., "Littoral society: the concept and the problems", *Journal of World History*, 17/4 (2006), p. 356.

③ Reeves, et al., "Studying the Asian port city", in Broeze, Frank (ed.), *Brides of the Sea*, Kensington: New South Wales Univ. Press, 1989, p. 48.

④ Pearson, Michael N., "Littoral society: the case for the coast", *Great Circle*, 7/1 (1985), pp. 1 - 8; idem, "India & the Indian Ocean in the sixteenth century", in Gupta & Pearson, *India & the Indian Ocean*, pp. 71 - 93.

距离；在政治上是指沿海社会占主导地位或受其腹地支配的时间跨度；在社会和文化上是指商品和人们思想的流通及传播速度。正如布罗代尔所说：

> 人和商品以物质或非物质形式的流通，形成了一个环绕地中海的同心圆。我们可以想象出上百条边界，包括政治边界、经济边界及文化边界。①

1.3　商业的逻辑和作用

布罗代尔并不是地理决定论者，在他所有的著述中，都隐藏着一个恒定的人文尺度。他强调，人类历史的统一性并非由大海本身创造，而是由人员流动、贸易路线和人际关系创造的。商贸是印度洋地区人员流动的主要原因，但目前人们对"东方贸易"的性质界定仍颇具争议。荷兰社会学家凡勒尔（van Leur）指出，至少在过去的两千年里，"东方贸易"几乎没有发生改变，贸易一直由买卖奢侈商品的流动商贩所主导。②

这种一成不变的东方主义描绘下的静态图景忽视了贯穿印度洋历史的重大差异和不断变化。正如梅林克－罗尔洛夫兹（Meilink-Roelofsz）所证明的那样，亚洲商贸不仅仅是单纯的兜售活动，还涉及从奢侈品到大宗商品等的各种各样的商品，而且运输距离越长，商品就越贵重。李维斯（Lewis）曾记录了大量的大宗商品交易，在这些交易的影响下，包括亚丁、霍尔木兹和马六甲在内的印度洋最重要的城邦得以持续发展。从东非海岸至阿拉伯南部地区，从马拉巴尔和科罗曼德海岸至阿拉伯半岛和斯里兰卡，粮食贸易大行其道。③ 然而，只用单独一艘独桅帆船运输昂贵的奢侈品既不实惠也不安全。奢侈品和粮食通常由同一艘独桅帆船运输，作为压舱物的大宗商品，其在生产地价值并不高，所以会在返航前被处理掉，例如中国瓷器和印度、东非的木材。

贸易不仅仅是一种经济活动，交换的商品还具有不可忽视的社会、文化和经济意义。以椰枣为例，在阿拉伯沙漠地区，它只是普通的生活必需品，但在印度洋周边的穆斯林社会则具有重要的社会和精神意义。在热带的桑给巴尔和印度尼西亚，如果斋月期间开斋时吃不到椰枣，会被认为是一种严重的权利剥夺，甚至会破坏政府稳定。④

---

① Braudel, *The Mediterranean*, vol. I , p. 168.

② van Leur, J. C. , *Indonesian Trade & Society*, The Hague: W. van Hoeve, 1955, pp. 66 – 67, 95, 98 – 99, 103, 114 – 115.

③ Meilink-Roelofsz, M. A. P. , *Asian Trade and European Influence in the Indonesian Archipelago between 1500 and about 1630*, The Hague: Martinus Nijho, 1962, pp. 5 – 7; Lewis, A. , "Maritime skills in the Indian Ocean, 1368 – 1500", *Journal of the Economic and Social History of the Orient*, 16 (1973), p. 256.

④ 在桑给巴尔实行贸易自由化之前，由于国营贸易公司未能按时供应椰枣，所以人民群众常对此进行批评。

此外，贸易还会对涉及其中的共同体的建筑和社会品位产生重大影响。穿梭于东非和印度西海岸的独桅帆船主要运输的出口货物包括木材（timber）和红树林木杆（mangrove poles）。红树林木杆一般只有3～4米长，其长度也就决定了房屋的宽度，从而影响了斯瓦希里海岸和波斯湾地区许多中世纪城镇的建筑风格，西拉夫便是一个典型的例子。1939年，艾伦·维利尔斯乘坐的独桅帆船自斯瓦希里海岸航行到了波斯湾，船上有6000多根红树林木杆，在巴林出售给了沙特阿拉伯国王的中介，因为国王当时正在利雅得建造一座宫殿。①

随着工业化和蒸汽船技术的不断发展，独桅帆船在奢侈品运输上的传统优势逐渐丧失；同时，随着海湾国家石油财富的不断积累，钢筋取代了红树林木杆。虽然印度和波斯湾之间的独桅帆船商贸活动并未停止，但这一系列变化给东非海岸和波斯湾之间的长途独桅帆船商贸活动造成了致命打击。除了运输常规货物，独桅帆船上的水手和商人们还携带了各种各样的物品：来自印度尼西亚的五颜六色的纱笼已经成为印度洋地区男士服饰的一部分，来自木卡拉的稻草扇子在炎热潮湿的蒙巴萨和桑给巴尔风行，印度宫廷面纱则颇受索马里女性欢迎。②

贸易在印度洋历史上发挥的重要作用不言而喻，但许多历史学家过于关注贸易所带来的财富和繁荣，在很大程度上忽略了商人资本的本质属性。马克思曾指出，作为一种资本形式，商人资本具有十足的动态和驱动力，追求利润最大化和资本积累。从满足生产者基本生计需求的原始社会，到奴隶社会、封建社会或资本主义社会，无论是哪种生产方式，贸易都发挥了重要作用，推动了多余商品生产的交换，增加商品产量，并"使其具备了世界主义的特点"。贸易并不仅仅限于实际剩余产品的交换，而是越来越深入到必需品的生产，把整个生产部门转变成了商品生产者，无论是奢侈品还是生活必需品都愈发依赖贸易。这些变化催生了一个开始发挥独立影响力的商人阶级。③

以上观点都可以应用于印度洋研究，很多学者已经认识到贸易活动对印度洋研究的重要性，但忽视了其产生的影响。尽管人口贩卖并不稳定，规模波动较大，但仍是贸易的重要组成部分。正如格温·坎贝尔（Gwyn Campbell）在本书的第五篇中所述，印度洋地区的奴隶贸易历史悠久，早在1世纪的著作《厄立特里亚航海记》（*The Periplus Maris Erythraei*）中就已出现。据书中记载，当时奴隶从索马里海岸被贩卖至罗马帝国埃及行省。时至9世纪，为了让伊拉克南部的沼泽地脱盐，出现了大规模的奴隶贸易，最终导致史上著名的桑给叛乱。④ 然而，

---

① Villiers, Allan, *Sons of Sinbad*, New York: Charles Scribner's, 1940, pp. 164, 320.
② Villiers, *Sons of Sinbad*, pp. 146–147.
③ Marx, Karl, *Capital*, Moscow: Progress Publishers, 1972, vol. III, pp. 325, 330–332.
④ Casson, Lionel, *The Periplus Maris Erythraei*, Princeton: Princeton University Press, 1989, p. 59; Sheriff, Abdul, *Dhow Cultures of the Indian Ocean: Cosmopolitanism, Commerce & Islam*, London: Hurst, 2010, pp. 227–230.

与后来的大西洋奴隶贸易不同,印度洋奴隶贸易的奴隶并不只是来自非洲,也有很多来自印度洋周边地区。奴隶们所从事的职业也不尽相同,有些从事家庭劳动,有些务农或是充当军事奴隶。不仅如此,印度洋地区的奴隶贸易大多受到了伊斯兰教思想的影响,尤其是与家庭奴隶和妾室制度有关时,并最终导致了一些形式的奴隶解放和社会融合等与大西洋奴隶贸易截然不同的情况。

商业也有其自身的逻辑性。商业的发展需要来自不同生态环境、文化和地区的人们进行商品和思想的交流,也需要不断扩大本土居民和外来人口的交流。商人在交易过程中不会在意顾客的肤色,他们只关注货币的颜色;顾客也不会去质疑卖主的信仰,他们只关心商品的质量。就像安尼路德·古普塔(Anirudha Gupta)所说的那样:

> 海上贸易需要资本与商品能在不同种族和不同宗教人群中进行交换,同时商业发展又需要不断扩大本土居民和外国人的交流。在商业世界里,人们不会去质疑对方的信仰或习俗,只为扩展商业合作而奋斗,这能造福于所有人。海上贸易繁荣的根本之道是合作而不是征服。①

贸易商们并不是孤军奋战,参与海上贸易的还有水手和船长、商队路线和航海路线上的搬运工和驼队。在印度洋,成千上万名水手随北季风南迁,六个月后又随南季风北上。尽管长期旅居在印度洋沿岸的独桅帆船港口会有很多不便,也不符合经济发展原则,但却能极大增加外来者和当地居民的社会文化交流机会,因此在环印度洋沿岸地区出现了众多具有鲜明世界主义特点的族群。

因此,国际贸易不仅仅限于经济领域,还可以拓展到社会和文化领域。在贸易过程中,人们所交换的不仅是商品,还有思想。除了物物交换外,他们还会形成紧密的社会关系,这些关系存在于市场之中,也延伸至床笫之间。最近一份关于桑给巴尔的基因研究报告显示:父亲的遗传基因来自印度洋各地和非洲;母亲的遗传基因则大多来自非洲。② 早有证据显示,外来商人和当地居民交往、通婚,并学习当地语言,在这个过程中,他们自身的语言也受到了影响。很多商人和当地女性结婚定居,形成了许多世界主义的新兴海洋族群,他们因此注定是开放包容的。

在这样的环境下,交织在跨洋家族网络和经济网络中的混合海洋家庭应运而生。印度洋地区的国家及大陆无法用单一的色彩来描绘,其文化的多样性只能用多彩丝带来形容。各种各样的颜色不仅代表着穿梭在桑给巴尔、木卡拉、科泽科德(卡利卡特)或马六甲狭小街道的混杂居民,还代表了这片地区复杂的世界

---

① Gupta, Ashin D., (ed.), *Minorities on India's West Coast*, Delhi: Kalinga, 1991, pp. xii-xiii.
② Soodyall, H., Genetic survey of Zanzibar, 2008, personal communication.

主义文化。

海洋还使周边地区形成了一种富有海洋特色的气质,这种气质把海洋文化和大陆文化从根本上区分开来。沿海城市的人们非常务实,容易适应新环境。[①] 他们的文化由各种各样的元素组成,尽管这种多重性可能不会直接走向和谐的融合,但其表现出了对不同的宗教、文化和习俗的极大包容。正如奇蒂克指出的那样,"印度洋可能是世界上最大的文化连续体"[②]。

1.4 "伊斯兰湖"

随着时间的推移,尽管印度洋的商业世界对思想文化的多样性有着极高的包容度,但从宗教层面来看,整个环印度洋地区,从东南亚到马达加斯加北端,则越来越伊斯兰化。伊斯兰教起源于7世纪商业氛围浓厚的麦加,其先知属于商业阶级,当时经商被视为一种尊贵的职业。他们代表着那些拒绝商业垄断的商人的利益,这有利于贸易的迅速扩张和伊斯兰教的传播。与文化的其他层面一样,伊斯兰化并不是通过一次性接受整套信仰体制完成的,而是通过把伊斯兰教思想与实践融入当地的信仰体系实现的。

伊斯兰教在印度洋逐渐具备支配性影响力,跨洋的商业和文化关系在其中形成。从7世纪以来,伊斯兰教塑造了支撑印度洋全球经济扩张的行政、法律、教育和精神结构体系。与此同时,又出现了一系列被称为"伊斯兰语言"的海洋语言,这些语言融入了许多印度洋地区通用语言的常见词汇和文化概念,如阿拉伯语、波斯语、古吉拉特语等。斯瓦希里语和马来语尽管是位于印度洋世界两端的语言,但它们的阿拉伯语借词模式的相似程度令人惊叹。[③]

穆斯林商人在环印度洋地区的活动推动了伊斯兰教的普及,进而为穆斯林学者、知识分子和工匠从伊斯兰中心迁徙至穆斯林商业活动的新边疆开辟了道路,创造了"一个融合的、不断增长的、自我补充的文化交流网络"[④]。14世纪上半叶,伊本·白图泰(Ibn Battuta)沿着这个网络游历近30年,从摩洛哥到中国,向南游历至斯瓦希里海岸和基尔瓦和苏丹西部,这一距离相当于绕地球三圈。在途中的每个港口,他都会遇见穆斯林文人、圣裔、学者和哈吉(赴麦加朝圣过的伊斯兰教徒)。在游历过程中,他的身份并不是一个摩洛哥公民,而是一个伊斯兰区的公民。

麦加朝圣每年都会吸引来自整个伊斯兰世界的穆斯林,这进一步强化了印度

[①] Prins, A. H. J., *Sailing from Lamu*, Assen: van Gorcum, 1965, pp. 263 – 275, 267 – 268.

[②] Chittick, N., "East Africa and the Orient: ports and trade before the arrival of the Portuguese", in Menaud (ed.), *Historical Relations across the Indian Ocean*, Paris: UNESCO, 1980, p. 13.

[③] Kanppert, J. and R. Jones, "Arabic and Persian loanwords in Indonesian and Swahili", *Proceedings of the International Conference on Indian Ocean Studies* I, Perth. Sec. 3: the History of Commercial Exchange, 1979.

[④] Dunn, R. E., *The Adventures of Ibn Battuta: A Muslim Traveller of the 14th Century*, London: Croom Helm, 1986, pp. 9 – 10, 12.

洋范围内的团结。每天或每周五举行的聚礼把信徒们集中起来,让信徒感受到乌玛(全球伊斯兰共同体)的存在,这在国际层面统一了伊斯兰教。在吉达港,朝圣者来自世界各个角落,他们身穿各式各样的民族服饰,操着不同的语言。在这里,伊斯兰世界的多样化和世界主义表现得淋漓尽致。所有和朝圣相关的仪式都旨在打破这些区隔,创造出一种伊斯兰式的平等主义和团结精神。朝圣者从世界各地赶往麦加,营造出全球性的交融氛围,把不同的族群和文化汇聚成一个整体。朝圣者统一身着由两条无缝的白色棉布缝制而成的朝圣服进入圣城,并用阿拉伯语念诵着相同的祷文,这对20世纪非裔美国人领袖马尔科姆·X(Malcolm X)产生了巨大的思想冲击,作为一个新皈依的穆斯林,他内心充满了欢腾:

> 这里有成千上万名来自不同国家的朝圣者。他们肤色不同,从蓝眼睛的金发女郎到黑皮肤的非洲人,不一而足。我们一起参加展现团结精神和兄弟之情的仪式。我在美国的经历原本曾让我觉得这种精神永远不会在白人和非白人之间存在。美国需要理解伊斯兰教,这种宗教在社会交往中消除了种族问题。各肤色的民众在这里齐聚一堂,团结一致,这种画面我还从未见过。①

尽管前往麦加朝圣的信徒数量众多,但限于身体状况和经济条件,只有一小部分伊斯兰教徒能够亲赴麦加朝圣。据皮尔逊估计,在早期的印度,只有百分之三的伊斯兰教徒能在有生之年去麦加朝圣。朝圣不仅仅是信徒一个人的旅程,而是一次集体活动。整个村庄共同体,甚至国家都会参与其中。在中东的中心城市如开罗、大马士革或是印度洋的港口城市,赴麦加朝圣的队伍和船只启程和归来的日子都是值得庆祝的节日。在这一重要的社交场合,家庭成员和村民都会去拜访即将启程或已经归来的信徒,彼此拥抱。朝圣归来的信徒成为哈吉,受到社会的认可和尊敬,成为大家学习的榜样。据伊本·白图泰记载,哈吉们在一间会客厅与法官、裁判官、圣裔、宗教学者和谢赫一起受到索马里海岸的摩加迪沙统治者的热情款待。② 19世纪,荷兰的穆斯林学者斯诺克·赫格罗赫(Snouck Hurgronje)认为麦加是伊斯兰教传至印度尼西亚的最具影响力的中心。③ 返程归来时,来自世界各国的哈吉都会戴上帽子或穿上阿拉伯/伊斯兰服饰。他们也会带一些圣城的纪念品回去,如祈祷跪垫、赞珠、渗渗泉水、椰枣和坚果等。这些纪念品会被分发给为朝圣者成功朝圣并平安归来而祈福的人。由此,哈吉和那些未能去朝圣的人联结为一个亲密的社会整体。

---

① http://www.colostate.edu/Orgs/MSA/find_more/m_x.html;http://www.lancs.ac.uk/socs/islamic/documents/hajj2.htm.

② Battuta, Ibn, *The Travels of Ibn Battuta*, tr. by Gibb, H. A. R., London:Hakluyt, 1958 – 1994, v. ii. p. 378.

③ Hurgronje, Snouck, *Mekka in the Latter Part of the Nineteenth Century*, Leiden:Brill, 1931.

1.5 文化融合和连续体

伊斯兰教、朝圣仪式、海上贸易将环印度洋沿岸族群联系起来，织成了一张精美的挂毯。这些族群是全球统一体的一部分，在16世纪以来的资本主义全球化中幸存下来。这其中的一个族群便是来自也门的哈达拉毛人。①《一千零一夜》(*The Arabian Nights*)中记载了哈达拉毛人在阿巴斯王朝时期迁徙的故事。一名男子因在自己的婚礼上放屁而羞愧不已，便离开自己的国家，奔赴印度马拉巴尔海岸的卡利卡特。在那里，他为一个信仰印度教的领主工作，后来又因极度思乡而返回故乡木卡拉。② 只有很少一部分哈达拉毛女性向海外迁徙，很多迁徙在外的哈达拉毛男性都会和当地女性结婚，多元族群由此产生。维利尔斯对于木卡拉的描述同样适用于印度洋的其他港口：

> 木卡拉的街上随处可见穿着五颜六色的东方服饰的陌生人——有身穿宽松透薄裤子、头戴小黑帽的巴尼亚商人，穿纱笼、戴头巾的也门人，穿黑色和靛蓝色衣服的贝都因人……波斯、索马里、科威特、苏里、巴提尼水手和船长都带着各种东方血统流浪，成为半马来人、半突厥人、半非洲人、半埃及人、半俾路支人、半巴厘人。哈达拉毛人流离远方，在当地娶妻生子，并把男性后代带回自己的故乡，木拉卡繁荣的街巷中跳动着整个东方的血脉。③

迁徙是哈达拉毛人文化中不可或缺的组成部分。弗莱塔格（Freitag）认为，环印度洋圈是他们故乡的延伸，他们和东南亚、印度以及东非地区的联系要比与也门内陆地区的联系更紧密一些。因此，弗莱塔格也将他们描述为一种"跨本土"的共同体，与故土和新地之间保持着多重身份认同。祖祖辈辈的哈达拉毛人和故乡保持着强大而紧密的宗教联系，同时又在新的家园不断本土化，与本地人不断融合。很多人与当地人通婚，也有很多人和哈达拉毛人移民的后代成婚，在海外形成了一个稳定的哈达拉毛人共同体，并在持续迁徙的过程中得以巩固。很多哈达拉毛人会在条件允许时返回故土，其中不乏富商和圣裔；若是不能回去的话，他们也会向故乡的亲人汇款，让自己成为这一"分散却高度关联的共同体"的一员。④ 塔利布（Talib）认为，一方面，印度洋的寄主社会同化了哈达拉毛人及其文化；另一方面，哈达拉毛人逐渐参与到印度洋世界，其社会产生了转变，

---

① Talib, Y. A., "Studies in the south Arabian diaspora: some critical remarks", *Diogenes*, 111 (1980), pp. 37 – 39.

② Ingrams, William H., *A Report on the Social, Economic and Political Conditions of the Hadhramaut*, London: HMSO, Colonial No. 123, 1937, p. 142.

③ Villiers, *Sons of Sinbad*, p. 61.

④ Freitag, Ulrike, "Hadhrami Migration in the 19th and 20th centuries", 1999, *The British-Yemeni Society Journal*, from http://www.albab.com/bys/articles/freitag99.htm, last accessed 4 Sep. 2007.

这是个双向的过程。

他们在斯瓦希里海岸上的邻居也与印度洋其他地区有着千丝万缕的经济、社会甚至政治联系。作为非洲大陆和印度洋汇合而成的产物，斯瓦希里人在非洲内陆地区和海外的交流过程中，起着至关重要的商业和文化中介作用。早在1世纪，《厄立特里亚航海记》一书中就曾提到也门船长，"通过持续交流和通婚，他们越来越熟悉这片地区及其语言"[①]。这些移民创造了一种种族和文化方面的"彩虹人口"。有些人定居下来，接受了当地语言和文化。在被同化的同时，他们自己的语言、文学和信仰体系等文化传统也影响了本地文化，为斯瓦希里文化这一独特的综合体的形成奠定了基础。

随着伊斯兰帝国的建立，印度洋地区的贸易往来日益频繁，斯瓦希里人既需要和来自海上的商人打交道，也要和东非腹地开展交流，在这个双向贸易中扮演了举足轻重的中间人角色。14世纪，在津巴布韦遗址中发现了铸造于基尔瓦的硬币；皮雷斯指出，16世纪初期，来自基尔瓦、马林迪、摩加迪沙和蒙巴萨的商人们都曾远赴东南亚的马六甲经商。[②]

正是在这样的经济环境下，斯瓦希里人形成了典型的城市文明，发展出了自己的文明概念——utamaduni（斯瓦希里语，文化的统称——译者注），在阿拉伯语中，这代表着"城市生活"。在13世纪基尔瓦的星期五清真寺中，精心打磨的石块用于制造圣龛和窗户，进口的瓷器用来装饰穹形屋顶，半圆柱形拱顶以及石柱共同构造了一座宏伟的建筑，一个16世纪的德国旅行家把它与著名的科尔多瓦清真寺相提并论。毫无疑问，斯瓦希里建筑受到了外来影响。例如Husuni Kubwa（斯瓦希里语，宏伟的堡垒——译者注）宫殿，内设观众厅和六角形泳池，但其运用的当地珊瑚和石灰石的建造技术从10世纪就已经出现了。生活在这些城市中的社群是分层的，包括传统的统治精英，还有众多服务于商业经济的平民阶层和奴隶阶层。一位来自安达卢西亚的学者曾说，城镇居民"在研究哲学时获得了精神上的喜悦"，并开始创作以阿拉伯语韵律为基础的斯瓦希里语诗歌，如《灵魂的觉醒》（Al-Inkishafi）。

斯瓦希里人和其他印度洋地区族群之间长期的社会、文化及商业交流活动成为印度洋世界的本质。过去的半个世纪以来，历史学家和人类学家都一直在纠结一个令人感到乏味的问题：斯瓦希里人到底是阿拉伯人还是非洲人？斯瓦希里社会从本质上来说是个持续同质化的多元异质社会。尽管像斯瓦希里这样的海洋社会的族群、社会和文化与众不同，但这种不同之处只有在融合而不是分裂时才有其存在的意义。地处大陆和海洋交汇处的社会必然是复杂的和世界性的，可能只有所罗门王才具有把斯瓦希里后代一分为二的智慧，才能满足双方的支持者了。

印度马拉巴尔海岸上的马皮拉穆斯林是季风的"女婿"。他们是几个世纪以

---

① Casson, *The Periplus*, p. 61.

② Pires, Tome, *The Suma Oriental of Tome Pires: An Account of the East, from the Red Sea to Japan*, tr. by Cortesao, A., London: Hakluyt Society, 1967.

来阿拉伯商人和水手与当地母系沿海社会交往通婚的结果。他们一方面继承了父辈们的海洋文化，也继承了母系的大陆本土传统。这两种文化习俗融为一体，如同布料中的缕缕丝线。巴博萨在16世纪早期曾指出，马皮拉穆斯林占当地人口的五分之一。他们操着马拉雅拉姆语，穿着打扮接近上层的奈尔人，在航海和贸易方面极具影响力。① 在几个世纪以来的同质化进程中，文化身份多元的马皮拉穆斯林已成为一个独具一格、开放包容的社群。一方面，他们与本土印度教保持着紧密的联系，采取母系继承制；另一方面，他们与帕西（外来）社群在国际贸易中共享经济利益，并信仰着同一宗教。

在葡萄牙人到来之前，马拉巴尔海岸的帕西社群、马皮拉穆斯林和印度王公间的联盟中的合作精神在卡利卡特这个重镇表现得格外明显。联盟的形成取决于多种因素，包括互相尊重对方宗教习俗、尊重本土制度和穆斯林的法律体制。② 尽管帕西社群，尤其是哈达拉毛人已经被马拉巴尔社会同化，但也为马拉巴尔社会注入了自己的文化元素。他们独一无二的社会组织、文化习俗和宗教实践体现了不同程度的涵化和融合。尽管宗教信仰各不相同，但他们共同的家园、语言和文化为马拉雅利社会的统一性作出了实质性贡献。总体而言，这是一个兼收并蓄的社会，也是一个对印度洋高度开放的世界主义社会。

1.6 印度洋的全球化世界及其对立面

随着商业交流、社会往来和文化融合，印度洋世界的文明对话在15世纪达到巅峰。中国一系列宏伟的远航探险产生了巨大影响力，印度洋的统一的全球世界日臻成熟。15世纪末，葡萄牙人绕过非洲最南端的好望角武力闯入印度洋。他们引进一些全新的概念，如武装贸易、贸易垄断、圣战精神和土地占领等。一位印度民族主义历史学家认为，葡萄牙人开创了"达伽马时代"，印度洋地区的殖民化进程随之开启。③

15世纪早期的中国和16世纪初期的奥斯曼帝国在印度洋的经营都不算成功。除此之外，其他印度洋周边的大陆国家也从未在印度洋的海洋事务方面发挥过重要作用。一位古吉拉特的统治者曾说："海上的冲突是商人的事情，与国王的荣

---

① Barbosa, Duarte, *The Book of Duarte Barbosa*, tr. by Dames, Mansel Longworth, London: Hakluyt, 1918, pp. 74 – 75. 书中写道："他们的儿子继承了一半财产，他们的侄子（姐妹的儿子）继承了另一半。"如果他理解正确的话，这可能是本土母系继承制和穆斯林父系继承制之间的一种妥协。穆斯林编年史家泽恩·阿尔丁（Zayn al-Din）将穆斯林人口定为总人口的10%，而如今占整个喀拉拉邦人口的21%，或马拉巴尔人口的35%。参见：Miller, Roland E., *Mappila Muslims of Kerala*, Madras: Orient Longman, 1992, pp. 3, 19 – 20, 58.

② Bouchon, G., "Les musulmans du Kerala a l'epoque de la decouverte Portugaise", *Mare Luso-Indicum*, 2 (1972), p. 55.

③ Pannikar, K. M., *Asia & Western Dominance*, London: George Allen & Unwin, 1953.

耀无关。"① 在欧洲人 16 世纪进入印度洋之前,印度洋"真的是一片自由海,没有任何国家尝试去控制海洋事务",这片广袤的海域对所有人开放,文化社会的融合过程不会受垄断主义式海洋帝国的阻碍。② 1615 年,印度尼西亚群岛的望加锡统治者曾申明过印度洋的行为准则:

> 上帝创造了陆地和海洋,陆地被不同族群划分,但海洋却为人类所共有。禁止任何人在海上航行是闻所未闻的。③

基于自由的海上贸易,一系列沿岸社会和一连串小型的港口城邦散落在印度洋的圆环上,如斯瓦希里海岸上的基尔瓦和蒙巴萨、红海和波斯湾的门户亚丁和霍尔木兹、马拉巴尔海岸的卡利卡特以及马六甲海峡的马六甲港,它们促进了海洋贸易的发展,从而使人们维持生计。与内陆腹地相比,它们更接近其他印度洋的港口城市。④ 正如拉维·阿尔温德·帕拉特在第二篇中描述的那样,这些城邦的政治权力是分散的,外来商人社群拥有自己的领袖,如商人领袖(malik al-tujjar)、港口官员(shahbandars),并在他们的领导下自主践行风俗、法律和宗教信仰,在不诉诸当地权力机构的情况下裁定纠纷。在马六甲,84 种语言共存,甚至鹦鹉都会说多种语言。⑤

自 15 世纪初期,中国先后发起了七次远航印度洋的大规模活动,不过这并不是中国与印度洋的初次"相遇"。自基督纪元起,印度洋世界与中国就已建立商贸联系。中国编年史中有所谓罗马使团的记载,在波斯萨珊王朝时代就已有贸易往来记录,时至巴格达阿巴斯王朝,贸易往来愈加频繁。在 9 世纪的最后 25 年,约 12 万外国商人在广东经商,其中包括阿拉伯人和波斯人。几个世纪以来,中国的大型船只频繁造访西印度洋。13 世纪,马可·波罗曾随 14 艘巨型船只组成的海上舰队出发,把蒙古公主送到她的伊朗堂兄的领地。一位 15 世纪的伊朗使者曾记录,许多中国儿童定居在马拉巴尔海岸,那里的渔民直到今天仍使用中国渔网。中国人曾借鉴印度洋地区的航海技术,同时把指南针(罗盘)引入印度洋地区,为世界航海事业作出了自己的贡献。此外,中国人如赵汝适编纂了一系列"西洋"书籍。

明代的第三位皇帝永乐大帝雄心壮志、精力旺盛,他是中国传统价值的捍卫者。永乐重修长城,保护明朝不受蒙古人侵犯,并在北京修建新都。然而,他也

---

① Bouchon, G., "A microcosm: Calicut in the sixteenth century", in Lombard, D. and J. Aubin, (eds.). *Asian Merchants & Businessmen in the Indian Ocean & the China Sea*, New Delhi: OUP, 2000, p.47.
② Pearson, "Introduction", pp. 79 – 80, 83.
③ Varadarajan, L., "Commodity structure and Indian participation in the trade of the southern seas, circa 9th to 13th centuries", in Chandra, S. (ed.), *The Indian Ocean: Explorations in History, Commerce and Politics*, New Delhi: Sage, 1987, p.98.
④ Broeze, *Brides of the Sea*, p.3.
⑤ Pires, *Suma Oriental*, pp. 265, 269.

想通过海上贸易增加税收。永乐打破祖宗成法，向世界打开了贸易的大门，"今四海一家，正当广示无外，诸国有输诚来贡者听"①。

永乐大帝下令进行大规模的远航，使团的踪迹遍布整个印度洋，最远至非洲大陆。使团尝试说服诸国统治者向中国派遣朝贡使团。中国的船队确实威武不凡，但印度洋沿岸地区的民众并没有感到震惊。当地人对中国人非常熟悉，尽管在斯瓦希里编年史中并未提及，但在南部阿拉伯编年史中则有相关记录。中国的船队由数百艘船只组成，其中的"宝船"长达 135 米，配有 9 根桅杆，重约 2500 吨，可载近 500 人。② 舰队如同一个漂浮在海上的城镇，载有近 3 万人。他们大多是外交使节，通过宣传，让诸国承认中国，而不是为了实施军事和政治统治。使团的行为均遵守印度洋地区的礼节。

图 1.3　中国人眼中的印度洋（图片由 R. W. Steel 和 R. M. Prothero 提供）

远航活动由一位名为郑和的太监率领，他是来自云南西北部的回族人，其祖先均为穆斯林。郑和是一名杰出的船队司令，他指挥着一支实力强大的军队，可以征服印度洋任何城邦，但他并未攻击一城一池。郑和航行的距离超过了同时代的任何人。在他的随员中，有一批操流利阿拉伯语的有识之士。郑和自身的穆斯林背景也使他与许多伊斯兰教和印度教国家统治者的交流变得更加顺畅。郑和的远航为中国的丝绸、青花瓷、花瓶及各类杯具打开了海外市场。至今，我们还能

---

① Levathes, Louise, *When China Ruled the Sea*, New York: Simon & Schuster, 1994, pp. 76, 88.

② Needham, Joseph, *The Shorter Science and Civilisation in China*, abridged by Ronan, Colin A., Cambridge: CUP, 1986, p. 123; Huan Ma, *Ying-yai sheng-lan*, "The Overall Survey of the Ocean's Shores"［1433］, tr. by Mills, J. V. G., Cambridge: Hakluyt Society, CUP, 1970, p. 31. Mills 说，他最大的船大概有 300 英尺长、150 英尺宽，排水量约 3100 吨。Foccardi 给出了更大的维度，参见：Foccardi, G., *The Chinese Travellers of the Ming Period*, Wiesbaden: Harrassowitz, 1986, pp. 33 – 34.

在印度洋的海岸边发现陶瓷碎片。作为交换,郑和从国外带回草药、染料、香料、宝石、珍珠、犀牛角、象牙和珍稀动物,其中包括东非的长颈鹿。①

郑和与马拉巴尔海岸的卡利卡特的交往展现了中国在与环印度洋圈的民众交流过程中所秉持的国际关系准则。卡利卡特的统治者宣布卡利卡特是一个自由港,并将其发展为该地区的主要转口港,商贸繁荣。尽管中国人把所有外国人称为"蛮夷",但航行记录者马欢形容卡利卡特是"一个伟大的西洋国家","人民极其诚实和可信"。他们将卡利卡特首领视为有价值的盟友,还正式授予他礼服。事实上,其间偶尔也会因沟通问题踩到中国的红线,出现例外。譬如,有一支实力强大的中国海盗船队洗劫来往马六甲海峡的船只,最终被郑和舰队打败,海盗首领(陈祖义——译者注)在南京被处决。另一起更严重的事件发生在斯里兰卡,位于岛屿中心的僧伽罗佛教国家、北方的印度教泰米尔人和东部的穆斯林起义者形成了三足鼎立的态势。郑和舰队到访时,三方交战正酣。据中国史书记载,僧伽罗人的国王蓄谋烧毁并沉没中国船只。最终斯里兰卡军队被打败,国王被俘虏至南京,但他的罪行最终得以赦免,满载荣耀地被送回了他自己的国家。

郑和来访斯里兰卡,是为了宣示印度洋世界最基本的原则,但不幸发生了冲突。郑和意识到他来到了一个宗教多元化的地区。因此,他带了一块三语碑,准备立于北部的加勒。如今这块石碑藏于科伦坡国家博物馆。石碑上篆刻的汉字部分表达了对佛道海神保佑航行安全的感激;波斯语碑文赞颂了安拉和穆斯林圣徒的荣耀;而泰米尔语碑文则对印度教神灵表达了赞美之情。郑和将黄金、白银和香烛等礼物赠予宗教代表,他不偏不倚的姿态体现出对所有宗教的尊重。郑和出身于穆斯林家庭,但他一直辅佐的中国皇帝则信奉佛教。②据记载,在1432年郑和最后一次下西洋的途中,在卡利卡特遇到一艘前

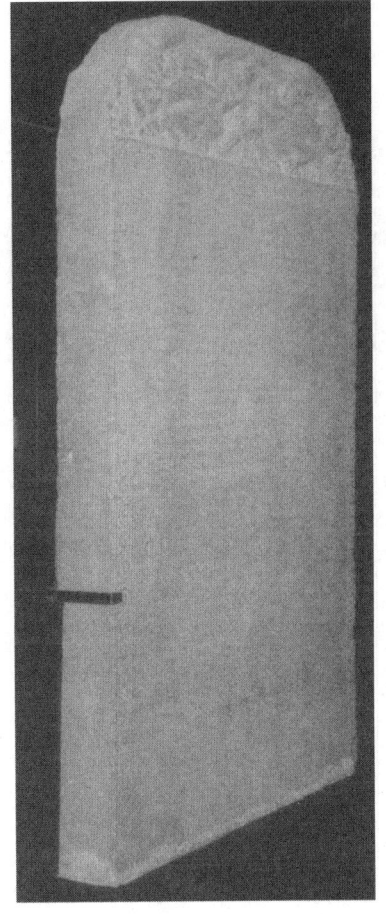

图1.4 郑和三语碑,现藏于斯里兰卡科伦坡国家博物馆
(图片由 Robert Crusz 提供)

---

① Goodrich, L. C. (ed.), *Dictionary of Ming Biography*, New York, Columbia University Press, 1976, p. 199. http://en.wikipedia.org/wiki/Zheng_He.

② Levathes, *When China Ruled the Sea*, p. 113;石碑上篆刻的不是统治阶层所使用的僧伽罗语,而是其两个对手的语言,这可能是造成误解的原因之一。

往麦加朝圣的船只。郑和派出七名船员和一名翻译官作为特别使团出使麦加，船上载着麝香和陶瓷，但郑和此时已经年迈，无法亲自前往，不久后便与世长辞。

从1417年的第五次下西洋开始，中国人就沿着非洲海岸向南航行至马林迪。他们曾在孟加拉获赠一只长颈鹿，可以肯定的是这只长颈鹿是从非洲海岸出口的。1414年，长颈鹿运抵南京宫廷时，在朝野上下引起轰动。大臣们认为这是传说中的麒麟，象征着和平与繁荣，被视为上天的恩赐和皇帝德政的见证。它只吃草，不会伤害其他生灵。戴文·达克认为，对于远东的中国人来说，来自非洲的长颈鹿成为"德行、仁政、社稷宇宙和谐的象征"。①

在明成祖统治的最后几年里，虽有长颈鹿庇佑，但中国并不太平。1421年，闪电击中了耗费巨资建成的紫禁城。一些省份出现了严重饥荒，大量老百姓活活饿死，福建省的瘟疫掠走了25万人的生命。1424年，明成祖在亲征蒙古的途中驾崩。② 明朝的儒家官员们利用这些灾难趁机改变了海洋政策，下西洋的动议从此被终止。③ 郑和七下西洋当属旷世奇功。李露晔认为："世界的一半掌握在中国手中，加上实力强大的海军，如果中国想要控制世界的话，想必也是轻而易举。在欧洲开始探索和扩张的100年前，中国本来可以成为一个殖民强国，但中国并没有这么做。"④ 这到底是为什么呢？

尽管中国准备与西方开展贸易，以增加收入或满足好奇心，但它本质上仍是一个由儒家文官主导的陆地国家，土地是国家繁荣的根基所在。中国由拥有土地的权贵阶层所统治，国家的稳定取决于长城以内的治理。国家在经济上自给自足，官员们反对不必要的奢靡之风，在他们看来，远航的巨额支出用于灌溉和农业方面更为适宜。明太祖朱元璋制定了"海禁"的政策，以防止海上贸易威胁地主阶级的统治。中国历史学家王赓武认为，明成祖朱棣违反祖例，支持远航活动，这在一定程度上是"离经叛道"的。⑤ 但他支持的在印度洋世界的活动仍然是按照约定俗成的规则进行，中国从未实施过任何统治印度洋的侵略行为。

这是一个具有深远影响力的决策，在印度洋世界传统法则的背景下无疑是可以理解的。1435年，郑和去世，在世界的另一端，葡萄牙人一路南下到达了非洲西海岸的博哈多尔角，该地位于北纬26°。从当时算起，他们还将耗费62年才能到达马林迪。然而，印度洋在葡萄牙人蛮横入侵之下完全陷入武装贸易的掠夺之中，毫无招架之力，这对于千余年来习惯于和平贸易的印度洋世界而言无疑是灾难性的。葡萄牙人所驾驶的船只排水量仅为中国"宝船"的六分之一，但他

---

① Duyvendak, J. J. L., *China's Discovery of Africa*, London: Probsthain, 1949, pp. 34 - 35. 其实，长颈鹿本身并不具有这些特征。

② Levathes, *When China Ruled the Sea*, pp. 157, 159, 161.

③ Gungwu Wang, "Ming foreign relations: southeast Asia", in Twitchett, Dennis and Frederick W. Mote (eds.), *Cambridge History of China*, Cambridge: CUP, 1998, p. 321; Levathes, *When China Ruled the Sea*, pp. 20, 164, 174 - 175; "Ancient Chinese explorers", http://www.pbs.org/wgbh/nova/sultan/explorers.html.

④ Levathes, *When China Ruled the Sea*, pp. 20 - 21.

⑤ Gungwu Wang, "Ming", p. 321.

们配有枪支弹药，通过血腥冷酷的武力控制了印度洋的香料贸易。尽管葡萄牙人的成功时常被夸大，但无可否认，他们确实开启了历史的"达伽马时代"。①

葡萄牙人以征服者的身份来到印度洋，迫切地想找到神话中统治东方某地的基督教盟友祭司王约翰。最终，葡萄牙人把信仰基督教的埃塞俄比亚统治者当作了祭司王约翰。在葡萄牙的远征过程中，"基督教和商业"密不可分——前者提供了意识形态的理由，后者则成为物质动力。葡萄牙皇室要求船长们"与穆斯林开战、与野蛮人贸易"②。他们的目的是包围伊斯兰世界，把印度洋贸易传统的波斯湾红海干道转向好望角路线。1498 年，达伽马展现了葡萄牙可耻的武力和外交手腕。他的三艘破旧的帆船总重量远不及当年郑和任何一艘"宝船"。达伽马甫一抵达莫桑比克岛，就意识到他已经进入了一个全新的印度洋世界。在这里，他遇到了面色红润的斯瓦希里人，他们信仰伊斯兰教，操着阿拉伯语或斯瓦希里语，身着工艺精美的上等亚麻或棉织品。他们和"摩尔人"进行交易，"摩尔人"的四艘船只停靠在港口，装满了"黄金、白银、丁香、胡椒和生姜"，令葡萄牙人垂涎不已。葡萄牙人把葡萄牙帽子、珊瑚等物品赠给远在莫桑比克的国王，但国王对此不屑一顾。③

达伽马很快露出了他的真实面目。他的第一步策略就是以武力打破现有的制度体系。葡萄牙人在东非海岸肆意妄为，基尔瓦、蒙巴萨和布拉瓦相继沦陷。大量人口被屠杀，包括苏丹在内的大量民众纷纷逃离。城镇被洗劫一空，并被放火烧毁。在亚丁湾，葡萄牙人摧毁了非洲海岸上的柏培拉和塞拉；在索科特拉岛上，穆斯林不顾一切地奋起抵抗，直到战至最后一兵一卒。此外，葡萄牙人开始伏击进入红海的船只，俘虏或击沉当地船只，试图封锁前往吉达的朝圣之路。1502 年，达伽马俘获了一艘来自卡利卡特的船只，船上除满载香料外，还有许多去朝圣的"尊贵穆斯林"。这些朝圣的穆斯林遭受了酷刑。葡萄牙人对自己的残暴行为颇为不知羞愧。④

在卡利卡特，葡萄牙人试图打破印度教统治者、穆斯林臣民和外国商人共享的经济利益。他们专横地要求驱逐穆斯林商人，但是扎莫林（Zamorin, 卡利卡特王国的印度教国王，该王国于中世纪时统治着马拉巴尔海岸，今印度喀拉拉邦——译者注）表示拒绝并提出："驱逐 4000 多名穆斯林商人绝无可能，他们

---

① Pannikar, K. M., *Asia & Western Dominance*, p. 12. 他将 1498—1945 的时代特征定义为：第一，海上力量逐步统治亚洲大陆；第二，在依赖于农业和内部贸易的族群强迫实行商业经济；第三，欧洲人插手并支配亚洲事务。这些特征贯穿整个亚洲历史。但本书的研究重点是印度洋沿岸的商业经济，与亚洲的区别在于该地区盛行的是和平贸易与葡萄牙人引进的武装贸易。

② Strandes, Justus, *The Portuguese Period in East Africa*, Nairobi: East African Literature Bureau, 1961, p. 56.

③ da Gama, Vasco, *A Journal of the First Voyage, 1497–1499*, tr. by Ravenstein E. G., London: Hakluyt Society, 1898, pp. 23–29, 151.

④ Barbosa, Duarte, *The Book of Duarte Barbosa*, tr. by Dames, Mansel Longworth, London: Hakluyt, 1918, pp. 34–36, 57, 61, 101–104; Varthema, L., *The Travels of Ludovico di Varthema*, tr. by Jones, John W., London: Hakluyt, 1863, p. 61.

像本地人一样生活在这个城市，还给国家带来了可观的利益。"① 这再一次体现了印度洋地区对所有宗教、社会文化以及共同经济利益的包容和尊重。唯一能使达伽马感到"安慰"的是，马林迪和科钦的统治者们虽因港口地位屈居于蒙巴萨和卡利卡特之后而心有不满，但仍十分热情地接待了他。迥异于郑和的三语碑，达伽马在马林迪立起了基督十字。尽管穆斯林随后统治了斯瓦希里海岸，但十字架直到今天还屹立在那里。

为了摧毁长期以来的自由贸易模式，葡萄牙人通过创建自己的贸易体系，以垄断印度洋的海上贸易。在东非海岸，他们控制了索法拉港的黄金和象牙的出口贸易以获取东方的香料，同时在莫桑比克建立了前往印度的中途补给站。1513年，葡萄牙人虽然没能占领亚丁以控制红海到地中海的交通，但他们在波斯湾的入海口霍尔木兹的行动最终还是得逞了。在印度西海岸，葡萄牙人选择果阿来控制马拉巴尔的香料贸易和古吉拉特的棉织品的运输。在更遥远的东方，葡萄牙人意识到"谁成为马六甲之王，谁就能扼住威尼斯喉咙"。1511年，葡萄牙攻陷马六甲。② 从此以后，印度洋贸易基本上被葡萄牙人垄断，当地商人若要经商必须取得卡特兹（cartaz，葡萄牙人在16世纪于印度洋实行的海上通行证制度——译者注），这与海洋自由这一古老法则背道而驰。葡萄牙人打破了印度洋世界中长久以来形成的"多样、共享、重叠和流动主权"的特征，试图将印度洋变成以欧洲为中心的新世界体系的附属。他们在印度洋实施以紧凑的、有领土边界的主权国家为基础的制度，使之成为威斯特伐利亚体系的一部分，并推动种族化和民族化的身份认同。然而，限于人力和财力，葡萄牙未能替代印度洋之前的制度体系，反而最终被印度洋体系吸纳进去。③

郑和与达伽马的远航以及他们对沿岸地区人民所采取的行动和态度可谓云泥之别。明朝的船队很大程度上遵从着彼时盛行于印度洋地区的基本法则，即亚洲大陆国家不干涉印度洋的自由贸易。尽管拥有压倒性实力，但中国并没有走上跨洋征服的霸权之路。正如李约瑟所说，中国"是一个没有帝国主义的帝国"④。此外，由于长期未受到外界侵扰，印度洋地区的民众在面对来自西方的侵略时显得手足无措。

---

① Pires, *The Suma Oriental*, p. XXXVIII.
② Pires, *The Suma Oriental*, pp. XXV, 47.
③ Lane, F. C., "The Mediterranean spice trade: further evidence of its revival in the sixteenth century", *American Historical Review*, 45, 3 (1940), pp. 581–590.
④ Needham, *Science and Civilisation*, p. 144.

第1部分

海洋运动与海洋互联

2

印度洋世界的海上贸易、政治关系及驻地外交

拉维·阿尔温德·帕拉特（Ravi Arvind Palat）

1258 年，蒙古人攻陷巴格达。从世界史的角度来看，这一事件成为重要的历史转折点，象征着东西商路的再次整合，对后世产生了极为深远的影响。就影响力而言，近期美国对巴格达的入侵无法与其比肩。旭烈兀可汗攻陷巴格达之后，亚欧贸易路线从波斯湾转移至红海，从威尼斯、亚历山大和开罗到坎贝、苏拉特和科泽科德，一系列港口城市从此串联起来，形成了一个真正全球性的贸易网络。① 这个网络很快便扩展到马六甲和东印度洋群岛的港口，创设了一个共享的政治文化框架，将印度洋沿岸的民众都囊括其中。

有人或许认为这只是在达伽马时代到来之前的"小贩贸易"，实在微不足道。但半个世纪以来，历史研究已经证明了"南洋"贸易举足轻重的地位，以及沿海居民在远距离运输奢侈品及大宗商品方面发挥的积极作用。因此，印度洋历史的研究方向已从"欧洲扩张史"转变为"亚洲海洋史"。② 已有研究揭示了南洋贸易关系的深度和广度，探讨了从阿拉伯世界、北非、东非延伸到东印度洋群岛的复杂的人口、商品和货币网络，挖掘了参与其中的多元族群，但对其背后的政治制度却是众说纷纭、见仁见智。当代全球化的发展需要特殊的制度安排，包括减免或降低关税、保护知识产权、倡导"自由市场"、减少对特定经济活动的管制以及新自由主义所提倡削减补贴和对穷人的福利政策。同理，自 13 世纪末以来，商品和人口的流动以及随后形成的新兴社会催生了一个全新的地缘政治框架，这也是本研究关注的焦点所在。

全球化的推进促使全球经济、政治及文化朝着大融合的方向发展，但国际法几乎完全源自欧洲法律体系。尽管印度洋海岸及其岛屿间的国际关系历史早已存在，但学术界普遍认为威斯特伐利亚条约是国际关系体系的起源。深入分析印度

---

① Ho, Engseng, *The Graves of Tarim: Genealogy and Mobility across the Indian Ocean*, Berkeley: University of California Press, 2006, p. 48.

② Wills Jr., John E., "Maritime Asia, 1500 – 1800: the interactive emergence of European domination", *American Historical Review*, XCⅧ, no. 1, February (1993).

洋国际关系的主要准则将为解决当代世界的若干顽疾提供另一种视角。在欧洲人抵达印度洋之前，学者、朝圣者、军官和商人，无论祖籍、宗教信仰和种族，都可以在印度洋世界内自由流动，这与当今世界大相径庭。如今卢旺达、斯雷布雷尼察等地种族冲突和杀戮不断，国家、种族和族群身份意义凸显。事实上，即使在欧洲人抵达后很长一段时间内，印度洋世界仍然坚持着主权共享的观念，这对解决爱尔兰、克什米尔和耶路撒冷等地棘手的当代冲突提供了重要借鉴。

本文的第一部分展现了广阔的历史图景：从北非的大西洋海岸，到西亚和中亚，一直延伸到中国，直至印度次大陆的西部和南部，全球范围内的国家建构背景发生了改变。在这一历史背景下，国际关系体系出现了全新的演化。自此，学者、法官、政府官员和军官可以在不同国家工作谋生。我们认为，至少有三种类型的国家体系值得关注。第一种类型和本文的研究目的息息相关，出现在撒哈拉-亚洲生态连续体，范围从北非地区横跨阿拉伯和波斯直到印度西部，在这里，广阔的旱地与肥沃的河谷互相交织。第二种类型是东亚大陆，这里没有旱地和河谷互相交织的情景，国家建构模式亦不同。虽然东亚大陆不是印度洋政治关系的核心，但是中国历朝历代与印度洋交流紧密，发挥了重要的影响，对越南的影响尤甚。东亚大陆的国家建构模式显示出了与撒哈拉-亚洲地区不同的轨迹。最后一种类型是东南亚的陆地和岛屿。这里处于间隙地带，地形复杂，没有骑兵的入侵，但人口增长有限（统治者更关心的是人口增加而非土地的获取）。作为中间地带，这里理所当然地受到了各种各样的影响。历史上，在国际关系模式发展的初期，该区域不仅借鉴了撒哈拉-亚洲和东亚地区的制度，还和上座部佛教息息相关。如果从生态环境的视角来分析国家的形成，必须结合国际关系，而不能抛开国与国之间的联系和广阔的地缘政治条件，用孤立的眼光看待政体的出现。

撒哈拉-亚洲、东亚大陆以及东南亚这三种国家体系各有特点。一方面，撒哈拉-亚洲和东亚大陆体系必须依赖游牧民族，因为战马是强权统治的工具；另一方面，游牧民族也必须仰仗农耕民族，因为很多物品无法在草原地带生产。多变的生态连续体意味着撒哈拉-亚洲地区无法建立大型的大陆帝国，东亚大陆则不存在类似的障碍。而东南亚大陆地区在建立国家时，面临着截然不同的情况——茂密的森林不适合骑兵作战，也限制了农业开垦和人口增长。东南亚岛屿易受海洋游牧民族的攻击，但与大草原上的游牧民族不同，海盗不具有垄断强权政治的能力。小型岛国更易受到外部的影响，尤其是在伊斯兰教向这些岛国传播治国方略时。海洋游牧民族在处理与撒哈拉-亚洲和东亚大陆国家统治者的关系时，不具备陆地游牧民族的优势——草原赋予了中亚游牧民族获得强权的工具，而这是海洋游牧民族所缺乏的。长期以来，在这片广袤的地理环境中，上述三种政治体系具有明显的差异，但通过商品、人口和思想的交流碰撞，互相渗透，官员、学者和商人往来穿梭，适应不断变化的环境。

本文接下来将要分析在这种政治关系模式下，欧洲如何加快对印度洋世界的渗透。这并不令人意外,因为达伽马到达科泽科德150多年后才签署了威斯特伐利亚条约。值得关注的是,即使权力的天平逐渐向欧洲入侵者倾斜,他们仍然运用区域内常见的权力仪式来伪装自己。譬如,1857年前,英国东印度公司仍然继续以莫卧儿皇帝的名义发行货币,但事实上莫卧儿王朝百余年前已成为傀儡。然而,随着印度洋沿岸地区进一步卷入资本主义世界经济体系,印度洋世界国际关系趋于瓦解,种族化和民族化的政治身份逐渐显现出来。

2.1 印度洋亚洲海岸的国家建构模式

蒙古人对巴格达的入侵为我们提供了一个探讨国家建构的共享生态视角。这片区域范围辽阔,从北非的大西洋海岸,横跨阿拉伯地区和波斯,一直延伸到中国和印度次大陆。19世纪前,游牧社会和农业社会之间的界线灵活开放,并不断发生变化。哈罗德·皮克、赫伯特·弗勒、约瑟夫·弗莱彻等学者均认为,北方草原地区和东非的游牧民族与农耕民族的来往不多,极少与城市进行贸易。南方草原(从北非起,经阿拉伯和波斯一直延伸到印度西部)的游牧民族则截然相反,很早就通过战争、贸易和宗教与农耕民族建立了密切交往。① 在第一个千年之交,因为轻型骑兵的速度快、机动性强,游牧民族拥有了显著的军事优势。12—13世纪期间,游牧民族不断发起战争,征服了许多西亚、南亚和东亚国家。

农耕社会与游牧社会之间的共生关系源于彼此的现实需求。农业与畜牧业之间存在竞争关系,再加上生态和气候条件的制约,大型农耕-商业帝国的统治者缺乏广袤的草原,无法为军队补给大量精良战马。唯一可能提供补给的就是牧民,"但士兵骑马打仗,要对付的正是牧民"②。反过来说,由于草原上唯一盛产的商品是马匹,牧民只能从农民那里获得生活的必需品和奢侈品。蒙古君主合赞汗(1271—1304)曾精炼地描述了游牧民族的两难境地:

> 我并不是站在支持塔吉克(伊朗)农民的一边。如果要将他们掠夺殆尽的话,没有人比我更有实力了,我们可以一起劫掠。但如果想确保未来的粮食收成和食物充足,我就必须严厉地对待你们,和你们讲道理。如果你们一味地侮辱农民,掠夺他们的牛和种子,践踏他们的庄稼,那么将来该怎么办呢?我们必须对农民做一个区分:一种是顺从我们的农民,还有一种是与我们为敌的

---

① Barendse, Rene J., *The Arabian Seas: The Indian Ocean World of the Seventeenth Century*, Armonk, NY: M. E. Sharpe, 2002, p. 68; Perdue, Peter C., *China Marches West: The Qing Conquest of Central Eurasia*, Cambridge, MA: Harvard University Press, 2005, pp. 30 – 31.

② Sinor, Denis, "Horse and pasture in inner Asian history", *Oriens Extremis*, XIX (1972), p. 174.

农民。我们怎能不保护这些顺从的农民，反而让他们备受折磨与痛苦呢？①

所有来自中亚草原的国家统治者——奥斯曼皇帝、萨法维君主、德里苏丹国的突厥－阿富汗统治者、蒙古人、满族人，还有印度半岛的泰卢固和卡纳达战士，都试图将骁勇善战的小型战士编组转变为能保持战斗力的大型军队，引导他们在军事以外的领域发挥作用，或者通过满族的八旗制、收入分配转化系统，即"伊克塔"（iqta）等类似的手段把他们吸收为自己的一部分，让军队首领也能获得财富。② 但撒哈拉－亚洲地区和中国的地理与生态环境不同，农耕－商业帝国统治者与游牧民族首领之间的共生关系导致了两种不同的治国策略。

整个撒哈拉－亚洲地区，肥沃的河谷与旱地交错散布，旱地的降雨量不到1000毫米，这让草原游牧民族具备了竞争优势。土地干旱，农业收成不稳定，农闲时间漫长，牧场宽阔，国家统治者面临巨大的挑战，出现了多个"军事力量区域"，现有政权无法征服或招安。③ 这一地区的武装入侵持续不断，贵族往往短命。欧洲则不然，森林阻碍了游牧民族入侵的步伐，贵族能长治久安。④ 17世纪早期的旅行家乔安尼斯·德莱特将政治比喻为身体，认为武装入侵是种危险的疾病。⑤ 统治者设计的最佳治疗方法是与军事首领分享帝国财富，要么通过收入分配将他们纳入帝国机器中，要么将其武力能量疏导到军事以外的领域。

由于缺乏内部边界，中国历代王朝只能依赖官僚体制，与外部的游牧民族建立了更为规范的关系。游牧民族确保北京王朝的安全与稳定，而王朝通过朝贡贸易向游牧民族提供价值连城的礼物作为回报。只有当王朝内部政权不稳，朝廷无法给予足够的"回赐"时，游牧民族才会入侵，蒙古人除外。⑥

正是源于此种差异，中国采取了和撒哈拉－亚洲地区不同的国家建构战略。撒哈拉－亚洲地区面积辽阔、治乱交替，采取了与印度次大陆相似的治国政策和宫廷礼仪。马歇尔·霍奇森（Marshall Hodgson）和菲利普·瓦格纳（Phillip Wagoner）先后将其称为"伊斯兰式"的文化："这种社会文化集合体在历史上与

---

① Chaudhuri, Kirti N., *Asia Before Europe: Economy and Civilisation in the Indian Ocean*, Cambridge: Cambridge University Press, 1990, p. 268.

② Gommans, Jos, *Mughal Warfare: Indian Frontiers and High Roads to Empire, 1500 – 1700*, London: Routledge, 2000, p. 81; Elliot, Mark C., *The Manchu Way: The Eight Banners and Ethnic Identity in Late Imperial China*, Stanford, CA: Stanford University Press, 2001.

③ Gordon, Stewart, *Marathas, Marauders, and State Formation in Eighteenth-Century India*, Delhi: Oxford University Press, 1994, pp. 182 – 208; Gommans, Jos, "The silent frontier of south Asia, c. A. D. 1100 – 1800", *Journal of World History*, IX, 1, Spring (1998), p. 4; Gommans, *Mughal Warfare*, p. 67.

④ Gommans, *Mughal Warfare*, p. 40.

⑤ Singh, Chetan, "Forests, pastoralists and agrarian society in Mughal India", in Arnold, David and Ramachandra Guha (eds.), *Nature, Culture, Imperialism: Essays on the Environmental History of South Asia*, Delhi: Oxford University Press, 1995, p. 26.

⑥ Barfield, Thomas J., *The Perilous Frontier: Nomadic Empires and China*, London: Basil Blackwell, 1989, pp. 9 – 11.

伊斯兰教和穆斯林密切相关,即使在非穆斯林里也存在。"① 维阇耶那伽王国(Vijayanagara Empire)的创立者布卡(Bukka)和哈里哈拉(Harihara)在1336年成功摆脱了德里苏丹国宣布独立,在战争技术日益发展的新形势下,他们封自己为"印度教众王之苏丹"②。从这一头衔中可以看出,与后世的历史书写相反,印度教和伊斯兰政体在统治结构上并没有明显的差异。相反,治乱交替的情形导致了:

> 不同行政体制的并存越来越普遍,不同的体制之间相互借鉴,不断修改、补充和尝试。③

要维持大型武装骑兵,就要更有效率地评估和收缴剩余财富,并向新的权力中心输送,而其关键在于把各种税收合并成单一的土地税。④ 在统治者与从属者的关系重组中,最核心的问题也是国家以土地税的形式征收大部分剩余财富。早期政权依靠地方要员征税,如今不一样,或由皇室官僚系统,或通过"收入分配转化"系统征收,如德里苏丹国的"伊克塔"制度。⑤ 这也导致了经济关系货币化,从而使盈余资金有效地上缴给权力中心,推动贸易往来,在更大区域内促进社会劳动分工。此外,货币化为游牧民族进行商贸往来提供了一种手段。与欧洲的封地制相反,鉴于经济的高度货币化,"伊克塔"是从源头上征收的收入,而不是在自给自足型经济之中横插一脚进行征收的。⑥

为了控制分散的从属国,统治者们不断修建道路,经常出巡监视。⑦ 出巡首先是对主权的宣誓,也是对地方总督的警示,让他们不敢造次、安分守己;其次是对国家权力和财富的彰显,让民众心生敬畏和忠诚;第三是国家仪式和礼仪规范的展示。出巡的排场奢华,展现出君主至高无上的权力,以此震慑民众,让他们甘愿臣服。⑧ 根据斯蒂芬·布莱克(Stephen Blake)的计算,莫卧儿帝国的皇帝们每年至少有百分之四十的时间在外巡游;据估计,伊朗萨法维王朝统治期

---

① Wagoner, Phillip B., "'Sultan among Hindu kings': dress, titles, and the islamicization of Hindu culture at Vijayanagara", *Journal of Asian Studies*, LV, no. 4, November (1996), p. 855.

② Wagoner, "Sultan among Hindu kings".

③ Perlin, Frank, "State formation reconsidered", *Modern Asian Studies*, XIX, no. 3, July (1985), p. 433.

④ Habib, Irfan, "Economic history of the Delhi Sultanate", *Indian Historical Review*, IV, no. 2, (1978), pp. 294 – 295.

⑤ Habib, Irfan, "Non-agricultural production and urban economy", in Raychaudhuri, Tapan and Irfan Habib (eds.), *The Cambridge Economic History of India*, Cambridge: Cambridge University Press, 1982.

⑥ Wink, André, *Al-Hind: The Making of the Indo-Islamic World*, vol. I, Leiden: E. J. Brill, 1990, pp. 12 – 13.

⑦ Gommans, *Mughal Warfare*, p. 106.

⑧ Godelier, Maurice, *Rationality and Irrationality in Economics*, tr. by Pearce, Brian, New York: Monthly Review Press, 1972; Gurevitch, A., "Representations of property during the High Middle Ages", *Economy & Society*, VII, no. 1, February 1977; Kula, Witold, *An Economic Theory of the Feudal System: Towards a Model of the Polish Economy, 1500 – 1800*, tr. by Garner, Lawrence, London: New Left Books, 1976.

间，君主有三分之一的时间在外巡游。① 此外，主要贸易路线提供了丰富的金融和商业资源，有效保证了商品供应和财政收入。帝国在控制了贸易路线后，军队不再洗劫村庄和城市。②

维阇耶那伽帝国的统治者与其他印度南部的王公不同，沿袭了伊斯兰式的皇室着装礼仪以及与伊斯兰相似的制度。1440年代，应科泽科德统治者的外交请求，波斯帖木儿王国的沙哈鲁派遣使节阿卜杜·拉扎克·撒马尔罕迪（Abd al-Razzaq Samarqandi）出使科泽科德。使节在报告中称：

> 科泽科德的黑人们几乎都赤身裸体，只在腰间系一条绷带……国王和乞丐都概莫能外。③

科泽科德首领萨穆德里（扎莫林）衣衫褴褛，让帖木儿王国特使倍感震惊。德瓦拉亚二世（Devaraya Ⅱ）召见了特使，他穿的却是刺桐（今中国泉州——译者注）丝绸长袍，和沙哈鲁大致无异。长袍和帽子是不符合印度南部传统的皇室礼仪的。瓦格纳指出，在印度南部，统治者顶多上半身搭一块布，袒露着胸膛和胳膊。维阇耶那伽帝国的统治者自称"印度教众王之苏丹"，可谓狂妄自大，但他们对特使热情有礼，这说明他们意识到一个更广阔的国际关系框架的存在。除了外交往来之外，常驻外交也体现了这一点。1545—1548年驻任萨达斯瓦德瓦拉亚朝廷（Sadasivadevaraya）的葡萄牙大使特里斯坦·帕伊瓦（Tristam de Paiva）表示，阿马德纳加尔（Ahmadnagar）、贝拉尔（Berar）和高康达（Golkonda）等苏丹国也派遣了大使。我们在后面会提到，常驻高康达朝廷的波斯大使确保当地商人们在海上不受葡萄牙的骚扰。④ 1520年，维阇耶那伽国王克里希纳·德瓦·拉亚（Krishna Deva Raya）击败阿迪勒·沙阿（Adil Shahi）王朝，此后发生的事情证实了共享的国际关系网络的存在。比贾普尔（Bijapur）国王战败后，为修复两国关系，派出一名使者，请求维阇耶那伽国王归还被占领的赖久尔（Raichur）和战争物资。比贾普尔国王态度恭敬，获胜的国王同意了这

---

① Gommans, *Mughal Warfare*, pp. 101 – 102.

② Gommans, *Mughal Warfare*, p. 22.

③ Major, Richard Henry (ed.), *India in the Fifteenth Century: Being a Collection of Narratives of Voyages to India in the Century Preceding the Portuguese Discovery of the Cape of Good Hope from Latin, Persian, Russian and Italian Sources Now Translated into English*, Delhi: Deep Publishers, 1974, p. 17; Temple, Richard Carnac (ed.), *The Itinerary of Ludovico di Varthema of Bologna from 1502 to 1508*, London: Argonaut Press, 1923, p. 53; Nuniz, Fernao, "Chronicle of Fernao Nuniz (written probably A. D. 1535 – 1537)", in Sewell, Robert (ed.), *A Forgotten Empire—Vijayanagara: A Contribution to the History of India*, New Delhi: National Book Trust, 1970, p. 363.

④ Wagoner, "Sultan among Hindu kings", pp. 860, 863, 866.

些请求。① 从第一批荷兰船队的经历可以看出,印度洋各国有着共同的治国之道和外交礼仪。1601年,荷兰人带着科摩罗群岛的昂儒昂岛统治者开具的介绍信拜见苏门答腊岛上的亚齐。在他们出发去坎贝前,亚齐苏丹让荷兰人携带一封文书呈献给莫卧儿帝国阿克巴皇帝。这清晰地表明,在印度洋世界的国际关系体系中,各国的统治者们都互相承认对方的权威。②

亚齐苏丹推动了荷兰人和莫卧儿王朝之间的贸易,这说明东南亚岛屿和大陆在撒哈拉-亚洲和东亚国际关系体系中扮演了中介者的角色。若要推动马来半岛和东印度洋群岛上的小型港口成为印度洋贸易网络的节点,最佳的方法莫过于:

> 设立一名常驻穆斯林法官,把这片肮脏的海盗港口改造成为文明交汇的新区域,修建星期五清真寺、法院和学校。③

东南亚大陆的国家建构具有鲜明的特点。其人口主要集中于以下五个区域:越南南部沿海地区、红河谷及附近三角洲地区、柬埔寨平原、湄公河中下游地区以及湄南河和伊洛瓦底江流域。④ 这些区域森林茂密、丘陵密布,一方面能够免受骑兵袭扰,另一方面也阻碍了东西方的交流,在很大程度上避免了相互之间的冲突。由于人口密度低,统治者们认为人力比土地更重要。双方一旦交战,战败方通常选择弃城逃跑,疏散子民,以避免人力损失。有观点认为,1511年葡萄牙不费吹灰之力便占领了马六甲,主要原因在于苏丹认为葡萄牙把马六甲洗劫一空后便会离开,因此主动弃城,这成为当时惯常的战争策略。⑤ 苏禄(Sulu)海盗和布吉(Bugis)士兵入侵后,东南亚大陆的国家同样采取逃离策略,入侵者和国家统治者之间并未形成共生关系。撒哈拉-亚洲和中国的游牧民族则不同,与统治者形成了共生关系。毕竟农耕定居民族并不依赖"海上游牧民族"提供的统治工具,而中国和撒哈拉-亚洲的游牧民族控制了马匹的供给,这对于战争来说是至关重要的。

大越王朝毗邻中国,采用了包括中国科举制度在内的行政模式。由于地形复杂,位于首都的权力中心对边疆地区鞭长莫及。在湄南河和伊洛瓦江底盆地,战事频仍,再加上斯里兰卡上座部佛教的影响,形成了与中国相似的军事与政治传

---

① Alexandrowicz, Charles Henry, *An Introduction to the History of the Law of Nations in the East Indies* (*16th, 17th and 18th Centuries*), Oxford: Clarendon Press, 1967, p. 39.

② Schrieke, Bertram Johannes Otto, *Indonesian Sociological Studies*, vol. I, The Hague: W. van Hoeve, 1955, p. 44; Ho, *The Graves of Tarim*, p. 98.

③ Ho, *The Graves of Tarim*, p. 165.

④ Lieberman, Victor, *Strange Parallels: Southeast Asia in Global Context, c. 800 – 1830*, vol. I, Cambridge: Cambridge University Press, 2003, pp. 28 – 29.

⑤ Reid, Anthony J. S., *Southeast Asia in the Age of Commerce, 1450 – 1680*, vol. I, New Haven, CT: Yale University Press, 1988, p. 123.

统,比如15世纪开始实施的中央集权制度。① 然而,地方总督的任命仅仅意味着名义上的宗主认可了附属国国王的地位。兰纳王国、琅勃拉邦王国和万象王国等较小的政权,通常都会在同一时期臣服于多个宗主。②

共同的治国文化使学者、行政官员及军官能在广阔的撒哈拉-亚洲地区和印度洋沿岸地区自由流动,寻找工作。一些新兴的王朝,如坎贝的莫扎法尔(Muzaffaris)王朝、亚丁的拉苏里(Rasulids)王朝和开罗的马穆鲁克(Mamluks)王朝,都是由外国人和本地官员共同统治。由于政治文化相通,马格里布地区的穆斯林学者伊本·白图泰(Ibn Battuta)四处游历,在各地担任法官以维持生计,并娶当地的女性为妻妾。③ 同时,不同的宗教和少数族群很容易被政权吸收同化,拥有自主管理权。据记载,在从亚丁到西班牙之间的诸多伊斯兰国家中,犹太人精英担任了重要职位,具有较大的影响力。④ 据说在苏门答腊东北方的苏木都刺,一位印度教王公曾派遣两名"外国"穆斯林出使中国。⑤

不同族群沿着贸易路线迁徙,许多人远道而来在港口城市定居,宗教信仰各不相同。各族群遵从彼此的风俗习惯,促进了更宽广的政治文化和共同治国方略的形成。为了减少可能的冲突来源,本地统治者给予了外国商人较大自治权,让他们管理自身内部事务,只有在发生冲突或谋杀等严重罪行时,朝廷才会收回特权,介入处理。这与现代国家设立特区,如出口支持区和国际银行制度来吸引投资有异曲同工之妙。在缺乏公认的国际法律体系的情况下,一个包含诸多"民族"的国际体系(natios)逐渐形成,包括土耳其的 millet,波斯和阿拉伯的 milliya,泰米尔的 nagara 和斯瓦希里的 taifa 等(这些词汇都表示民族的意思——译者注)。在这种体系中,不同的商业社群能够裁决内部分歧,而无须诉诸当地政府。⑥ 民族身份认同的概念并不存在,各国成员的身份凭宗教、语言和来源地进行界定。⑦

这些"民族"负责监管港口和其他商业中心的日常行政事宜,如检查货物的重量、尺寸,检验货币;无须当地官员插手,有权裁决货物和金融方面的争端,与本地统治者的朝廷相比,解决问题的成本更低、效率更高。此外,他们还要负责自己所在社群的宗教事宜,比如处理逝者的尸体等。印度商人的尸体火化经常与生活在阿拉伯海港口的本地伊玛目发生冲突。在这种情况下,"民族"会

---

① Lieberman, *Strange Parallels*, p. 62.

② Winichakul, Thongchai, *Siam Mapped: A History of the Geo-Body of a Nation*, Honolulu: University of Hawaii Press, 1994, pp. 96-97.

③ Ho, *The Graves of Tarim*, p. 100.

④ Margariti, Roxani Eleni, *Aden and the Indian Ocean Trade: 150 Years in the Life of a Medieval Arabian Port*, Chapel Hill, NC: University of North Carolina Press, 2007, pp. 13-16.

⑤ Schrieke, *Indonesian Sociological Studies*, Ⅰ, p. 28.

⑥ Palan, Ronen, *The Offshore World: Sovereign Markets, Virtual Places, and Nomad Millionaires*, Ithaca: Cornell University Press, 2003, pp. 18-21.

⑦ Barendse, *Arabian Seas*, pp. 88-89.

向当地政府提出"谦卑"的请求,若得不到满足,便会停止经商,甚至离开港口,把生意转移到更包容的地方。尽管"民族"并未正式制度化,但偶尔也可以扮演大使的角色,派遣代表前往朝廷。①

当地的政治力量承认各个"民族"的领袖,他们在史料中通常被称为 Shahbandar(港口官员)。在托梅·皮莱资(Tome Pires)对马六甲的记录中,提到了四位港口官员,一位专为古吉拉特人服务,一位为来自科罗曼德尔、孟加拉和缅甸海岸的商人服务,一位为马来和菲律宾群岛的贸易商设立,还有一位为中国人(包括信仰伊斯兰教的中国人)、越南人、琉球人和占婆人服务。② 港口官员不仅为来访的商人提供大象和船只等交通工具,还为他们提供武器,并在战斗中指挥他们。③ 港口官员通常由外来定居的商人担任,受皇室宰相(Bendahara)的管辖。如在万丹(今位于印度尼西亚爪哇——译者注),官员是由来自科罗曼德的吉灵人(kelings,在马来西亚、印度尼西亚等东南亚国家该词指来自印度次大陆的人,含贬义——译者注)或古吉拉特人担任,偶尔也有中国人;在马六甲,担任官员的有爪哇人、吉灵人和古吉拉特人。④ 此外,葡萄牙人还记载了16世纪科泽科德内自治的"外国商人"社群活动。他们居住在指定区域内,从社群内部推选领袖。若所在国的统治者为印度教徒,如奎隆、科泽科德,推选的领袖通常都是穆斯林。波斯湾的情况亦是如此。⑤

整个印度洋沿岸及其腹地都对远道而来的不同族群包容有加,他们能够担任国家有重要影响力的职位:

> 这在如今的后殖民、民族化的世界里是难以想象的。19世纪晚期,殖民主义中的种族化特权和嫉妒让外来人、欧洲人等声名狼藉。他们不再是可以共同创造新族群、新政体、新社会的合作伙伴,而是不可同化的外来入侵者,威胁和剥削着本地主权及财富。⑥

早期的史学,包括东方专制主义历史研究,都把莫卧儿帝国、萨法维王朝和

---

① Barendse, *Arabian Seas*, pp. 90 – 91.
② Pires, Tome, *The Suma Oriental of Tome Pires: An Account of the East, from the Red Sea to Japan*, tr. by Cortesao, Armando, 2 vols., Nendeln, Lichtenstein: Kraus Reprints, 1967, pp. II, 265; Findlay, R. and Kevin H. O'Rourke, *Power and Plenty: Trade, War, and the World Economy in the Second Millennium*, Princeton: Princeton University Press, 2007, pp. 135 – 136.
③ Hall, K. R., "Multi-dimensional networking: fifteenth-century Indian Ocean maritime diaspora in southeast Asian perspective", *Journal of the Economic and Social History of the Orient*, XLIX, 4 (2006), pp. 466 – 467.
④ Schrieke, *Indonesian Sociological Studies*, I.
⑤ Alexandrowicz, *Law of Nations*, p. 98; Barendse, *Arabian Seas*, pp. 46 – 47; Pearson, Michael N., *Merchants and Rulers in Gujarat: The Response to the Portuguese in the Sixteenth Century*, Berkeley: University of California Press, 1976, pp. 17 – 18; Schrieke, *Indonesian Sociological Studies*, I, p. 28.
⑥ Ho, *The Graves of Tarim*, pp. 101 – 102.

59 其他帝国界定为绝对君主制。但最近的研究结果表明，在帝国威权体系中，还存在把持地方权力的重要角色。这些国家并未采取中央集权制，而是由多层权力主体构成。低一级的统治者向帝国君王效忠，但同时拥有自己的朝廷、军队、司法、行政和财政制度，同时还有自己的附庸国。尽管最高统治者有权进行干预，低一级的统治者也不得不承认自己的从属地位，但最高统治者均会承认他们拥有的主权。① 从联姻关系中可以看出征服与被征服的关系，胜利一方迎娶被征服者的女儿，"简单的战争政治"转变成为更为"复杂的家族政治"。②

简而言之，轻骑兵重要性的不断增强，改变了从非洲大西洋沿岸到阿拉伯、波斯、印度次大陆和中国这一广袤区域里的国家建构形态。统治者需要采取货币化手段以有效地调动资源，维持骑兵的发展。最终产生了两种不同的治国方法，一种可以被称为"伊斯兰式"，另一种是"儒家式"，东南亚则居于二者之间。在撒哈拉-亚洲，共同的国家建构环境在一定程度上促进了朝廷官员、法官、军官和商人的流动，人口和商品在更广阔的范围流动。商人和官僚精英的流动逐渐影响东南亚地区的海洋国家，后者采取了相似的治国手段，但也表现出显著差异。东南亚大陆的政权没有骑兵入侵的威胁，较少受到海岸地区的影响。内河是主要的贸易通道，顺流而下比逆流而上更为容易，都城一般建在内陆地区。上座部佛教依然主导着国家的建构：小型国家臣服于多个主权国家之下，对人口密度低的国家而言，控制人口比控制土地更重要。然而，由于地理位置和历史联系，越南的行政管理模式更接近中国。

2.2 印度洋国际体系中的欧洲人

60 在达伽马驶入印度洋的温暖海域后，欧洲人进入了一个广阔的贸易网络和互相交织的国际体系。尽管欧洲海军实力不凡，但若要在大陆地区定居或在商品贸易中获得丰厚收益，他们必须和当地统治者处理好关系。暂且不提东印度洋群岛，在波斯和印度次大陆的情况均是如此。欧洲海军力量虽然强大，但其整体军事实力并无显著优势，只有在当地统治者容许的情况下，欧洲人才能在沿海地区建立定居点，依靠内陆获得生活必需品。

查尔斯·亨利·亚历山大诺维奇认为，如果印度洋世界没有授予各个"民族"自治权，葡属印度和北欧贸易公司便无法在16和17世纪顺利地开展业务。③ 在"民族"体系下，葡萄牙人和北欧东印度公司与其他"民族"的最大差别是，他们拥有国家资助的武器、战舰、堡垒及其他主权。④ 欧洲人在与各个国家统治者打交道时，像主权国家一样行使强权，甚至凌驾于后者之上。当地统治者接受

---

① Winichakul, Thongchai, *Siam Mapped*, pp. 81–83.
② Ho, *The Graves of Tarim*, p. 159.
③ Alexandrowicz, *Law of Nations*, p. 99.
④ Barendse, *Arabian Seas*, pp. 87–88.

了多个强国的宗主地位,也并不觉得自己的传统地位受到了挑战。印度洋世界的主要强权也把欧洲公司当作次主权实体。①

欧洲侵入者带来的最大变化是宣称对海洋的控制权。尽管胡果·格劳秀斯(Hugo Grotius)和塞拉菲姆·弗雷塔斯(Seraphim de Freitas)都接受自由海洋的原则,但葡萄牙人声称有权发放卡特兹(cartaze),即安全通行证,以加强对航线的控制。这一概念对于印度洋来说并不新颖,因为伊本·白图泰曾指出,巴库(Barkur)的印度教统治者要求来往的船只进贡,而且"cartaze"一词本身源于阿拉伯文的 qirtās,即纸张。② 如果海军实力足够强大,欧洲人就可以获得海洋控制权,与此同时,印度次大陆的统治者会要求欧洲人履行义务,消灭海盗或在陆地上惩罚他们。劳伦·本顿曾写道:"印度洋不是莫卧儿湖,也不是欧洲湖。"③

对印度洋沿岸地区的统治者而言,沿海地区的船只活动只是其陆地活动的延伸。与此相反,葡萄牙人把海军力量扩张到更广阔的区域宣示主权,这种主权概念对于当地政治哲学和实践而言是完全陌生的。④ 菲利普·斯汀伯格如此形容:当地统治者把沿海水域视为领土主权的延伸,这片水域"如同是一片任由他们索取、控制、管理的土地一样"⑤。但和葡萄牙人不同,他们并不对公海声称主权,在这片海域中,"唯一需要的(或被允许)的规定就是确保所有船只都能在这片广阔的海面上自由航行"。1622 年,马尔代夫的国王通过巴拉索尔的军事办公室(faujdar)请求莫卧儿皇帝禁止英国和荷兰轮船驶入岛屿海域,他得到的回复是,皇帝"只是陆地的主人,不负责海洋事务"⑥。在东印度洋群岛上,望加锡统治者也对荷兰人抱怨说,"上帝创造了陆地和海洋,陆地被不同族群划分,但海洋却为人类所共有。禁止任何人在海上航行是闻所未闻的"⑦。

既然欧洲人宣称对海洋拥有主权,那么陆地帝国的君主很快就会要求欧洲人行使他们的主权。比如,在 17 世纪 20 年代,丹麦、荷兰和英国的贸易公司都要

---

① Alexandrowicz, *Law of Nations*, p. 37.

② Alexandrowicz, *Law of Nations*, pp. 42 – 56, 67 – 77; Prange, Sebastian R., "A trade of 'No Dishonor': piracy, commerce, and community in the western Indian Ocean, twelfth to sixteenth century", *American Historical Review*, CXVI, no. 5, Dec (2011), p. 1278.

③ Benton, Lauren, "Legal spaces of empire: piracy and the origins of ocean regionalism", *Comparative Studies in Society and History*, XLVIII, no. 4, October (2005): p. 716.

④ Subrahmanyam, Sanjay, *The Career and Legend of Vasco da Gama*, Cambridge: Cambridge University Press, 1997, pp. 110 – 112.

⑤ Steinberg, Philip E., *The Social Construction of the Ocean*, Cambridge: Cambridge University Press, 2001, p. 15.

⑥ Prakash, Om, *The New Cambridge History of India*, vol. II, 5, Cambridge: Cambridge University Press, 1998, p. 140.

⑦ Reid, Anthony J. S., "The system of trade and shipping in maritime south and southeast Asia, and the effects of the development of the Cape route", in Pohl, Hans (ed.), *The European Discovery of the World and Its Economic Effects on Pre-Industrial Society, 1500 – 1800*, Stuttgart: Franz Steiner Verlag, 1990, p. 73.

按惯例提供炮手和领航员，以保护来自高康达苏丹国的船只免受葡萄牙人的袭击；① 17世纪晚期，马拉塔帝国的军队扰乱了莫卧儿帝国的海外贸易，莫卧儿的君王便向欧洲贸易商施加压力，让他们中途拦截马拉塔帝国的船队。1965年，海盗亨利·艾弗里截获苏拉特当地商队最大的船只加尼萨瓦尼（Gani-i Sawai），莫卧儿帝国便禁止本国与英国开展贸易往来，并囚禁了70余名英国商人，其中有10余人死于狱中。仅仅两年后，由于英国人未能阻止海盗入侵，莫卧儿人截获了一艘前往马德拉斯（现金奈——译者注）的英国船只。② 本顿曾直言不讳地写道：

> 坚持要求欧洲人合作以平息印度洋上猖狂的海盗力量，实际上就是要求列强履行他们所谓的海洋管辖权。当莫卧儿帝国的官员看似矛盾地通过承认英国的海上主权以维护自身的权利时，英国公司的官员们则通过巩固莫卧儿帝国在陆地和沿海地区的权威，以此保护英国飞地和欧洲与莫卧儿帝国之间的贸易。③

1696年，英国一方面声称他们有权控制位于马拉巴尔海岸的小国西格纳提（Signaty）的贸易；另一方面也小心翼翼地宣称此类管辖权仅限于水域，并不包括陆地，西格纳提的王公可以继续行使主权，"尤其是在沿海地区"④。

虽然荷兰和英国的东印度公司是正式意义上的合股公司，兼具商事企业和国家的某些职能，如签订合约、发动战争等，但在印度洋的国际体系中，其最基本的职能还是国家职能，就像之前的葡属印度一样。东印度公司拥有主权属性，如部署战舰、军队，代表国家对外进行条约谈判等，因此与印度洋港口和商业中心的其他常驻贸易社群完全不同。尽管后者也自主管理自身事务，拥有本地统治者授予的豁免权，建立了多个不同的管辖区域，只有在发生冲突或谋杀这样的严重罪行时，当地统治者才会介入。

葡萄牙国王号称自己是"几内亚之王，埃塞俄比亚、波斯和印度航运和商业的征服者"，但很快他对掌控印度洋航道感到力不从心。葡萄牙需要萨法维王朝的协助来抑制奥斯曼帝国的扩张，这也意味着葡萄牙人必须放弃对伊朗港口的封锁，然而伊朗港口恰恰又是把东方香料运至叙利亚和地中海的关口。每逢贸易季，葡萄牙人便试图封锁曼德海峡，但葡萄牙"高船"瞭望者的可视距离半径仅为30英里，还不能完全覆盖狭窄的红海。⑤ 在印度洋的东端，葡属印度正面临

---

① Subrahmanyam, Sanjay, *The Political Economy of Commerce: Southern India, 1500 – 1650*, Cambridge: Cambridge University Press, 1990, pp. 318 – 319.
② Benton, "Legal spaces", p. 714; Gupta, Ashin Das, *Indian Merchants and the Decline of Surat, c. 1700 – 1750*, New Delhi: Manohar, 1994, p. 94 ff.
③ Benton, "Legal spaces", p. 715.
④ Benton, "Legal spaces", pp. 715 – 716.
⑤ Chaudhuri, Kirti N., *Trade and Civilisation in the Indian Ocean*, Cambridge: Cambridge University Press, 1985, p. 73.

着来自亚齐的强大海军力量,这支海军由苏丹阿里·穆哈亚·斯雅(Ali Mughayat Shah)缔造,他从奥斯曼帝国的武器库里获取军火。1530年斯雅逝世时,亚齐与葡萄牙交战多次,已缴获不少枪支,军事配备比马六甲的驻军更为精良。① 1503年,科泽科德君主萨穆德里(Samudri Raja)招揽了两名米兰的制炮师,仅仅花了三年的时间,就制造了300门大炮,还教会了当地人如何制造和使用炮弹。②

葡萄牙人占领了霍尔木兹、第乌、科泽科德和马六甲等著名港口,但这些都是小型飞地,大多依靠周边农村获取食物,内陆贸易比海外贸易更有利可图。③ 这种脆弱但可观的商业前景促使伊比利亚入侵者不得不与强大的陆地君主和平共处。印度次大陆统治者给予了葡萄牙人甚至耶稣会会士丰厚的利润收入,但这并不表示印度人想要改变土地使用权和所有权。④ 1960年,印度与葡萄牙发生领土争端,目的主要是针对从印度领土至葡萄牙飞地达德拉-纳加尔哈维利通道的控制权。国际法院作出裁决,印度马拉塔帝国于1783年和1785年分别将达德拉和纳加尔哈维利两地交给了葡萄牙,但这只意味着收入的分配,而不是主权的转移。⑤

葡萄牙无力重塑印度洋地区的商业纽带及政治关系,因此允许定居的商人社群,即所谓的各个"民族"继续行使自主权。在1511年接管马六甲后,葡萄牙人任命当地著名泰米尔商人尼纳·沙图(Nina Chatu)为宰相。⑥ 一名皈依了伊斯兰教的葡萄牙人也被任命为图班国(Tuban,今位于印度尼西亚爪哇——译者注)的宰相。⑦

葡属印度及荷兰和英国的东印度公司在印度洋国际体系中发挥着国家的职能,欧洲也给予了印度洋商人群体类似的特权。例如,1631年荷兰共和国的议会代表与波斯伊斯法罕王朝的代表签订了波斯-荷兰协定,正式建立了"外侨权利制度",赋予波斯皇室代理人在荷兰以下地位:

> 商业和司法官员(领事),类似于同期欧洲大国驻任奥斯曼帝国的官员。条约第六条规定波斯皇室代理人与欧洲主权国家的代理人享有同等地

---

① Chaudhuri, *Trade and Civilisation in the Indian Ocean*, p. 75; Meilink-Roelofsz, M. A. P., *Asian Trade and European Influence in the Indonesian Archipelago Between 1500 and about 1630*, The Hague: Martinus Nijho, 1962, p. 145; Reid, Anthony J. S., "Sixteenth-century Turkish influence in western Indonesia", *Journal of Southeast Asian History*, Ⅹ, no. 3, December (1969).

② Pearson, Michael N., *The New Cambridge History of India*, vol. Ⅰ, 1, Cambridge: Cambridge University Press, 1987, p. 58.

③ Barendse, *Arabian Seas*, p. 60; Meilink-Roelofsz, *Asian Trade*, p. 138.

④ Campos, Joachim Joseph A., *History of the Portuguese in Bengal with Maps and Illustrations*, Patna: Janaki Praksasham, 1979, pp. 44 – 65; Pearson, "Indigenous dominance"; Ⅰ, 1, pp. 111 – 112; Subrahmanyam, *The Political Economy of Commerce*, pp. 67, 74, 121; Wills Jr., "Maritime Asia", p. 95.

⑤ Alexandrowicz, *Law of Nations*, pp. 4 – 8.

⑥ Pires, *Suma Oriental*, pp. 281 – 288; Findlay and O'Rourke, *Power and Plenty*, p. 136.

⑦ Schrieke, *Indonesian Sociological Studies*, Ⅰ, p. 28.

位，这意味着他们能以外交或准外交地位与国家最高领导人会面。①

换句话说，1631年的条约表明，荷兰人准备给予波斯人的待遇，和荷兰人在印度洋享受的特权相似（准许波斯人开展贸易，免除缴纳关税，驻地不受当地政府管辖，在家中举行宗教仪式等）。同一时间，来自印度洋港口的常驻商人群体代表，如17世纪来自伊朗的亚美尼亚人前往欧洲各国首都协商贸易问题时，常称自己是国王的代表，享受大使级待遇，有权免除进口商品的关税。②

从欧洲人对待印度洋商人特使的方式可以看出，欧洲人对美洲人民与其对印度洋及亚洲人民的态度存在显著差异。随着国际法在欧洲宗教内战的背景下逐渐演变——这也可以解释为什么罗马教皇直到20世纪早期都一直将国际法视为新教异端——"和平界线"（amity lines）的概念横空而出，即欧洲国家之间的条约只适用于欧洲，"和平界线"以外的地方，条约不再适用，在"新世界"里，土著的土地权利是不被承认的。③ 然而，亚洲根本不能说是被欧洲"发现"的。在《海洋自由或荷兰人参与东印度贸易的权利》（*Mare Liberium Sive de Jure Quod Batavis Competit ad Indicana Commercia Dissertatio*）一书中，胡果·格劳秀斯明确指出，"葡萄牙无论如何都不能擅自说自己发现了印度，因为印度在很多世纪前就已经为人所知了。"④ 在亚洲，欧洲人不能把土地视为无主之地（terra nullis）来占领；在未占领的土地上从事贸易必须得到当地统治者的准许。⑤ 当然，这不仅仅是一种理论，更是一个非常务实的做法，限于欧洲国家和贸易公司的军事力量，无法抛开亚洲大国而一意孤行。

然而，在签订威斯特伐利亚条约后，一个新兴的国际体系正在欧洲成形，其影响也波及印度洋世界及其他地区。尤其是从18世纪后期开始，军事力量逐渐向欧洲国家倾斜，影响力日益扩大。限于本文篇幅，在此无法详述主权概念的变化和与其密切相关的人口的种族化和民族化。印度洋世界作为从属部分，逐渐被卷入以欧洲为中心的新世界体系，原来的多重、共享、重叠和流动的主权国家特性发生了许多变化。最后，让我们援引一些片段来感受这些变化吧：

威斯特伐利亚条约签订之后，佩里·安德森所说的欧洲"包裹式的主权"被取代，有明确领土边界的主权国家逐渐兴起。⑥ 这明显与印度洋世界国际关系体系中多重和重叠的主权原则背道而驰。这种新的主权概念逐渐传播到印度洋沿岸，最明显的表现就是地图绘制中的政治边界。儒家理念、上座部佛教及南亚的

---

① Alexandrowicz, *Law of Nations*, p. 123.
② Barendse, *Arabian Seas*, pp. 87, 90, 299.
③ Schmidt, Carl, *The Nomos of the Earth in the International Law of the Jus Publicum Europaeum*, tr. by Ulmen, G. L., New York: Telos Press, 2006, pp. 92 – 100.
④ Alexandrowicz, *Law of Nations*, pp. 46 – 47.
⑤ Alexandrowicz, *Law of Nations*, pp. 45 – 46.
⑥ Anderson, Perry, *Lineages of the Absolutist State*, London: New Left Books, 1974.

空间概念——宗教地图、地方地图、海岸线和旅行地图——都不能像今天的政区图一样标明"地球上的某片区域在全球的位置或与世界其他地方的关系"①。换句话说，尽管对本地有着细致的了解，但边界是流动的、不定形的。19世纪，英国特使前往泰国宫廷，准备划定英国的新殖民地缅甸与泰国的边界，最终以失败告终。通猜·威尼差恭写道："政治区域只能通过权力关系确定，不能通过地理界限进行划分。"② 因此，在泰国的政治空间概念中，边界通常是流动且不连续的，边界取决于当地民众而不是朝廷。欧洲列强通过权力控制了印度洋沿岸人民，欧洲列强之间的竞争在印度洋地区愈演愈烈，他们坚持划清边界线，重叠、共享和流动的主权逐渐消失。

欧洲殖民者一方面运用新的绘图技术抹去已有政治空间概念与多重重叠主权等有关概念；另一方面，随着自身实力的增强，开始向当地民众灌输新的种族化和民族化身份，要求使用单一僵化的词汇来固定身份，取代多重、流动的身份。③ 随后，随着人口普查技术的提高，在人口统计过程中，他们被划分为单一、非重叠的类别，而不是以印度洋地区长期以来盛行的分层、多重、重叠的身份进行统计。

具体而言，虽然人们对当地社会构成有着深刻了解，运用复杂的分类系统来区分"我们"和"他们"，但始终缺乏：

> 一种认知手段去勾画不同社会群体所居住的全球图景。不同宗教派别、种姓或其他社会群体之间存在着很多冲突，但由于缺乏对地图和数字的认知，这些冲突常常表现为日常生活领域的立场之战，而不是政治领域的战争。④

总而言之，欧洲入侵者最初踏上印度洋海岸时，他们先是主动融入现存权力关系，即使他们对公海提出新的主权主张，但也只能在现存的国际关系框架内行事：事实上，欧洲人的贸易站点要维系运行必须依靠大型陆地帝国，他们因此不得不按照帝国统治者的要求消灭海盗。然而，随着权力天平向欧洲人一边倾斜，他们便抹去了先前存在的多重、共享的主权概念和流动、灵活的身份概念，确立了新的政治空间及政治身份概念。⑤ 这一切都反映在划定政治权力界限的新概念中，在亚洲土地上实施的欧洲化制图（cartographic）公约便是明证。

---

① Winichakul, *Siam Mapped*, p. 31.
② Winichakul, *Siam Mapped*, p. 79.
③ Kaviraj, Sudipta, "Crisis of the nation-state in India", *Political Studies*, XLⅡ, Special Issue (1994); Mamdani, Mahmood, "Beyond settler and native as political identities: overcoming the political legacy of colonialism", *Comparative Studies in Society and History*, XLⅢ, no. 4, Oct (2001).
④ Kaviraj, "Crisis", p. 117.
⑤ Barendse, *Arabian Seas*, pp. 87, 90, 299.

3

海湾商人的印度洋世界（1870—1960）

法赫德·艾哈迈德·比沙拉（Fahad Ahmad Bishara）

2008年斋月期间，科威特电视台播放了一部名为"Ōh Yā Māl"（《啊，财富》）的电视连续剧。该剧主要讲述了主人公哈穆德的冒险经历。哈穆德是一位贫困水手的儿子，为了赚取微薄收入养家糊口，他登上了前往桑给巴尔（位于非洲东海岸，1964年与坦噶尼喀合并，成为坦桑尼亚联合共和国的半自治区——译者注）的独桅帆船。在那里，哈穆德与一位富商的侄女穆莎坠入爱河。穆莎的父母被她心狠手辣、诡计多端的堂兄杀害，而她在哈穆德的拯救下幸免于难。独桅帆船返航科威特的日子到了，哈穆德因为受伤不得不滞留在桑给巴尔。这个意外竟然帮他捡回了一条命，帆船在返航的途中遭遇暴风雨，船长（nakhudha）和水手们全部葬身大海。哈穆德远在科威特的父亲债台高筑，在听到船只遇难的消息后万念俱灰，只能将自己的房子抵押给了一个放债的商人。

这是一部典型的科威特"肥皂剧"，围绕爱情、嫉妒、贪婪、财富和贫穷等主题展开。不过令人惊喜的是，故事背景设定在了印度洋。剧中形形色色的人物，如水手、船长、商人和杀人犯，频繁往返于科威特、巴林、阿曼、也门、东非及其海域。在自由空间流动性的背景下，该剧呈现出了印度洋地区的社会经济的流动性。我们再次回到剧中的故事：哈穆德在桑给巴尔岛期间和穆莎成婚，并为她的叔叔效力，最终积累了可观的财富。该剧以哈穆德成为富商重返科威特而告终，富有的哈穆德帮家人还清了债务并惩罚了贪婪的放债人。

《啊，财富》曾经风靡一时、广受欢迎。诸如此类的电视剧大多将波斯、伊拉克、阿拉伯半岛南部和印度等地的港口作为创作背景。事实上，在过去以这片区域为背景拍摄的作品都在某种程度上凸显了海洋在经济、社会和政治生活里的中心地位。即使在海湾地区本地的电视生活栏目中，海洋也通常被描述成印度与东非间传奇的财富通道，与阿拉伯半岛贫穷荒凉的土地相比，海洋成为巨额财富的来源。正如《啊，财富》和其他类似电视节目描绘的那样，大海是流动性之所在，充满了无限的可能，商人、船长和水手都可以在海洋的流动中改头换面甚至飞黄腾达。

本文主要探讨的是海湾商人、船长和水手在印度洋世界中扮演的重要角色。我将引用本人在科威特收集到的大量资料展开讨论，同时也会引用其他海湾地区港口城市的例子进行说明。本文主要论述以下三个问题：海湾商人和船长的地理分布及其商业活动；该群体如何在广阔的印度洋和阿拉伯半岛的商人社群中进行自我定位；该群体累积的地位所带来的政治和经济的流动性机遇。我认为，海湾商人和船长获取印度洋资源的能力促使其在故乡具备了独特的社会、经济和政治流动性。当海湾相对贫瘠的时候，如果有人可以利用丰富的印度洋资源，并将其运回国内港口，便能发挥相当大的政治和经济影响力。同时，这一现象也阐明了一个更为重要的问题：印度洋世界构成了海湾地区政治和经济生活的一个重要维度，研究者若要进一步推动海湾历史的研究，一定不能忽视广阔的印度洋。

3.1 学术研究视野中的海湾地区和印度洋

在海湾地区历史的探讨方面，《啊，财富》等以印度洋为创作背景的电视剧引领了学术界的研究。该系列电视剧让我们意识到海湾地区具备的海洋性这一本质属性，同时把印度洋融入海湾地区的政治和经济生活之中。尽管电影、音乐、艺术、文学等流行作品都反映了海湾地区与印度洋之间的紧密联系，但大部分学者仍将该片区域看作是阿拉伯世界或中东世界的一部分。不可否认，沙漠内陆在海湾政治和经济生活中起着至关重要的作用，但这并不能阻止我们继续探索这片地区与海洋之间的联系机制。与开罗和大马士革等地相比，海湾酋长国的经济受印度和亚丁市场变化的影响更为显著。海湾当地居民的饮食习惯，如咖喱和米饭，迥异于地中海和中东，与印度和东非的习俗更为接近。甚至海湾地区居民所讲的方言都受到海洋的影响，多见印地语和波斯语的词汇和发音。此外，当地的众多仪式都反映了海湾地区与海洋之间的紧密联系，例如一年一度的珍珠潜水节等。

令人遗憾的是，印度洋和海湾地区的文献对二者的紧密联系并无记载。印度洋的阿曼人和哈达拉毛人历史研究成果颇丰，但海湾地区其他阿拉伯社会——从阿联酋到巴士拉港——的海洋历史研究却寥寥无几。关于巴林、科威特、波斯、伊拉克与印度洋的相关研究更是屈指可数。[1] 此外，已有研究无法让读者全面了解海湾地区与印度洋的联系，也未深入探讨印度洋对海湾地区的政治、经济和社会生活产生的重要影响或意义。

海湾地区的本土历史学家已开始使用阿拉伯语书写印度洋历史，而西方史学

---

[1] Pearson, Michael N., *The Indian Ocean*, London: Routledge, 2003; Abdullah, Thabit A., *Merchants, Mamluks, and Murder: The Political Economy of Trade in Eighteenth-Century Basra*, SUNY Series in the Social and Economic History of the Middle East, Albany: State University of New York Press, 2001; Onley, James, "Transnational merchants in the nineteenth century gulf: the case of the Safar family", in Al-Rasheed, Madawi (ed.), *Transnational Connections and the Arab Gulf*, London: RoutledgeCurzon, 2005, pp. 59–89; Martin, E. B. and C. P. Martin, *Cargoes of the East: The Ports, Trade and Culture of the Arabian Seas and Western Indian Ocean*, London: Elm, 1978.

术界对海湾地区和印度洋的描述乏善可陈。已有文献多是二手资料或商人们的回忆录。这些回忆录记载了海湾地区和印度西部港口以及东非之间的多重联系。科威特是阿拉伯海湾国家中海外商人人数最多的国家，因此这些回忆录多出自科威特商人之口。关于巴林和阿联酋历史的文献主要关注海湾地区和印度洋之间的商业和文化联系。① 然而，大部分文献很难归为学术意义上的"历史"，它们主要记录了当地的名人和点滴小事，以奇闻轶事为主，缺少宏观论述和深入思考，这与商人群体的特点及其与印度洋的实际联系相吻合。②

已有文献以一种生动形象的方式揭示了海湾地区与印度洋之间的联系，同时也挑战了海湾历史学家普遍存在的错误观念。然而，本土历史学家在文献运用方面与西方学者有很大不同。他们通常利用信件和其他素材对相关现象进行描述，而不是用来佐证自己提出的论点。譬如，在讨论孟买的科威特商人群体时，作者附了一封科威特商人写给远在故乡的家人或朋友的信。然而，作者并未通过这封信来佐证他的论点，甚至没有提及信的内容。相反，他仅仅想通过这封信说明大量科威特商人曾在孟买定居，这种方式与简单地附上一张照片无异。这种写作风格让那些尝试深入开展研究的学者感到沮丧，但是素材的使用也反映了一个事实，即海湾地区的确存在可以深入挖掘的本土历史资料。科威特研究中心（Center for Research and Studies on Kuwait）近期出版的《独桅帆船航行日志》，可以提供大量可资借鉴的第一手材料。近期，一些商人的家庭成员向研究者开放的私人资料进一步丰富了相关商人研究的数据库。③ 以上这些资料与电视节目、文学作品和音乐一起展现了海湾地区与印度洋之间的紧密联系，共同组成了一个资料宝库。

3.2　印度洋中的海湾商人网络（1870—1930）

鉴于学术界对海湾地区和印度洋之间的联系关注较少，有必要进一步梳理海

---

① al-Abdul-Mughni, Adel Muhammad, *Nawākhudhat al-Ghaws wa-l-Safar fi-l-Kuwayt* [*The Captains of Pearling and Travelling in Kuwait*], Kuwait: Privately published, 1999; al-Muzayni, Ahmad 'Abdul-'Aziz, *Kuwayt wa Tārīkhuhā al-Bahrī, aw Rihlat al-Shirā'* [*Kuwait and Its Maritime History, or The Sailing Trip*], Kuwait: That es-Salasil, 1986; al-Zayyani, Rashid, *al-Ghaws wa-l-Tawāsha* [*Pearl Diving and Trading*], Bahrain: al-Ayyam Publishing; Al-Hijji, Ya'qub Y., *al-Nashātāt al-Bahriyya al-Qadima fi-l-Kuwayt* [*The Old Maritime Activities of Kuwait*], Kuwait: Center for Research and Studies on Kuwait, 2007.

② 这并不是要贬低人们在这些历史中发现的许多独到见解，而是说已有文献未能填补本文提到的学术和分析空白。当然，也有例外，如：Hakima, Ahmad Mustafa Abu, *Tārīkh al-Kuwayt*, translated into English as *The Modern History of Kuwait, 1750 - 1965*, London: Luzac & Co, 1983, esp. pp. 93 - 106, 其中对科威特与印度和阿拉伯半岛的贸易作了详细讨论。

③ 其中最著名的是由巴林的阿里·阿克巴·布希里（Ali Akbar Bushiri）管理的布希里档案馆（Bushiri Archive），国内外研究人员都曾借助它展开研究。此外，科威特研究中心和该国其他私人收藏也可作为研究资料，但已有文献对其利用还很有限。

湾网络的维度以及商品在网络中的流动。尽管用阿拉伯语写就的海湾历史中对以上内容进行过描述，但至今还未有英语学者对此进行探究。因一手资料的获取难度较大，导致相关研究停滞不前。还有一个重要的原因是，很多历史学家开始把印度洋作为一个可供分析的地理单位，并超越国别史的范式，进行跨族群联系的讨论，但这样的研究才刚刚起步。关于印度和东非与印度洋联系的相关研究已较为深入，然而只有很少数的海湾历史学家才刚刚开始考虑其跨区域的维度。印度洋历史的学术文献表明，海湾商人在印度洋上的活动至少已经持续了数百年。考古学家指出古代迪尔蒙（Dilmun）文明——也就是现在的巴林——曾与南亚、阿拉伯南部地区的港口甚至非洲之角地区进行着频繁的贸易往来。[①] 中世纪早期，来自波斯海岸的西拉夫（Siraf）的商人和士兵建立了一个商业和军事帝国，其规模最远一直延伸到了非洲的东海岸。[②] 近代早期的阿曼雅鲁卜王朝（Ya'arubi Dynasty）也在东非拥有大量的据点，其历史至少可以追溯到17世纪中叶。[③]

科威特和巴林的乌图布（Utub）部落或海湾南岸部落参与到印度洋的历史只能追溯到19世纪中后期。考虑到这些部落联盟的形成比较晚，这一点也许不足为奇：乌图布部落在18世纪中期才进入海湾沿岸地区，直到18世纪末才发展成重要的海洋酋长国。实际上，直到18世纪80年代，祖巴拉地区的乌图布部落（位于今卡塔尔西部——译者注）及其科威特族人才从波斯支持下的Al Madhakur手中夺回了对巴林的控制权。波斯统治者卡里姆·汗·赞德（Karim Khan Zand）在那时被卡扎尔部落推翻。因为科威特和巴林正好位于珍珠海岸和海湾附近，是货物进入阿拉伯半岛内陆地区的重要中转地，通过接管这两个地方，乌图布部落得以成为该地区商业的重要参与者。因为这两个地方此外，波斯沿岸阿拉伯贸易据点的存在以及波斯、阿拉伯商人在两个海岸间的流动往来，加速了海湾地区内部交换网络的发展。

尽管海湾地区的阿拉伯共同体，如乌图布部落、沙迦和拉斯海玛的卡瓦西姆部落（the Qawasim of Sharjah and Ra's al-Khayma）、阿布扎比的巴尼亚斯部落（the Bani Yas of Abu Dhabi）在海湾沿岸贸易中的重要地位毋庸置疑，但它们在印度洋的情况则不甚明了。研究海湾地区的历史学家们大多数认为，马斯喀特的统治者限制了乌图布部落对印度洋贸易的参与。阿曼军队驻守在霍尔木兹海峡，规定驶往印度洋的船只需要向他们缴纳通行费或者在马斯喀特购买商品。这给希

---

① Potts, Daniel T. (ed.), *Dilmun: New Studies in the Archaeology and Early History of Bahrain*, Berlin: Reimer, 1983; Bibbey, Geoffrey, *Looking for Dilmun*, New York: Knopf, 1969.

② Sheriff, Abdul, *Dhow Cultures of the Indian Ocean: Cosmopolitanism, Commerce and Islam*, London: Hurst, 2010, pp. 151–170; Margariti, Roxani, "Mercantile networks, port cities, and 'Pirate' states: conflict and competition in the pre-modern Indian Ocean world of trade", *Journal of Economic and Social History of the Orient*, 51, 4 (2008), pp. 543–577.

③ Maamiry, Ahmad, *Oman and East Africa*, New Delhi: Lancers Publishers, 1979; Risso, Patricia, *Oman and Muscat: An Early Modern History*, London: Croom Helm, 1986.

望进入印度洋并在印度和阿拉伯南部占有一席之地的海湾商人造成了巨大阻碍。① 然而，科威特和巴林的海湾商人并未完全气馁，他们中的一些人仍成功地在苏拉特港定居下来。② 那些没有参与印度贸易的商人们则在海湾地区进行交易，他们把来自马斯喀特或阿巴斯港的货物运至其他较小的海湾港口。

大多数本土资料显示，这些海湾商人社群进入印度洋贸易体系的时间大致在19世纪中期，这一论断得到现存一手资料的部分支持。尽管许多商人在更早时期可能已经定居在印度洋港口，但我们缺乏足够的证据对此进行深入探讨。此外，我们有充分的理由来区别对待19世纪和20世纪早期，因为这两个世纪见证了海湾和印度洋经济生活的巨大转变。

阿拉伯语文献资料表明，19世纪大型帆船（būm）的出现让海湾地区的航海家能够到达遥远的印度和东非港口。③ 此外，我们应该把这个转变归因于海湾和印度洋内部发生的结构性变化。其中最重要的变化可能是1856年时任苏丹赛义德·本·苏丹（Sultan Sa'id bin Sultan）的去世。马斯喀特苏丹国与桑给巴尔苏丹国从此分治，马斯喀特作为霍尔木兹海峡的守护者的地位逐渐弱化。扮演商人、通行费收缴者和海盗等多个角色的卡西姆斯部落的衰落以及英国在海湾和印度洋的强大势力，为海湾商人进入这一贸易体系提供了客观条件。也有人认为，1820—1853年期间，一系列海上停战协议得到英国支持，这为海湾地区船只在所在国港口、印度西部、阿拉伯南部及东非港口之间的自由往返创造了有利条件。④

海湾商人扩张的另一个重要原因是经济发展，特别是19世纪中后期珍珠和椰枣产业的繁荣所致。在波斯湾，椰枣和珍珠市场兴盛是基于基础设施的改善。一位历史学家曾概述了19世纪80年代椰枣市场如何不断发展，并远销欧美的情形。在国外市场稳定之后，海湾地区开始大量出口椰枣，该地区最新的技术发展，如蒸汽船和电报，在椰枣外销的过程中扮演了重要的角色。⑤ 1899—1906年是最早有数据记录的年份，马斯喀特的椰枣出口量几乎翻了一番，从5.2万英镑增加到9.25万英镑，1902—1903年度更是顶峰时期，达到了10.3万英镑。甚至

---

① Hakima, Abu, *Modern History*, p. 93.

② al-Ibrahim, Ya'qubYusuf, *Min al-Shirā'ilā al-Bukhār [From Sailto Steam]*, Kuwait: al-Rubay'an Publishing, 2003, pp. 83 – 84.

③ al-Hijji, *Al-Nashātāt*, pp. 18 – 19；该理论在当地历史学家中也广为流传，他们经常互相引用彼此的著作. al-Ibrahim, *Min al-Shirā'*, pp. 40 – 41; Hakima, Abu, *Modern History*, pp. 93, 96 – 97.

④ Kelly, J. B., *Britain and the Persian Gulf, 1795 – 1880*, Oxford: Clarendon Press, 1968; Al-Qasimi, Sultan bin Mohammed, *The Myth of Arab Piracy in the Gulf*, London: Croom Helm, 1986; Davies, Charles, *The Blood Red Arab Flag: An Investigation into Qasimi Piracy, 1797 – 1820*, Exeter, UK: University of Exeter Press, 1997.

⑤ Hopper, Matthew S., "The African presence in Arabia: slavery, the world economy, and the African diaspora in eastern Arabia, 1840 – 1940", PhD dissertation, University of California, Los Angeles, 2006, pp. 112 – 114.

出口量相对较小的巴林也是成倍增加，出口额从 1899—1900 年度的 1.05 万英镑增加到六年后的 2.6 万英镑。①

随着与美国的椰枣贸易趋于稳定，海湾的珍珠也开辟了新的市场，珍珠出口量猛增。这些变化很大程度上归因于 19 世纪后期欧洲和北美对珍珠的旺盛需求。这一行业的繁荣吸引了欧洲珍珠贸易商的注意力，他们或间接通过大量海湾珍珠商人聚居的孟买珍珠市场，或直接通过海湾地区最大的珍珠市场——巴林进行珍珠贸易。珍珠的外部需求自 16 世纪以来就一直存在。尽管在 17 世纪中叶，欧洲局势动荡，珍珠市场萎缩，但珍珠需求始终存在。直到 19 世纪中叶，欧洲皇室和贵族又让珍珠行业得以复苏。工业革命之后，商业巨头、农场主、专业人士等欧美新贵阶层跻身上流社会，甚至最终引领潮流趋势，进一步促进了对珍珠的需求。②

由于珍珠市场的繁荣以及欧洲竞争对手在印度市场的出现，海湾珍珠价格出现上涨行情。1877 年，一位观察家注意到，自 19 世纪中叶以来，珍珠的价格已经翻了一番。③ 从 19 世纪 90 年代初至 20 世纪初的约十年间，据相关数据，海湾地区珍珠的总出口值暴增 3 倍，从 1893—1894 年度的 50 万英镑增加到了 1903—1904 年度的 150 万英镑。这种增加在巴林尤为明显，珍珠出口总值在 1873—1906 年间增加了近 600%。④ 此外，由于椰枣的价格也在不断上涨，19 世纪下半叶繁荣的珍珠贸易给海湾商人群体带来丰厚的额外收入，推动了他们在印度洋的商业扩张。⑤

到 20 世纪初，随着贸易繁荣达到鼎盛时期，海湾商人和船员们已经在印度西部港口，如卡拉奇、孟买、果阿和卡利卡特大规模定居，还有一些人深入到内陆，在海得拉巴、浦那等贸易中心扎根。⑥ 印度西部很快成为海湾商人在印度洋世界中的据点，为他们提供了大米、糖、茶叶、香料、纺织品以及建筑材料，包括对海湾造船业十分重要的印度柚木。同样，海湾水手们给印度西部的诸多港口带来了在印度洋地区深受喜爱的巴士拉椰枣，还有在巴林和科威特之间的海岸中

---

① Lorimer, J. G., "Date production and the date trade in the Persian Gulf region", in *The Gazetteer of the Persian Gulf, Oman and Central Arabia*, Slough, UK: Archive Editions, 1905/1987, vol. 1 (Historical) Part Ⅱ (Appendices) p. 2307.

② Hopper, "The African presence in Arabia", pp. 180 – 182.

③ Dorand, E. L., "Notes on the pearl fisheries of the Persian Gulf", *The Persian Gulf Administration Report*, 1877 – 1878, p. 39.

④ Lorimer, J. G., "The pearl and mother of pearl fisheries of the Persian Gulf", *Gazetter*, vol. 1 (Historical) Part 2 (Appendices), pp. 2252 – 2253. 如果按出口珍珠数量进行调整，这些增长趋势是否还能维持尚不清楚。也就是说，即使出口珍珠数量增加，生产也会依然繁荣。

⑤ Lorimer, *The Gazetteer*, vol. 5, pp. 2252 – 2255, 2307. 详细列举了 19 世纪椰枣和珍珠出口值上升的具体数据。

⑥ 科威特研究中心藏品中包括不同地区科威特商人的信件，以及位于上述城镇的科威特商店的价格表。2008 年夏天，科威特驻印度首任领事费萨尔·伊萨（Faysal al-'Isa）在接受采访时进一步证实了这一点。

捕捞到的珍珠。

在海湾商人参与的所有经济活动中,珍珠贸易获利最多。一到夏季,大部分成年男性都会参与这个行业,为商人们创造了丰厚的收入。大量珍珠商人定居孟买,瞄准当地最大的珍珠市场。然而,珍珠贸易的繁荣只持续到了19世纪30年代初期,全球经济的大萧条重创了对奢侈品的需求。此外,日本人工养殖珍珠进入国际市场,这些珍珠比天然珍珠便宜得多,在外观上几乎没有什么区别。① 这两个外部原因使海湾的珍珠产业陷入衰退,海湾珍珠商人的数量也大幅下降。

除开展珍珠贸易外,很多定居印度的海湾商人还会从事大宗商品的买卖。他们在印度西部与在海湾地区的家庭成员合作开展进出口贸易。海湾商人把商品从印度运回自己家乡的港口,从那里再把商品运到海湾地区较小的港口,或者进入阿拉伯半岛的内陆地区,提供给游牧民族和定居当地的民众。在海湾的商人从较小的港口收购食品,从内陆收购酥油(一种精炼黄油)、手工艺品和干燥粗木(常用于生火)等商品。② 在20世纪30年代经济萧条和珍珠产业崩溃时期,这种进口—出口—再出口的商业形式成为海湾经济的生命线。而且,如下文将要讨论的那样,这种贸易对维持商人在政治领域的影响力同样至关重要。③

在从事珍珠贸易的同时,印度的海湾商人还从巴士拉南部的阿拉伯河流域和哈萨(al-Hasa)的种植园进口椰枣。④ 这些椰枣多达几十个品种,每一品种都有固定的市场。在所有产自阿拉伯河流域的椰枣中,萨伊尔(al-Sāyir)椰枣是价格最便宜、产量最丰富的品种之一,也是亚丁市场的首选品种。在海湾无人问津的扎哈迪(Zahdi)椰枣到了印度成了抢手货,其中在孟买的销量远超卡拉奇。⑤ 驶往欧洲的蒸汽船大多都是运输哈拉维(Halawi)和法尔扎(Fardh)椰枣,这两种椰枣以独特的口味和甜度而闻名。这些椰枣用来制作当地特色食物和甜点,成为西印度洋饮食体系的重要组成部分。在也门、黎凡特、北非和土耳其等地,椰枣很早以前就成为日常饮食和咖啡的必备佐餐食品。但这并不意味着椰枣总是作为食物食用,而是可以进行再加工。在印度,甚至在遥远的法国马赛地区,椰

---

① al-Hijji, *Al-Nashāāt*, pp. 90 – 92; al-Zayyani, op. cit. pp. 75 – 79; Heard-Bey, Frauke, *From Trucial States to United Arab Emirates*, New York: Longman, 1982/1996, pp. 180 – 181.

② al-Hijji, *Al-Nashātāt*, pp. 295 – 310; 阿沁(al-Qina'i)藏品中还包含阿卜杜拉·本·阿卜杜勒-伊拉·阿沁(Abdullah bin Abdul-Ilah al-Qina'i)和他在祖拜尔的贸易伙伴之间关于这些问题的信件,以及印度洋区域中大量涉及港口商人与其内地同行之间索赔的法院案件。

③ Crystal, Jill, "Coalitions in oil monarchies: Kuwait and Qatar", *Comparative Politics*, 21/4 (July 1989), pp. 427 – 443.

④ 虽然许多海湾商人在巴士拉或哈萨都拥有枣园,但并非所有人都如是;他们往往也不会从伊拉克、阿拉伯半岛和海湾商人拥有的枣园中购买椰枣,Fattah, Hala, *The Politics of Regional Trade in Iraq, Arabia and the Gulf, 1750 – 1900*, Albany, NY: SUNY Press 1997, pp. 63 – 72; Abdullah, *Merchants, Mamluks and Murder*.

⑤ al-Hijji, *Al-Nashātāt*, pp. 168 – 175.

枣通常被用来酿酒。

尽管印度西部是大多数海湾商人的聚集之地，但仍有很多海湾商人在阿拉伯南部地区经营自己的生意，如马斯喀特、亚丁和木卡拉等主要港口。这些商人也从事进出口贸易，但基本上都是与海湾本地商人们进行贸易往来，很少与在印度的海湾商人进行交易。这可能与他们经营的货物的性质有关。定居在阿拉伯南部地区的海湾商人从阿拉伯河流域进口畅销的椰枣，同时出口咖啡和水手们用来维护船身免受阳光侵蚀的锡罐鱼油。① 这些商品对海湾地区的水手们至关重要，但对于在印度的海湾商人而言用处不大。印度和阿拉伯南部海湾商人之间联系薄弱，也有可能是因为大量印度巴尼亚商人（Indian banian）生活在马斯喀特、亚丁和其他港口，他们几乎垄断了与印度之间的重要贸易。② 尽管印度人也会迁徙到海湾地区的港口，但数量并没有像在阿拉伯南部那样普遍。除了阿曼，印度商人在海湾地区的活动仅限于巴林、特鲁西尔酋长国（阿联酋的前身——译者注）以及波斯的阿巴斯港。③

亚丁港既是海湾商人的经商据点，也是海湾地区独桅帆船前往东非的中转站。船只会在亚丁短暂停留，以售完最后的椰枣。船员们利用自己收到的运费购买食盐，然后贩卖到摩加迪沙、拉穆和蒙巴萨等东非各港口，最终抵达他们的目的地——桑给巴尔。④ 需要注意的是，前往印度的独桅帆船很少驶向东非，而是选择来往于印度和海湾地区之间，赚取往返的运费。前往桑给巴尔的独桅帆船每季只能航行一次，船员们不得不把自己的钱投入到贸易中，以赚取更多的利润，使得9个月的航行有利可图。在印度和东非之间航行的帆船数量不多，它们通常从印度西部的门格洛尔出发，向蒙巴萨运送在那里深受追捧的瓷砖。⑤

抵达桑给巴尔后，船长们和船员们就用自己的资金大量购买红树林木杆。海湾商人允许他们独占红树林木杆市场。水手们航行南下直到鲁菲吉三角洲（Rufiji Delta，位于坦桑尼亚南部海岸地区——译者注），在那里购买几百根红树林木杆，然后将其在海湾的主要港口进行出售。由于这种木材的韧性和耐用性，海湾

---

① al-Hijji, *Al-Nashātāt*, pp. 147 – 150.
② Ray, Rajat Kanta, "Asian capital in the age of European domination: the rise of the Bazaar, 1800 – 1914", *Modern Asian Studies*, 29, 3 July (1995), pp. 449 – 554; Schaefer, Charles, "Selling at a wash: competition and the Indian merchant community in Aden Crown Colony", *Comparative Studies of South Asia, Africa and the Middle East*, 19, 2 (1999), pp. 16 – 23.
③ Lorimer, Gazetteer, vols. 5 and 6., 其中列举了精确数据。
④ 艾伦·维利尔斯（Alan Villiers）非常详细地描述了独桅帆船印度洋航行的这一段。20 世纪 30 年代，他曾在一艘科威特独桅帆船上待过几个月，这艘船从亚丁湾航行到桑给巴尔，然后再返回海湾。参见：Villiers, Alan, *Sons of Sinbad*, New York: Charles Scribner's Sons, 1940.
⑤ 科威特研究中心于 1996—2010 年间出版了多本桅帆船航海日志，明确了该航线。

地区常把它们用作建造屋顶或天花板的材料。① 但是并非人人都能买到品质最优良的鲁菲吉三角洲红树林木杆。那些后来者或买不起鲁菲吉三角洲红树林木杆的人只能购买拉穆产的木杆，这个品种的木材上有很多节疤，所以销量不高，最终会被卖给海湾地区较贫穷的居民。船主、船长和船员按照一种相当复杂的利润分配制度，将红树林木杆贸易所赚取的利润按比例进行分配，我们将在后文对此进行详细的介绍。这里值得特别注意的是，与珍珠贸易不同，红树林木杆贸易通常是船员们的专营生意。船员们从该贸易中获取的利润可能是他们航行的唯一收入。

3.3 海湾地区与印度洋之间的贸易往来及权力关系

通过在不同港口间运送货物，海湾商人与印度洋和海湾港各港口商人、代理和掮客间建立了复杂而长久的关系。通过将自己融入这些群体并利用他们的网络资源，海湾商人为自己在印度洋贸易体系内和家乡都谋取了战略地位。例如，在孟买，像伊萨（al-'Isa）和沙亚（al-Shaya'）等科威特家族都与印度商人群体建立密切联系；定居在卡利卡特的萨格尔（al-Sager）家族和卡拉奇的马尔祖格（al-Marzuqs）家族也是如此。② 那些来自巴林的家族，如扎亚尼斯（al-Zayyanis）、扎伊纳尔斯（Zaynals）等也都长期居住在孟买。詹姆斯·昂利最近在关于萨法尔（Safar）和沙里夫（Sharif）家庭的研究中指出，巴林商人家族的许多分支世代居住在印度洋的主要港口。③

虽然海湾地区商人与阿拉伯半岛内陆或其他海湾港口的商人之间法律和商业合作关系日臻成熟，但很少有证据能证明印度洋的海湾商人与印度或东非商人之间也存在着这种合作关系。海湾商人与印度洋各港口商人之间的贸易通常是独立开展的。这种合作关系并不只是因为空间位置相近而发展出来的，更是多年来商业合作和交易的结果。东非的红树林木杆中间商与科威特船长之间的紧密联系在一定程度上说明了这一点。我们要知道，科威特商人并没有居住在东非港口，这些船长并非港口居民，而是季节性的贸易商。④ 只有通过每年到达相同的港口，通过相同的经纪人进行贸易，海湾船长们才能建立必要的纽带，以确保贸易顺

---

① Gilbert, Erik, *Dhows and the Colonial Economy of Zanzibar, 1860–1970*, Athens, OH: Ohio University Press, 2004, p. 115; Curtin, Philip, "African enterprise in the mangrove trade: the case of Lamu", *African Economic History*, 10 (1981), pp. 23–33.

② 2008 年夏天采访了费萨尔·伊萨。此外，从科威特研究中心保存的信件中可以看出，这些家族的地位十分突出。

③ Onley, "Transnational merchants", pp. 66–71.

④ Al-Hijji, Ya'qub, *Mubahhirun Ma'a al-Riyāh: Rihlatal-Sawaāhil*, [*Sailing with the Winds: The Journey to the Swahili Coast*], documentary film, CRSK, 2006.

利,并获得信用贷款和栖身之所。① 一般这些经纪人都是居住在东非的哈达毛阿拉伯人,这表明他们与海湾船长之间的语言和文化共性促进了合作关系的建立。

印度洋海湾商人与其他商人群体成员之间的关系表明海湾商人运用了许多不同的策略来发展关系纽带。也许最明显的策略就是定居。成为永久居民之后,在与东道国商人进行交易时,海湾商人要把自己的职业声誉和固定财产都当作筹码。19世纪下半叶,对于很多西印度洋流动商人来说,在许多地方拥有财产是司空见惯的。在波斯湾、印度和东非经商的商人很可能在这些地方都有自己的财产。19世纪初在波斯湾和西印度洋经商的波斯商人哈吉·米尔扎·穆罕默德·阿里·萨法尔（Hajji Mirza Mohammed 'Ali Safar）就是一个很好的例子。1845年萨法尔逝世,他把在布什尔（Bushire）、巴士拉、希拉（Hilla）、巴林、马斯喀特、孟买和摩卡（Mocha）拥有的大量财产都留给了自己的儿子们,让他们继续以家族的名义经营生意。另一些海湾商人不仅定居,而且进一步通婚。那些与当地居民通婚的人能与当地社会建立起紧密的社会经济关系。通过这种做法,他们获得了战略性的商业地位,后代也将从这种地位中受益。②

萨法尔这样的商人并非仅仅为了炫耀财富,才在印度洋地区购置不同类型的资产。他们这样做是出于该地区商业生活的迫切需求,在外地港口拥有资产的商人更有可能在那里获得信用贷款。相对于印度洋的其他区域,海湾地区物产稀少,严重缺乏资本和商品。因此,获得信用贷款对于每个海湾商人来说至关重要。海湾出产的商品,如珍珠、椰枣和独桅帆船,其生产和分销严重依赖于信用贷款,因为商人们必须预先为船长、采珠人、种植园主和造船厂厂主的服务付款。即使许多富商可以在本地获得他们的资本,他们也与印度洋港口的其他商人们保持着联系,无论是阿拉伯人、波斯人还是印度人,海湾地区的绝大多数商人和其他经济中介必须依靠放债人来资助他们的商业活动。

如果无法获得当地商人群体的信用贷款,海湾地区的商人就很难参与印度洋贸易。实际上,大部分海湾商人从事进出口贸易的一个主要特征就是同时发放和获得信贷。例如,在印度的海湾商人凭借信用向他们所在的印度商人群体赊购货物,随后将货物赊销给海湾地区的商人,后者再次转手,在当地海湾港口以现金

---

① 在桑给巴尔,科威特纳库德人经常与经纪人阿卜杜拉·哈伦·巴哈伦进行交易;而在蒙巴萨,他们经常与穆罕默德·本·阿卜杜拉·沙蒂里做生意,访问期间彼此建立了非常密切的关系。
② Al-Duwaisan, Rasha, "An oral history: the Kuwaiti community in India in the 1940s, 1950s and 1960s", Unpublished MA thesis, Harvard University, 2008. 阿曼人在东非的经历进一步表明,这种婚姻是一种常见的商业策略,其中大部分与本地人成婚,并为他们的后代提供战略上的亲属关系,这样他们就可以在商业活动中利用这种亲属关系,参见: McDow, Thomas, "Arabs and Africans: kinship and commerce from Oman to the east African interior, c. 1820 – 1900", unpublished PhD dissertation, Yale University, 2008, pp. 77 – 135.

或信贷方式将货物出售给贸易往来密切的阿拉伯半岛商人。此外，海湾商人寄回给印度同行的货物也是依靠他们获得的信贷实现的。例如，船长们先向当地商人借一笔钱，分发给船员，然后他们用这笔钱购买珍珠，这些珍珠被记入他们和放贷的当地商人的往来账户中。放贷的当地商人随后将珍珠运回给印度向他们放贷的商人手中，后者再将珍珠价值用于账户还款，如此循环往复。

作为国际性商业社会的成员，海湾的印度洋商人和船长可以把资源和贷款从遥远的地区转移到本地港口，实力不容小觑。那些能够在这个庞大的贸易体系中占据一席之地的人们无论在统治阶级和劳动阶级中都享有崇高的地位和影响力。此外，他们丰富的资源库甚至可以影响本地港口的经济、社会和政治。简而言之，印度洋贸易体系中的海湾商人们能够通过多种方式塑造该地区的政治和商业社会轮廓。

通过向区域内成千上万的海洋劳工提供商品和贷款，海湾商人能够为大量陷入困境的人提供庇护，从而维持其影响力。海湾商人直接或间接通过居住在海湾的合作伙伴运输商品，控制了资本和人力资源，使该地区相对弱势的统治者的权威面临严峻挑战。在海湾历史上，商人与统治者发生冲突的事例不胜枚举。商人们会发挥他们控制人口的力量，将自己的资金、商品和成百上千的依附者转移到邻近的城镇或酋长国。① 面对经济衰落的惨淡前景，统治者别无选择，只能乞求商人们回到自己的港口，并允诺提供更优惠的经商政策。易卜拉欣·穆德哈夫（Ibrahim al-Mudhaf）、希拉尔·穆塔伊（Hilal al-Mutayri）和沙姆兰·本·阿里·萨伊夫（Shamlan bin 'Ali al-Sayf）这三位极具影响力的商人的出走就是一个典型的例子。为了抗议科威特统治者谢赫·穆巴拉克·萨巴赫（Shaykh Mubarak al-Sabah）强征采珠员入伍以参加与巴士拉南部的蒙塔菲克（al-Muntafiq）部落作战的行为，他们携带着财产迁往巴林和哈萨。最后，穆巴拉克及家人苦苦哀求，保证不再强制征兵，他们三人才最终同意返回。②

这些事件的影响以及随后的谈判不总是以和平收场。珍珠产业在很长时间内都是一种动荡的商业活动，笼罩着暴力的阴影。夏季的珍珠捕捞活动常常被不同部落或政权之间的武装冲突破坏。珍珠产业和战争的关系如此紧密，以至于英国人会在每个采珠季派遣一艘炮艇对珍珠捕捞水域进行巡逻。对于出资捕捞珍珠的商人们来说，负债累累的水手和奴隶是一支小型军队，必要时可以动员他们对抗统治者或竞争对手。也许最具代表性的例子是科威特商人优素福·易卜拉欣

---

① Lienhardt, Peter, "The authority of Shaykhs in the Gulf: an essay in nineteenth-century history", *Arabian Studies*, 2 (1975), p. 64; Onley, James and Sulayman Khalaf, "Shaikhly authority in the pre-oil Gulf: an historical-anthropological study", *History and Anthropology*, 17, 3 (September 2006), pp. 197 – 198.

② al-Shamlan, op. cit. pp. 67 – 84; al-Rashid, 'Abd al-'Aziz, *Tārīkh al-Kuwayt* [*The History of Kuwait*], 3rd ed., Kuwait: Al-Qirtas Publishing, 1999, pp. 286 – 292.

(Yusuf al-Ibrahim)发动的政变。他的家族生意横跨孟买、巴林和巴士拉等港口,他定居在了阿拉伯河流域附近阿巴丹港南部的一个小港口道拉(Dawra),并获得了"谢赫道拉"的绰号。易卜拉欣与科威特的统治者萨巴赫家族有着密切的联系,并将他的两个妹妹分别嫁给了共同执政的兄弟贾拉和穆罕默德。1896年,兄弟俩被弟弟穆巴拉克谋杀,易卜拉欣召集了他的采珠员和水手军团,从大本营道拉出发,对穆巴拉克发起了进攻。虽然这次进攻惨淡收场,但科威特统治者清楚地意识到了易卜拉欣对政权的潜在威胁,并在此后有意识地缓和了与易卜拉欣的关系。①

易卜拉欣的行动并不是绝无仅有的。心怀不满的商人们集结商业活动的资源,建立类似国家的政权以驱逐前任统治者,这样的事件在海湾历史上不胜枚举。例如:蒙巴萨的马兹鲁伊家庭(al-Mazrui)既是商人又是大地主,他们请求英国在那里建立一个马斯喀特和桑给巴尔苏丹都无权置喙的独立保护国。② 在另一个例子中,拉赫马·本·贾比尔·贾拉希玛(Rahma bin Jabir al-Jalahima)从他的大本营哈瓦哈桑(Khawr Hasan)和达曼发起了反对巴林统治者哈里发(al-Khalifa)家族的战斗。奴隶和依附者被动员起来进行了彻底的劫掠。③

一个商人的政治影响力不仅限于其动员依附者和盟友对抗海湾统治者的能力,还在于在经济衰退等紧要关头,他们能够通过散布在印度洋各地的巨额资产攫取政治影响力。通过多元化投资,他们在经济下行期能够保障自身安全,并在必要时利用这些资源进行政治斗争。最典型的例子之一当属19世纪30年代科威特商人为反抗统治者萨巴赫家族而采取的政治行动。当时珍珠业几近崩溃,科威特商人通过在巴士拉、印度、阿拉伯南部和其他地区的土地投资维持其经济地位。的确,许多海湾商人只会将珍珠贸易利润的一部分再投资于珍珠贸易,但更多商人更愿意将珍珠收益投资于其他资产,例如椰枣种植园和地产,这些资产可在必要

---

① Anscombe, Frederick, *The Ottoman Gulf*: *The Creation of Kuwait*, *Saudi Arabia and Qatar*, New York: Columbia University Press, 1997, pp. 92 – 112. 此书对此次历史事件作了最佳阐释。al-Rashid, op. cit. pp. 244 – 255. 此书提供了一个更为现代化的视角。科威特研究中心收藏的阿沁藏品囊括了科威特商人阿卜杜拉·本·阿卜杜勒-伊拉(Abdullah bin Abdul-Ilah)、易卜拉欣在科威特的代理人,以及位于道拉和祖拜尔的负责人之间的往来信件,其中详细描述了该过程。

② Gray, John, *The British in Mombasa*, *1824 – 1826*: *Being a History of Captain Owen's Protectorate*, London: MacMillan, 1957.

③ McDow, op. cit. pp. 9 – 20; Lorimer, op. cit. vol. 2, pp. 840 – 855; Mandaville, Jon, "Rahmah of the Gulf", Saudi Aramco World, 26, 3 (May/ June 1975), pp. 12 – 13.

时清盘或抵押以获得贷款。①

如此一来，这些商人通过先前投资进入长途贸易领域，从而顺利度过20世纪30年代的经济危机。其中的佼佼者就是希拉尔·穆塔伊（Hilal al-Mutayri），他利用珍珠贸易的收入在巴林和孟买投资地产以及在巴士拉购买椰枣种植园，保障了自己及其后代未来几十年的收入。② 政治科学家吉尔·克里斯特尔（Jill Crystal）认为，在经济大萧条期间，其他商业社群的政治势力不断萎缩，但科威特商人凭借坚实的经济基础保持了自己的政治影响力，并成功发起了要求组建立法会的政治运动。③ 在几乎所有海湾商人家庭的传记中，我们都可以看到类似的例子，因为他们在本地和海外港口拥有的地产，无论政治和经济情势如何变化，许多人仍能维持自己的影响力。④

尽管学者们普遍认为海湾商人是重要的政治参与者，但利用印度洋资源获得国内权力并非他们的专属能力。船长们也能利用自己与印度洋的联系，为自己谋求战略性的经济政治地位。这种流动性已经与合伙关系和利润分配模式融为一体，在海湾和印度洋之间的独桅帆船贸易正是依赖这种模式展开的。除了运费收入之外，船长们还可以从船员们独享的红树林木杆贸易中分得一定份额的利润。和运费一样，红树林木杆贸易的收益也通常被分成若干份，尽管分配比例会因为时间和港口地点的不同而变化，但总的来说净利润大致分为两部分：一半分给船主，另一半分给全体船员。分给全体船员的那一半根据船员的人数进一步被分成

---

① 这片土地曾是印度洋商业投资的主要领域，但目前尚未进行任何详细勘察。然而，在印度洋周围的各个私人及公共档案中，确实存在数以千计的已登记和未登记的抵押与销售契约，这进一步证明了土地在商业文化中的中心地位。这类契约现藏于阿曼穆特拉的拉坦西·普舒塔姆图书馆（Ratansi Purshottam Library）、巴林的布希里档案馆、桑给巴尔国家档案馆以及印度官方档案 R/15/2/1908 和 R/15/2/2017 - 20222017 - 2022（现藏于大英图书馆）。

② 穆塔伊家族虽然丧失了许多位于巴士拉的地产，但仍然拥有可观的孟买和巴林的房产，这些房产由当地科威特商人管理。值得注意的是，并非所有此类财产都是作为投资购买的。在20世纪30年代经济萧条期间，许多债务人不能偿还债务，因此，海湾珍珠商以他们发放的贷款作为抵押收购了这些珍珠。在20世纪三四十年代，巴林法院受理了近5000起与债务有关的案件，其中绝大部分涉及抵押财产。这些案件都可以在大英图书馆进行查阅：IOR/R/15/3/2540—IOR/R/ 15/3/4797，IOR/R/15/3/1—IOR/R/15/3/2539 and IOR/R/15/3/8938— IOR/R/15/3/11586；Tuson, Penelope, *The Records of the British Residency and Agencies in the Persian Gulf*，London：India Office Records，1979.

③ Crystal, Jill, *Oil and Politics in the Gulf：Rulers and Merchants in Kuwait and Qatar*，New York：Cambridge University Press，1995，esp. pp. 36 - 61.

④ Fields, Michael, *The Merchants：The Big Business Families of Saudi Arabia and the Gulf States*，Woodstock, NY：John Murray，1984；Carter, J. R. L., *Merchant Families of Saudi Arabia*，London：Scorpion Communications and Publishing，1984，and *Merchant Families of Kuwait*，London：Scorpion Communications and Publishing，1984.

若干份。每个船员根据等级的高低，都会分到相当于 1～3 份利润的等价金额。①

在这种分配原则下，船长自然愿意投入充足的资金来购买独桅帆船，作为船长兼船主的他就能获得运费和红树林木杆贸易一半以上的利润。只要成为拥有帆船的船长，就能获得丰厚的利润，船长可以相对轻松地跻身于商人－资本家阶级，并能够资助自己的船运贸易。在整个流动过程中，甚至在成为商人－资本家之后，船长都必须依靠与印度洋各个港口的帆船中介建立的联系，构建起商业网络以支持自己新的商业活动。② 与商人一样，船长们也可以将他们的关系和资本留给继承人。③

即使没有转变成商人－资本家，无论是拥有独桅帆船的船长，还是没有属于自己的船的船长（nakhudha jaʿdi），都掌握着不同程度的政治权力。不论他的经济地位如何，船长都掌握着准主权，是这艘帆船的主人和无可争议的指挥官。正如一位科威特历史学家所说："在独桅帆船的甲板上，船长就是领导者，对船只、货物、全体水手负责。如果你需要他扮演伊玛目的角色，他可以带领所有水手礼拜……同时，他还是法官，当水手在国外港口遇到麻烦时，他会就争端进行仲裁。"④ 船长也是直接管理财政的人，尽管出资支持航行的往往是商人-资本家，但船长可以决定水手们在航行开始时可以获得的预付款。船长也是红树林木杆贸易的主要决策人。尽管从事帆船贸易的船员们并不像珍珠贸易帆船上的水手那样负债累累，但他们非常依赖于来自船长的预付款和礼物，因此也可以被视为船长的依附者。

船长对其水手的经济和准政治的统治力不仅仅体现在船上，如果有必要，这种影响力也可以扩展到陆地上。19 世纪 30 年代初期，通过强力反对英国改革珍珠行业并限制他们给采珠人的预付款，巴林的船长们展现了其影响力。连续三个采珠季，船长们煽动数百名采珠人暴动，要求取消对预付款的限制，巴林统治者

---

① al-Hijji, op. cit. pp. 127 – 136, 150 – 158. 著名船长卡塔米（Isa al-Qatami）的儿子在他父亲的航海手册的附录中也描述了这个系统，此外，艾伦·维利尔斯（Alan Villiers）也根据其旅行中的观察对该系统进行了描述。参见：al-Qatami, Isa, *Dalī al-Muhtār fīʿ Ilm al-Bihār* [*Guide for the Perplexed in the Science of the Seas*], Kuwait: State of Kuwait Publishing, 1964, p. 225; Villiers, Alan, "Some aspects of the Arab dhow trade", *Middle East Journal*, 2 (1948), pp. 399 – 416.

② 这一主题贯穿了希吉（al-Hijji）长达 600 页的著作：al-Hijji, Yaʿqub, *Nawākhudhat al-Safar wa al-Shirāʿi fi-l Kuwayt* [*The Sailing Captains of Kuwait*], Kuwait: CRSK, 2005.

③ 奥斯曼家族或许是最好的例子。家族领袖阿卜杜勒-瓦哈卜·奥特曼（Abdul-Wahhab Al-Othman）作为船长，建立了商业网络，并为后世所沿用。参见：Al-Khora, Abdul- Mohsen, ʿAʾilat al-ʿUthmān [*The al-ʿUthmān Family*], Kuwait: Privately published, 2003, and *Al-Nakhudha ʿAbdul-Wahhāb ʿAbdul-ʿAziz Al-ʿUthmān: Riyādat ʿAʾila wa Tamayyuz Insān* [*Captain Abdul-Wahhab Abdul Aziz al-Uthman: Educating a Family, and What Makes a Human Being Distinctive*], Kuwait: Privately published, 2003.

④ Abdul-Mughni, *Nawākhudha*, p. 166.

及其英国顾问最后极不情愿地同意了这个要求。① 船长们对这支流动队伍的控制使他们显得极具威胁性，他们在必要的时候就会展现自己的实力。在印度洋各地都有很多关于港口当局和来自海湾的船员发生冲突的记录，这足以证明，在有需要的时候，船长完全有能力煽动船员采取行动。②

尽管商人和船长在财富与地位方面存在较大差距，但上述例子表明二者存在共同之处：他们都将印度洋作为经济流动性的来源，并利用他们在海湾-印度洋贸易体系中的优势地位，将自己打造为积极的政治参与者，在自身与印度、东非以及其他商人构建的网络中占据有利地位。海湾的印度洋商人能够弥补隔阂，使跨族群的交易顺利进行。他们在本国港口和印度洋之间的所享有的特权地位不仅体现在经济领域，事实上，海湾商人和船长利用自己的地位，还在海湾的政治和社会事务中谋求了战略性的角色。由此，他们积极重塑本国港口的物质文化和政治生活，并把两者融入广阔的印度洋商业体系之中。

在海湾地区成为石油的主要出口地之后，跨洋商业联系继续塑造着海湾社会。在石油进入本国经济体系之后，许多海湾商人居住在印度和阿拉伯南部，并继续从其所在港口向本国市场提供商品。纷至沓来的西方企业开始计划在快速发展的海湾国家开展贸易。大部分印度洋海湾商人意识到母国的商业机会越来越多，其中最流行的做法就是成为西方企业的本地代理商。几代以来积攒的政治影响力让海湾商人轻而易举地获得了这些机会。统治者们让这些商人获得商业合同，以确保在快速变革期保持政治稳定。不过需要注意的是，这种经济转变并没有切断海湾和印度洋的联系，他们将这些联系转化为招募外国劳工和人员的渠道，促进了业务发展。

3.4 结语

过去十年间，海湾的历史编纂学有重整旗鼓之势。在不同领域研究趋势的启发下，以及新方法论的影响下，该地区的历史学家开始基于旧材料提出新问题，发现了不少具有重要研究价值的档案。尽管研究进展令人欣喜，但大部分研究海湾地区的历史学家依然囿于本地框架内开展研究。大部分学者坚持认为，海湾历史的叙述或是广阔的阿拉伯/中东历史的一部分，或是一个历史畸形。因此，每年他们都召开所谓的"海湾研究"会议、开设工作坊等。这种情形在很大程度上

---

① Belgrave, Charles, *Personal Column*, London: Hutchinson & Co., 1960, pp. 49–51; Fuccaro, Nelida, *Histories of City and State in the Persian Gulf: Manama Since 1800*, New York: Cambridge University Press, 2009, pp. 160–163.

② Zanzibar National Archives, AK 8/13 "Seasonal dhow visits from Arabia", AK 4/35 "Dhow file" and AK 4/31 "Dhow season, 1947–1948"; Gilbert, *Dhows and the Colonial Economy of Zanzibar*, pp. 131–150.

损害了该地区的史学研究：虽然有新材料和新方法，海湾历史的次级领域以及更宽泛的海湾研究仍然是一个学术荒漠。

本文的探讨旨在揭示一个海湾历史学家可以参与并产生丰硕学术成果的新领域——印度洋。为此，我提出一种可能的研究方法，学者们可以据此在印度洋的框架内重新思考海湾历史。常规的路径是寻找在印度和东非具有影响力的海湾人物，这种方法可能对研究哈达拉毛地区和阿曼的学者很奏效，但对研究科威特或巴林的学者来说收效甚微。我尝试将研究视角转向海湾内部，考察行走于海湾与印度洋之间的行动者重塑海湾地区政治、经济、社会生活的方式。海湾商人和船长将获取资金的能力转化为权力基础，成为具有影响力的政治参与者，由此，广阔的印度洋贸易和政治成为海湾地区经济政治生活的重要驱动因素。

以上观点看起来应该较为粗浅，因为我只是触及一个宏大课题的表面。我的主要研究目的在于展示扩大海湾的地理视野可能产生的前景。海湾历史学家若能将研究视野扩展到位于孟买、亚丁和桑给巴尔的更为广阔的历史边界，他们便可以打开通往新文献、新观点和新档案的大门。若将印度、阿拉伯南部和东非等区域都纳入海湾行动者的世界，历史学家便可以围绕海湾本身的经济、社会和政治共同体的跨区域维度提出新的问题。

4

穿梭于草原、海岸和岛屿之间:西印度洋商队挑夫及港口、帆船水手的劳动文化

史蒂芬·J. 洛克尔(Stephen J. Rockel)

20 世纪之前的海洋史,尤其是关于水手、陆地长途商队及其挑夫等劳动力的历史,通常是分开书写的。然而,研究发现,他们往往殊途同归,有着类似的发展模式。例如,19 世纪东非①的商队挑夫和西印度洋独桅帆船贸易中的船员有很多相似之处,他们可能同样来自非洲、阿拉伯、波斯或印度。② 与西印度洋乃至更远地区的水手一样,东非商队挑夫也是国际生产、消费和欲望经济的重要参与者。③ 马库斯·雷迪克(Marcus Rediker)曾着眼于 17—18 世纪大西洋水手,

---

① Cummings, Robert J., "A note on the history of caravan porters in east Africa", *Kenya Historical Review*, 1, 2 (1973), pp. 109 – 138; Isaacman, Allen and Barbara Isaacman, *Slavery and Beyond: The Making of Men and Chikunda Ethnic Identities in the Unstable World of South Central Africa, 1750 – 1920*, Portsmouth NH: Heinemann, 2004; Rockel, Stephen J., "Wage labor and the culture of porterage in nineteenth century Tanzania: the central caravan routes", *Comparative Studies of South Asia, Africa and the Middle East*, 15, 2 (1995), pp. 14 – 24; idem, "'A Nation of Porters': the Nyamwezi and the labour market in nineteenth-century Tanzania", *Journal of African History*, 41, 2 (2000), pp. 173 – 195; idem, *Carriers of Culture: Labor on the Road in Nineteenth-Century East Africa*, Portsmouth NH: Heinemann, 2006; idem, "Slavery and freedom in 19th century east Africa: the case of Waungwana caravan porters", *African Studies*, 68, 1 (2009), pp. 87 – 109.

② Villier, Alan, *Sons of Sinbad*, New York: Charles, Scribners, 1940; idem, *Monsoon Seas: The Story of the Indian Ocean*, New York: McGraw-Hill, 1952; Prins, A. H. J., *Sailing from Lamu: A Study of Maritime Culture in Islamic East Africa*, Assen: Van Gorcum, 1965; Martin, E. B and C. P. Martin, *Cargoes of the East: The Ports, Trade and Culture of the Arabian Seas and Western Indian Ocean*, London: Elm, 1978; Ewald, Janet J., "Crossers of the sea: slaves, freedmen, and other migrants in the northwestern Indian Ocean, c. 1750 – 1914", *American Historical Review*, 105, 1 (Feb. 2000), pp. 69 – 91; Sheriff, Abdul, *Dhow Cultures of the Indian Ocean: Cosmopolitanism, Commerce and Islam*, London: Hurst, 2010.

③ Jones, Laird, "Mapping consumption: geographic patterns in east African import sales, 1880 – 1914", 于 2001 年 5 月提交于魁北克拉瓦尔大学举办的加拿大非洲研究协会会议; Prestholdt, Jeremy, "On the global repercussions of east African consumerism", *American Historical Review*, 109, 3 (June 2004), pp. 755 – 781; idem, *Domesticating the World: African Consumerism and the Genealogies of Globalization*, Berkeley and Los Angeles: University of California Press, 2008; Machado, Pedro, "Cloths of a new fashion: networks of exchange, African consumerism and cloth zones of contact in India and the Indian Ocean in the eighteenth and nineteenth centuries", in Roy, Tirthankar, Om Prakash, Kaoru Sugihara and Giorgio Riello (eds.), *How India Clothed the World*, Leiden: Brill, 2008.

发表诸多真知灼见，其中一些研究进一步表明水手和长途商队挑夫的劳动文化有许多可比之处。① 基于此，本文试图梳理这些联系②，进一步研究印度洋世界，从而发现其中蕴含的更多共性。③

我们研究的对象是不同工作种类、不同种族的船员，他们的工作和休闲方式都是研究的重点。商队和帆船（无论是西式帆船还是独桅帆船）形成了特定的迁徙和劳动模式，这些模式受季节、劳动过程和劳动习俗的制约。④ 印度洋独桅帆船贸易的季节性特征受季风周期影响。在大陆，商队迁徙的模式也会受到季风的影响，但起决定作用的是旱雨季的交替而非风向。在雨季，大部分挑夫需要留在家里照看农地。⑤ 东非商队文化习俗深受两方面影响：一是商队主力军尼扬韦齐族（Nyamwezi）的土著文化；二是横跨东非和中非的长途旅行的经验。完善的奖励体系在管理规范中至关重要。⑥ 经济全球化背景下，船员文化主导了运输模式、采掘业和集体劳动，如林业、捕鲸及剪羊毛。船员文化是流动的劳动文化，通过经验、习俗代代相传，而陆地和海洋网络的流动性和关联性也进一步传播了船员文化。⑦ 船员文化规定了商队生活的方方面面，包括工资、工作量、行进速度、休息时间、粮食配给、纪律惩罚、反抗形式以及休闲活动。在很多情况下，长途商队和帆船的劳动文化改变了挑夫和水手的社会地位，即使他们在技术层面是不自由的，但还是可以抓住机会，享受远离家乡的新自由。⑧ 然而，我们也不能忽略这种文化背后的阴暗面：一方面，在奴役劳动的大环境下，奴隶被迫成为挑夫或水手，并受到严酷的对待；另一方面，帝国扩张时期，种族化的劳动控制形式层出不穷，例如英国强制实行的《亚洲条款》（Asiatic Articles），打破了劳动过程中的传统控制形式。⑨

---

① Rediker, Marcus, *Between the Devil and the Deep Blue Sea: Merchant Seamen, Pirates, and the Anglo-American Maritime World, 1600–1750*, Cambridge: Cambridge University Press, 1987; idem, *Villains of all Nations: Atlantic Pirates in the Golden Age*, Boston: Beacon Books, 2004; idem, *The Slave Ship: A Human History*, New York: Viking, 2007.

② 尤其在 *Carriers of Culture* 中。

③ Sheriff, *Dhow Cultures of the Indian Ocean*.

④ 虽然雷迪克对帆船和长途商队的分析有所不同，但妇女在长途商队中的作用更加明显。Rockel, Stephen J., "Enterprising partners: caravan women in nineteenth century Tanzania", *Canadian Journal of African Studies*, 34, 3 (2000), pp. 748–778; *Carriers of Culture*.

⑤ Sheriff, *Dhow Cultures of the Indian Ocean*, pp. 20–23; Rockel, *Carriers of Culture*, pp. 69.

⑥ Rockel, *Carriers of Culture*.

⑦ Rockel, *Carriers of Culture*, pp. 23–28; Tompson, E. P., *Customs in Common*, London: Merlin Press, 1991.

⑧ Rockel, "Slavery and freedom"; 西印度洋的船只和港口也是奴隶水手通往"解放的大门", Ewald, "Crossers of the sea", pp. 79–81.

⑨ Warren, James, "The Iranun and Balangingi slaving voyage: middle passages in the Sulu Zone", in Christopher, Emma, Cassandra Pybus and Marcus Rediker (eds.), *Many Middle Passages: Forced Migration and the Making of the Modern World*, Berkeley: University of California Press, 2007. Ewald, "Crossers of the sea", pp. 81–89.

The Indian Ocean: Oceanic Connections and the Creation of New Societies
印度洋：海洋互联与社会创生

我的研究重点是商队挑夫和水手的日常活动与劳动文化，该文化在我们更为熟悉的印度洋海上贸易网络以及伊斯兰教、移民文化促成的社群联系中得到展现。我研究这段历史的方法和珍妮特·埃瓦尔德（Janet Ewald）的研究方法不同，珍妮特主要研究18世纪末和19世纪西北印度洋地区的港口工人和水手。① 而我关注的重点不是奴隶制的地位，也不是大英帝国统治下水手的工作。相反，我关注的是非洲和阿拉伯的贸易机制、商队和独桅帆船、集镇和沿海贸易中转港。在之前的研究中我已说明了我的研究方法：借助在殖民档案中找不到的口头资料和文字材料进行分析。② 接下来我要讨论社会文化关系网的一种表现形式——戏谑关系，在斯瓦希里语中叫作乌塔尼（utani）。这种源于家庭环境的非洲文化制度传播到了长途商队里，然后又扩展到了斯瓦希里海岸的商队城镇和港口。至今还没有人知道在水手之间或是在水手和港口城镇居民之间是否存在类似的习俗。但挑夫和水手的劳动文化中确实存在很多相似的活动与习俗。

水手和商队挑夫在西印度洋东非海岸边的港口和近海岛屿相遇，他们也在独桅帆船及其他船只的行驶路线和内陆商队迁徙路线中相遇，他们在印度洋及其腹地组成的广大地理空间中互动交流。尽管西印度洋地区囊括了形形色色的多元文化，越来越多的考古学家、历史学家和人类学家将该地区视为一个拥有两千多年共同发展的历史的整体。阿卜杜勒·谢里夫认为印度洋是一块宽广的画布，人们可以在其中尽情互动交流。"几个世纪以来，商人和移民的不断流动，在这里形成了世界上最大的'文化连续体'。"③ 马克·霍顿（Mark Horton）指出了物品、手工艺传统的流动性以及西印度洋和周边地区的交流。④ 迈克尔·皮尔逊（Michael Pearson）认为具有世界主义特点的沿岸社会连接了不同的环境和区域，并划分了大陆世界和海洋世界。⑤ 以生活在沿海地区的斯瓦希里人为例，很多斯瓦希里人都是长途商队挑夫和水手。霍顿（Horton）和米德尔顿（Middleton）不仅仅关注当地环境，而且强调了斯瓦希里人在印度洋商业贸易、科技革新、宗教交流及建筑发展中发挥的重要作用：

> 社会变革影响了斯瓦希里人，斯瓦希里人也为印度洋及沿岸地区文化的发展作出了自己的贡献，两者是相辅相成的。斯瓦希里人不仅促进了贸易的

---

① Ewald, "Crossers of the sea".
② Rockel, *Carriers of Culture*, Chapter 1, "Transitional forms of labor".
③ Sheriff, *Dhow Cultures of the Indian Ocean*, p. 12, 转引自：Neville Chittick.
④ Horton, Mark, "The Indian Ocean as a multi-ethnic community", paper presented at the conference of the British Institute in Eastern Africa, the Zanzibar Museum and Zanzibar Department of Archives, Museums and Antiquities, "The Maritime Heritage and Cultures of the Western Indian Ocean in Comparative Perspective", Zanzibar, 11–13 July 2006.
⑤ 转引自：Sheriff, *Dhow Cultures of the Indian Ocean*, pp. 5–6.

发展，还促进了非洲技术、社会组织和审美知识的传播。①

阿西姆·冯·奥朋（Achim von Oppen）进一步指出："印度洋的范围不止于海岸线，它会渗入内陆地区，并由此与其他'跨地方'区域进行沟通交流。"② 约翰·马克（John Mack）将目光聚焦于海洋，他认为可以把海洋文化看作水上的大陆文化，轮船就好比是岛屿。③ 从某种意义上来说，这种观点是正确的。但不同的是，轮船和商队一样，流动性极强，而轮船上的水手也像商队中的挑夫，都需要与形形色色的人打交道，所以必须掌握不同的文化资源和生存策略。爱德华·阿尔珀斯（Edward Alpers）也强调了历史中的"岛屿因素"，并提出了"印度洋非洲"的说法，并主张学者们应该从"更广阔的视角去研究东非历史"。④ 下文将介绍一些岛屿居民，尤其是桑给巴尔人、奔巴人和科摩罗人，他们在商队路线和帆船上都扮演了重要角色。因此，本文讨论的商队挑夫和帆船水手的劳动场所也正是印度洋和东非内陆地区文化交流的路线和网络。

4.1 挑夫和水手

东非大陆和西印度洋地区两地之间的社会文化网络是相互交织、重叠的，这种文化重叠也存在于劳动场所之中。19世纪，每年都有成千上万的专业商队挑夫沿着主要的商队路线奔波，往返于姆里玛海岸（Mrima coast），以及塔波拉（Tabora）、乌吉吉（Ujiji）、尼扬圭（Nyangwe）和卡松戈（Kasongo）等内陆贸易城镇，最远甚至会到达东非和中非的象牙产地。⑤ 一组商队可能由几十人到3000人不等的挑夫组成，他们通常会带着妻儿一同迁徙。他们大多数都会在四五月雨季结束后出发，行程时间会长达数月，甚至数年之久。可能除了水手外，没有哪个劳动团队比东非商队挑夫的流动性更强。很多商队挑夫都是尼扬韦齐人（分布在现在的坦桑尼亚西部地区）；还有很多是瓦翁瓦纳人（Waungwana），即

---

① Horton, Mark and John Middleton. *The Swahili: The Social Landscape of a Mercantile Society*, Oxford: Blackwell Publishers, 2000, p. 28.

② von Oppen, Achim, "Transformations in an Indian Ocean hinterland: commercial and religious connections across Lake Tanganyika between the late 19th and early 20th centuries", paper presented at the conference of the Zanzibar Indian Ocean Research Institute, "The Indian Ocean: The Largest Cultural Continuum in the World", Zanzibar 15 – 17, August 2008.

③ Mack, John, "Astrologers and navigators: the land viewed from the sea", paper presented at the conference "The Maritime Heritage and Cultures of the Western Indian Ocean in Comparative Perspective".

④ Alpers, Edward A., "Indian Ocean Africa: the island factor", in Alpers, Edward A., *East Africa and the Indian Ocean*, Princeton: Marcus Wiener, 2009, p. 42.

⑤ 有的商队路线抵达了大西洋沿岸，Sheriff, Abdul, *Slaves, Spices and Ivory in Zanzibar: Integration of an East African Commercial Empire into the World Economy 1770 – 1873*, London: James Currey, 1987, p. 191; Rockel, *Carriers of Culture*, p. xvii.

奴隶和被解放的奴隶，他们的祖先来自现在的莫桑比克北部、坦桑尼亚南部及马拉维湖地区。瓦翁瓦纳人居住在沿海村镇中，很多来自桑给巴尔和其他岛屿。经过艰难的文化适应，瓦翁瓦纳人逐渐变成"斯瓦希里人"，开始信仰伊斯兰教，并接受了城市的生活方式。① 从19世纪30年代开始，尤其是从50年代起，瓦翁瓦纳挑夫与穆斯林商人的家仆一起沿着主要商队路线进入内陆地区，徒步穿越了东非和中非，最终抵达刚果。② 商队成员混杂，很多贫困的斯瓦希里人、来自刚果东部的玛耶曼人（Manyema）及来自维多利亚湖南部地区的苏库马人（Sukuma）都参与其中，从事挑夫工作。法国传教士鲍尔（Baur）和勒罗伊（Le Roy）曾跟随商队离开巴加莫约（Bagamoyo），他们这样描述商队："商队成员来自五湖四海，有沿海居民、尼亚萨人（Nyassa）、玛耶曼人、尼扬韦齐人，还有亨利·莫顿·斯坦利（Stanley）的一些老挑夫以及以前的鲁加鲁加人（尼扬韦齐火枪队员）。"③ 尼扬韦齐挑夫和瓦翁瓦纳挑夫不仅会搬运雇主的货物，自己也会带一些商品，做点小生意，就像独桅帆船水手一样，他们每个人在船上都有一个私人货物箱。④ 更重要的是，长途挑夫还扮演着"文化传播者"的角色，他们跨越东非和中非，带来新的思想、语言、技术和商品。⑤

印度洋海上的水手也扮演着类似的角色。独桅帆船船长及其水手在印度洋历史中发挥着关键作用，他们将不同的区域和民众连接起来，这也是谢里夫在其《印度洋的独桅帆船文化》一书中的研究重点。⑥ 船长和水手每年在海上度过长达十个月的时间。他们在印度洋和沿海地区建立联系，与乘客建立了真挚情谊，促成了印度洋的统一。和商队挑夫一样，帆船和港口上形成的劳动文化加强了各地区人民之间的联系，水手和乘客与印度洋沿岸社群所建立的关系网络促进了相互交流。正如谢里夫所写："在这艘独桅帆船上，水手信仰着不同的伊斯兰教派，很多水手本是奴隶出身，但这些差别却显得微不足道。"和商队挑夫一样，船员有福同享、有难同当，吃着一样的食物，受着一样的苦。维利尔斯（Villiers）认为船长和水手之间形成了"海上兄弟会"。⑦

19世纪，季风帆船的水手大多定居在波斯湾或阿拉伯南部地区，其中有许多人是东非奴隶的后裔、奴隶或非洲自由民。韦尔斯泰德（Wellsted）研究了19世纪30年代中期航行于波斯湾的"巴加拉号"（Baghala）的水手，并强调了非洲水手的重要性，以及他们对船上劳动文化的适应程度：

---

① Waungwana一词源于拉穆和桑给巴尔等斯瓦希里城镇中的贵族精英，字面意思为行为端正的人。奴隶和被解放的奴隶借用这个名称表示其沿海城镇穆斯林的身份。参见：Rockel, "Slavery and freedom".
② Rockel, "Slavery and freedom".
③ Baur, P P. and Le Roy, *A Travers Le Zanguebar*, Tours：Alfred Mame et fls, 1876, p. 114.
④ Rockel, *Carriers of Culture*；Villiers, *Monsoon Seas*；Ewald, "Crossers of the sea", p. 72.
⑤ Rockel, *Carriers of Culture*, especially Chapter 4.
⑥ Sheriff, *Dhow Cultures of the Indian Ocean*, p. XV.
⑦ 转引自Sheriff, *Dhow Cultures of the Indian Ocean*, pp. 99-100.

大部分船上水手都是非洲黑人，大约有150人。为了鼓舞士气、放松心情，工作时会选10个水手为大家唱歌。在古朴的乐器伴奏下，通常会有一个高音男孩领唱，其他船员则用低沉的嗓音对唱回应，还有人跳着狂野的舞蹈。①

韦尔斯泰德在水手升起或降下支撑船帆的桅杆时，可能目睹了这一表演，才能如此清晰地描写出来。在船上进行繁重的体力劳动时，音乐可以使人身心舒缓。陆上商队挑夫工作时，音乐和歌声也会发挥同样的作用，在离开或抵达重要的商路城镇时尤为如此。② 阿尔珀斯认为，几个世纪以来，非洲音乐和表演传统在印度洋西北部地区得到广泛传播，影响着船上劳动文化。③ 艾伦·维利尔斯早在20世纪中期就亲身体验了印度洋帆船文化，并生动地描绘了1939年前后一艘大型阿拉伯帆船抵达桑给巴尔港口的热闹景象：

> 我方水手歌声方休，隔壁水手歌声又起。港口人声鼎沸，好不热闹——苏里的鼓、阿曼的跺脚声、斯瓦希里的歌曲、拉穆的小提琴、巴蒂纳的三角铁……水手们继续欢歌，鼓声之震耳可谓前所未闻。水手首领带领着他们，黑黝黝的脸上露出欢快的神情。他们唱着歌，拍着鼓，淹没了船长的号令声……直到该降下船帆了，水手首领才带领一半的船员着手工作，而其他人仍心无旁骛地唱歌击鼓。④

以下是1878年一支商队离开达累斯萨拉姆的情景：

> 出发的信号终于发出了。伴随着鼓声，号角平实愉悦的音符从远处飘来，相互应和。砰砰砰，挑夫鸣枪致意。男人们大声喊叫，放置好他们视若珍宝的货物。领头人大喊一声，男人们齐声回应，远行就此开始。⑤

比较上述两个场景可以发现，在挑夫和水手抵达和庆祝仪式中，有很多相同的元素：击鼓、传统乐器、互相应和的歌声。启程伴随着风险，凯旋则充满了喜悦，这些仪式具有重要文化意义。

---

① Wellsted, J. R., *Travels in Arabia*, vol. I, London: J Murray, 1838.
② Rockel, *Carriers of Culture*, pp. 114 – 115.
③ 转引自 Alpers, "The African diaspora", pp. 67 – 73.
④ Alpers, "The African diaspora", p. 70.
⑤ Tomson, Joseph, *To the Central African Lakes and Back*, vol. I, London: Frank Cass and Company, 1968, 1st ed., 1881, p. 88.

商队和帆船文化的相同点不仅表现在仪式和表演环节上,也表现在所唱的歌曲内容本身。19世纪末,一位欧洲旅行者和一组商队一起从桑给巴尔出发前往刚果南部的加丹加地区。他发现探险队中的挑夫经常唱《比斯开湾》《家,甜蜜的家》《上帝拯救女王》等歌曲来自娱自乐,这些歌曲都是他们在印度洋的英国船只上工作时学会的。① 在东非商队路线沿途也许也能听到在斯瓦希里和阿拉伯帆船上演唱的歌曲。挑夫有许多属于自己的歌曲,这些歌曲大部分都饱含诗意,其中一部分很可能由船上水手口耳相传。②

图4.1 1945年,独桅帆船上举行抵达桑给巴尔的庆祝仪式

航行途中,水手会在巴林、亚丁、拉穆、蒙巴萨、桑给巴尔、奔巴、马菲亚、科摩罗、毛里求斯、马达加斯加等岛屿的港口城镇,以及马斯喀特、波斯湾、印度西部和东非的陆地港口作短期逗留。此外,许多独桅帆船常驻东非,我们对其水手的情况也略知一二。有一份登记表记录了19世纪60年代居住在桑给巴尔的印度船主、船只及其行程,船主喜欢雇用来自通巴图岛(Tumbatu)的水

---

① Moloney, J. A., *With Captain Stairs to Katanga*, London: S Low, Marston & Company, 1893, p. 105.

② Rockel, *Carriers of Culture*, pp. 65, 98, 114.

手,尤其是驶往非洲大陆和邻近的奔巴岛的途中。① 通巴图岛位于桑给巴尔岛西北部,长期为该区域的独桅帆船贸易提供水手。伯顿(Burton)形容这些水手"是技术娴熟的领航员和坚强的海员,工作勤劳,以海洋为生"②。桑给巴尔的印度帆船也会将其贸易范围扩展到马斯喀特或印度,水手成员的构成变得更加复杂。1867年,一艘名为"季风号"(Munsoor)的帆船驶向波斯湾,船员包括5名自由阿拉伯人与16名非裔阿拉伯人。吉尔伯特(Gilbert)认为其他桑给巴尔船主的船上应该还有一些奴隶,这些奴隶的出身背景、工作经验可能和瓦翁瓦纳商队相差无几,而其工作条件和雇佣奴隶相类似。③ 奴隶水手每航行一年可获得一美元的报酬。④ 这意味着奴隶水手的工作待遇与普通独桅帆船水手不同,因为普通水手能分得贸易的一部分利润。此外,有证据显示部分船队雇佣了奴隶。1867年10月,皇家海军的反奴隶贸易巡逻队在布拉瓦港口迫停一艘桑给巴尔帆船,"船上有约十二名黑人、家奴,还有一位苏丹王的妹妹,她带了一男两女共三个奴隶……"⑤ 第二天,另一艘载有两名被俘奴隶的船也被截停在了布拉瓦。苏丹海军舰队中水手的构成也相当复杂,通常包括"一些阿拉伯军士和'老练的水手'、俾路支人、马斯喀特人和奴隶"⑥。有证据指出,在坦噶尼喀湖和维多利亚湖,瓦翁瓦纳人和其他挑夫有时也会充当水手。19世纪中叶,沿海穆斯林商人在大型独木舟上安装了独桅帆船索具,以便在坦噶尼喀湖上运输货物和商队人员。因此,熟悉印度洋独桅帆船的水手很是抢手。⑦ 当斯坦利(H. M. Stanley)等欧洲探险家在中非湖泊和刚果河开船时,一些当地挑夫也会担任船员。⑧

4.2 19世纪的商队和港口城镇

水手和商队挑夫劳动、迁徙、旅居的范围非常广。他们在贸易活动中的一个重要重合点是斯瓦希里海岸的贸易中转港,如蒙巴萨、潘加尼(Pangani)、萨达

---

① Gilbert, Erik, *Dhows and the Colonial Economy of Zanzibar 1860-1970*, Oxford: James Currey, 2004, p. 49.
② Burton, Richard F., *Zanzibar. City, Island and Coast*, London: Tinsley Brothers, 1872, vol. Ⅰ, p. 24.
③ Gilbert, *Dhows*, pp. 42, 49.
④ Gilbert, *Dhows*, p. 49.
⑤ Sulivan, G. L., *Dhow Chasing in Zanzibar Waters*, Zanzibar: Gallery Publications, 2003, p. 76.
⑥ Burton, *Zanzibar*, Ⅰ, p. 78.
⑦ Rockel, *Carriers of Culture*, p. 51.
⑧ 哈桑·瓦迪·萨夫尼(Hassan wadi Safeni)和乌莱迪(Uledi)都是斯坦利"爱丽丝"号船的舵手。参见:Simpson, Donald, *Dark Companions: The African Contribution to the European Exploration of East Africa*, London: Paul Elek, 1975, pp. 193-194, 197.

尼（Saadani）、巴加莫约、基尔瓦基温杰（Kilwa Kivenje）和桑给巴尔，有些港口早已被人遗忘，如温德（Winde）、姆巴马基（Mbwamaji）和科斯居（Kisiju）等，此外还有一些沿海岛屿的港口，如科摩罗的恩祖瓦尼岛（Nzwani）。如此看来，皮尔逊（Pearson）强调的沿海社会概念不无道理。沿海城镇的斯瓦希里居民与其毗邻的非洲族群以及遥远的内陆民族来往密切，这段历史由来已久，记载较为翔实。[①] 19 世纪，长途商队贸易繁盛，这些社会关系也随之得到进一步发展。此外，沿海贸易商在内陆贸易中心长期居住，尼扬韦齐人及内陆商人和挑夫的定期来访、通婚、血亲关系、斯瓦希里语和伊斯兰教在内陆地区的传播，以及戏谑关系的建立都加强了沿海和内陆地区的联系。[②]

18 世纪末到 19 世纪的商业变革，改变了东非地区的城市化模式，促进了新兴城镇的崛起。两种主要力量在其中发挥了关键作用：第一，随着工业化进程的推进，西欧和北美的新兴中产阶级对非洲产品的需求上升；第二，东非地区需要进口工业产品以满足消费需求。长途商队将象牙、奴隶、犀牛角和柯巴胶等货物运送到沿海地区，同时将进口工业产品如布料、珠子、枪支及金属制品等运送到内陆市场，城市网络应运而生，这一网络将沿海转运港和内陆新兴市场中心联系在一起。除此之外，该网络还包含了区域性农牧业生产、手工艺品制造和进口商品的再加工。谢里夫指出，这种陆上贸易和城镇网络是与西印度洋及其他地区的外部商贸网络紧密联系在一起的。皮尔逊也指出，在葡萄牙时期初期，更南部的地区也是如此。[③]

越来越多国家和地区加入到该贸易体系的海洋运输中来，包括斯瓦希里、阿拉伯、印度和欧洲，以及近海岛屿港口都表现出了与陆地城市和商业结构相似的社会与文化特征。商队体系日益城市化、市场化。因此，在商队分布较广的一些城市，物流运输越来越发达，文化也在不断创新。在这样的社会环境下，东非发展出一种独特的现代性，这种现代性基于创新、世俗原则、权力的新形式和多民

[①] Brown, Walter Taddeus, "A pre-colonial history of Bagamoyo: aspects of the growth of an east African town", PhD dissertation, Boston University, 1971, pp. 81 – 106; Eastman, Carole M., "Women, slaves and foreigners: African cultural influences and group processes in the formation of northern Swahili coastal society", *International Journal of African Historical Studies*, 21, 1 (1988), pp. 1 – 20; Allen, James de V., *Swahili Origins: Swahili Culture and the Shungwaya Phenomenon*, London: James Currey, 1993; Kusimba, Chapurukha M., *The Rise and Fall of Swahili States*, Walnut Creek: AltaMira Press, 1999; Horton and Middleton, *The Swahili*; Vernet, Tomas, "Mombasa, its mainland, and beyond: networks and power, ca. 1593 – 1730", paper presented at the African Studies Association (USA) Conference, San Francisco, November 2006.

[②] Sheriff, *Slaves, Spices and Ivory*; Rockel, *Carriers of Culture*.

[③] Sheriff, *Slaves, Spices and Ivory*; Pearson, Michael N., *Port Cities and Intruders: The Swahili Coast, India, and Portugal in the Early Modern Era*, Baltimore & London: Johns Hopkins University Press, 1998; Prestholdt, "On the global repercussions"; Jones, "Mapping consumption"; Machado, "Cloths of a new fashion".

族劳动文化,比随后强加的与资本主义和基督教紧密相关的殖民主义现代性更早。①

18世纪末到19世纪是一个生机勃勃的时期。在沿海和内陆地区,长途商队路线改变,贸易网络重新定位,城市网络也随之改变。例如,原先穿过乌库图(Ukhutu),直到大鲁阿哈河(Great Ruaha River)上游的商队路线逐渐衰落,一条穿过乌戈戈(Ugogo),直达尼扬韦齐地区的新商贸路线开始兴起。新线路开辟了新的市场和商队中心,尤其是在塔波拉和姆普瓦普瓦(Mpwapwa)等地。在沿海地区,潘加尼和巴加莫约开始兴起,而姆巴马基(Mbwamaji)等旧贸易城镇逐渐走向衰落。海上世界也发生转变,供需变化重构了航运模式,阿曼等新兴势力进入该地区。

因此,自18世纪末到19世纪中期,坦桑尼亚中部和北部的姆里玛(Mrima)海岸出现了一些中小型贸易中转港,连接东非内陆和印度洋。虽然新兴城镇在许多方面遵循着斯瓦希里海岸的既定城市格局,但是姆巴马基(Mbwamaji)、巴加莫约和萨达尼(Saadani)等城镇和原来的城镇有着天壤之别,它们的出现主要用于满足兴起于18世纪下半叶的长途商队的需求。② 这些斯瓦希里城镇同时又深受来自内陆的人口流动、商队习俗及其主要劳动力尼扬韦齐人的影响。另一方面,正如我们所见,商队体系与国际贸易网接壤,这些城镇与桑给巴尔和印度洋世界存在直接联系,并表现出鲜明的海洋文化特征。港口城镇多元的文化来源促进了文化形态的变迁。因此,来自内陆商队和西印度洋的新文化在沿海转运港汇聚。

大约30年前,布朗指出,尽管不同地区都有其独特的区域特征和身份认同,但19世纪沿海城镇的历史经验与东非主要贸易路线沿线的集镇和商队停靠站相同:

> 这些城市容纳了很多相同的移民群体,他们在经济上互相依赖,他们售卖相同的商品、雇佣同样的人、采取相似的商业发展模式,他们共享语言、宗教和物质文化,享有共同的文化生活。③

阿拉伯人、斯瓦希里人、印度商人、苏菲主义兄弟会的信徒定居在内陆商路集镇,甚至到了19世纪70年代,基督教传教士也紧随而来。商人、商队经营者和传教士要么与家人一起移居,要么在本地组建新家庭。包括雇员、仆人和奴隶在内,每户都有几十甚至几百人。沿海和内陆的挑夫有时选择定居下来,他们或与当地女性通婚,组建家庭;或等待雨季来临,在自己的土地上劳作或者帮当地

---

① Rockel, *Carriers of Culture*; "Forgotten caravan towns in nineteenth century Tanzania: Mbwamaji and Mpwapwa", *Azania*, 41 (2006), pp. 1–25.
② Rockel, "Forgotten caravan towns".
③ Brown, Walter and Beverly Brown, "East African towns: a shared growth", in Arens, W., (ed.), *A Century of Change in East Africa*, Geneva: Mouton, 1976, pp. 183–184.

的农民种地。还有人利用商队出发前的空闲时间收集、贩卖柴火或建筑材料。在商路集镇或商业化酋邦中停留时，挑夫与在港口上等待季风转向的水手别无二致。每个城镇的城市人口构成都极为多元化，包括因各种羁绊（如婚姻关系、客户关系或经济优势）而定居的当地人、各种出身的奴隶和被解放的奴隶。在姆普瓦普瓦（Mpwapwa）、塔波拉和乌吉吉等内陆商贸中心出现了新兴多元族群共同体，尽管这些共同体特点各异，但与挑夫和水手时常造访的沿海中转港十分相似。因此，西印度洋港口的世界主义特点在内陆地区得以重现，而非完全复制。

19 世纪，东非现代性也受到奴隶制的影响。大部分奴隶都是被迫而来，聚集在巴加莫约、潘加尼和桑给巴尔等地，奴隶制也因此打破了地区、民族和宗族的身份界限。在姆巴马基（Mbwamaji），不同背景的居民之间通婚事实上是很普遍的，但总有人记得邻居的玛耶曼血统，他们可能是 19 世纪随商队从刚果东部来此的奴隶和自由人的后代。科克里－维德罗维什（Coquery-Vidrovitch）指出，19 世纪在很多新兴城市中心中出现的奴隶及前奴隶族群反而有助于扩大本地的"开放性"，在多种族环境下，亲属关系和其他社会关系得以重新建立。[①] 挑夫和水手在商队和港口城镇之间的不断迁徙，同样促进了跨国家、跨民族和相对开放的共同劳动文化，这种文化兼具非洲和海洋的特点。

在陆地上，当地农民和牧民经常带着自己的产品去商队集市，为城镇居民和路过的商队提供补给。来自尼扬韦齐及邻近的苏库马和基姆布地区的长途商人和挑夫都是常客。当这些辛劳的旅行者到达巴加莫约和塔波拉等目的地时，他们就会及时行乐，洗尽旅途的疲惫。在这里，以及在祖戈梅洛（Zungomero）、基洛萨（Kilosa）和姆普瓦普瓦（Mpwapwa）等较小的城镇，商队领队、商人和挑夫可以休息、补给食物，并与老朋友叙旧。商人可以收集市场消息，了解政治局势，并重新挑选货物，雇用新的挑夫。商队中的男人，与港口的帆船水手一样，可以与当地妇女结成露水夫妻。总体而言，正如我在其他文章里所述，旅行者和当地人"参与到超越文化、种族、地域、语言和宗教差异的交流之中，促进了一种共同文化的传播。在这种文化中，人们熟知市场关系，使用如尼扬韦齐语和斯瓦希里语等商贸通用语，参与传统的商队劳动文化活动，接受一些熟悉或新奇的宗教观念"[②]。

桑给巴尔是东非商业体系的支点，在这里，陆地和海洋世界交相呼应，相映成趣。正如谢里夫所述，19 世纪中叶，在石头城（Stone Town）的马林迪区（Malindi）、尚加尼区（Shangani），还有将石头城和岛屿其他部分分开的恩安博区（Ng'ambo），出现了人口密集的多种族工人阶级街区。尤其是靠近帆船港口的马林迪和恩安博居住着大量工人（主要是奴隶）。在石头城内，马林迪和尚加尼

[①] Coquery-Vidrovitch, Catherine, *The History of African Cities South of the Sahara: From the Origins to Colonization*, Princeton NJ: Markus Wiener Publishers, 2005, pp. 213 – 214.

[②] Rockel, "Forgotten caravan towns", p. 4.

等地的篱笆小屋与石头建筑混杂在一起,且小屋在19世纪40年代后期占大多数。不到20年的时间,恩安博从一个半农村地区发展成为一个人口密集的城镇,其中木屋林立,还可见一些石头建筑,反映了桑给巴尔经济的飞速发展。19世纪70年代和90年代的资料表明,大量工人阶级的房屋保留到了19世纪末期,特别是在恩安博,1895年15个街区中就有9000间木屋。①

谢里夫指出,大部分工人阶级都从事与转口贸易相关的工作,包括最初在城镇当挑夫的贫困的哈达拉毛阿拉伯人;另一部分则是家庭奴隶,和他们的主人住在一起;还有1万~1.5万人是日工,他们在海关大楼或商贸场所清理柯巴胶、除草或加工椰肉干;还有些担任工匠或渔夫。相对贫穷的哈达拉毛人和科摩罗人大多选择从事这些工作。② 此外,还有很多群体可以归入工人阶级。包括瓦翁瓦纳人在内的大量商队挑夫居住在马林迪和恩安博等邻近地区,当然还有很多水手也居住于此。这1万~1.5万日工中有相当一部分都是长途商队的挑夫和水手。探险家H. M. 斯坦利指出:

> 有一群瓦翁瓦纳人生活在恩安博,居住在岛内和大陆沿海地区。他们受够了小庄园主的任性、专制和吝啬,宁愿跟随阿拉伯商人和探险家一起四处流浪。③

图4.2 1891年,斯泰斯(Stairs)船长率领探险队前往加丹加地区,图中为探险队中的瓦翁瓦纳挑夫

---

① Sheriff, Abdul, "An outline history of Zanzibar Stone Town", in Sheriff (ed.), *The History & Conservation of Zanzibar Stone Town*, Zanzibar: James Currey, 1995, pp. 22 – 28.

② Sheriff, *Slaves, Spices and Ivory*, pp. 149 – 151; Issa, Amina Ameir, " 'From Stinkibar to Zanzibar': disease, medicine and public health in colonial urban Zanzibar, 1870 – 1963", PhD thesis, University of Kwazulu-Natal, 2009, p. 60.

③ Stanley, Henry M., *Through the Dark Continent*, New York: Dover, 1988, vol. I, p. 40.

The Indian Ocean: Oceanic Connections and the Creation of New Societies
印度洋：海洋互联与社会创生

从 19 世纪后半期开始，欧洲探险家和传教士在桑给巴尔雇佣了数百名商队挑夫，帮助他们深入内陆地区。位于桑给巴尔的英国贸易公司和商队赞助人史密斯·麦肯锡公司和博斯泰德·莱德利公司经常将招募挑夫的工作分包给当地的印度商人。① 埃瓦尔德（Ewald）指出，在西印度洋港口工作的奴隶和被解放的奴隶很容易从陆地转到海上工作，水手也经常在港口工作。劳务中介在其中发挥了重要作用。在桑给巴尔，商队队长和首领也起到了同样的协助作用。②

部分 19 世纪的挑夫名单得以保存至今。③ 1879 年，基思·约翰斯顿（Keith Johnston）率领的皇家地理学会东非探险队在桑给巴尔雇佣了 138 名挑夫。合同草案和附件名单中标明了挑夫的族群身份——大约三分之二来自今天的坦桑尼亚南部地区、莫桑比克北部以及马拉维湖地区。准确来说，东非和中非的部分地区为沿海地区和桑给巴尔提供了大部分的奴隶。挑夫的名字已经斯瓦希里化，因此毫无疑问是瓦翁瓦纳人，但约翰斯顿并没有使用这一名称。还有 17 个人被描述为桑给巴尔人。④ 19 世纪末期，史密斯·麦肯锡公司的职员曾为斯坦利的艾敏·帕夏（Emin Pasha）救援探险队整理了商队人员名册，这份名单表明桑给巴尔是商队人员的主要供应地，挑夫来自很多不同的族群和地域。⑤ 从名单上罗列的名字可以推断出，他们其中有些人来自科摩罗⑥、通巴图岛⑦或奔巴岛⑧；有些人有阿拉伯血统⑨；有些人有英文名字或亚洲名字，这表明他们可能是传教士，或曾受雇于欧洲商队，或受雇于印度商队和住在桑给巴尔的欧洲人⑩，比如名叫哈米

---

① Rockel, *Carriers of Culture*, especially pp. 86 – 93; Rockel, "Slavery and freedom".
② Ewald, "Crossers of the sea", p. 73.
③ Rockel, Stephen J., "Relocating labor: sources from the nineteenth century", *History in Africa*, 22 (1995), pp. 447 – 454; Rockel, *Carriers of Culture*, pp. 211 – 228.
④ 1879 年跟随约翰斯顿深入东非内陆的挑夫名单可参见：Rotberg, Robert I., *Joseph Tomson and the Exploration of Africa*, London, 1971, pp. 306 – 314.
⑤ 参见桑给巴尔博物馆中的《斯坦利远征队》中的挑夫名单。
⑥ 相关名字有：Mohoma bin Athman; Bilali Mshangama; Ndohoma; Mabruk Udahoma; Mshamgama bin Ali; Hamed bin Beja; Almas bin Mshamgama; Saliman bin Mshamgama; Ibesi.
⑦ 相关名字有：Juma Mtambato.
⑧ 相关名字有：Rajabu Mpemba; Tofki W. Muru; Ismail Akida.
⑨ 相关名字有：Ferhan bin Athman; Farajala Bilali; Suliman W. Homari; Morojan Abdul Aziz. 在阿拉伯人中 Marjan 通常是奴隶的名字。我曾与阿卜杜勒·谢里夫就此进行过交流。
⑩ 相关名字有：Hamis Fraser; Hamis Muxworthy（Muxworthy 是史密斯·麦肯锡公司的职员）; Akida Brahim Walljee（Ibrahim Walji 的首领）; Hamis Brahim Walljee; George Baru; Kalfan Stanley（H. M. Stanley）; Mokami Francis; Uledi Franca（Fransa）; Enock（Enoch）Rashid; Msengesi Stokes（Charles Stokes 是一位重要的贸易商和商队首领）; Almas W. Bishop; Uledi Stanley（H. M. Stanley）; Sadi Bateman; Yakuti Hadim Babojee［巴吉卜（Babuji）的亚库特（Yakut）奴隶］; Nasibu Suliman Dawood; Songoro Storms（Emile Storms 是比利时国际非洲协会在坦噶尼喀湖地区的代理人）; Jauheri W. Bishop（可能是指基督教联合总会的 Alan Smythies 主教，或教会传教士协会的 James Hannington）; Uledi Bishop; Songoro Bishop; Edward Bailey; Malim Martin; Hamis Martin; Danial Nassur; Masudi Mahindi; Hamis hadim Jemadar; Luke Walter; Juma bin Pera.

斯·伦敦（Hamis London）和塞韦迪·伦敦（Sewedi London）的成员很可能曾在英国皇家海军军船"伦敦号"上工作（"伦敦号"从1873年起就一直停靠在桑给巴尔，是反奴隶贸易舰队的补给站、医院和维修船）；名叫费鲁西·姆巴拉克·亚丁（Ferusi Mbarak Aden）的成员可能有西印度洋航行的经历。其他很多名字都是绰号或带有鲜明的内陆血统特征。① 其余大部分都是桑给巴尔人（包括奔巴人），但这并不能说明他们是出生在该岛上的，因为很多瓦翁瓦纳人和桑给巴尔商队的挑夫都是奴隶出身。深入内陆的商队挑夫和帆船上的水手之间一定有过人员的交流互动。②

4.3 商队和海洋水手文化

一位欧洲旅行家这样描述挑夫："热衷改变是欧洲水手的天性，他们喜欢新奇事物，因此有时工作会三心二意。而挑夫也有样学样，工作懒懒散散，总是擅离职守。"③ 西方旅行家总是用这样的刻板印象来描写东非的工人阶级和水手文化，例如，怀特·法瑟斯（White Fathers）把瓦翁瓦纳人比作水手。④ 从某种角度看，这些说法不无道理。这种表述消解了陆地与海洋之间的界限。正如埃瓦尔德的作品所描述的那样，在西印度洋多元文化世界中，其他水手也是如此。⑤ 然而对于挑夫和水手来说，"喜欢新奇事物"有更深层次的含义。对挑夫来讲，流动是保证自主权、争取劳动条件和影响劳动力市场的一种手段。

还有一个例子可以用来阐述商队文化和水手文化之间的相同点。商队旅途中除了男性外，许多来自各地的女性也跟随男性踏上漫漫旅途。商队中几乎所有女性都短期或长期地与商队中的男性结合。这种商队"婚姻"并不具有正式效力，通常只持续几个月，双方的"婚姻"关系可能在内陆城镇开始，待到达沿海地

---

① 相关名字有：Munya Pembe（"Mwinyi Tusk"）；Wadi Kisi（"Wadi Tack" 可能是航海用语）；Homari Songoro；Mbekaru Mnyamwezi；Makanda Mrema（"Makanda Mrima"）；Heri Hadim Merikani；Ruga Ruga；Kilamesi Mfolma（"Every Month Mfolma"）；Mtora wadi Nubi；Saburi W. Sudi；Machumba W. Bakari；Kibwana；Mtwana Mombasa；Kajembi Balozi；Faveveli bin Ali；Michandi Ulimwengo；Mlalikwa W. Juma；Sudi Semagombi；Mabruki Sagara；Mshona W. Mafta；Kamweya；Kisamburu；Feraji Kipandi（Feraji "Bigman"）；Semakweli；Saatatoo；Shomvi Hamadi；Uledi bin Unga；Resas W. Baruti；Shaba bin Amor；Resas W. Makabuli；Sadalla Mkutu；Chamvi Vanga；Omari Mganda；Sali W. Mahogo；Msaba Serkali；Sadi Manyema；Polipoli Balozi；Juma W. Kamba.

② Sheriff 在 *Dhow Cultures of the Indian Ocean*（p. 101）中列举了独桅帆船乘客的例子，他们与东非内陆和哈达拉毛有紧密的联系。

③ Burton, Richard F., *The Lake Regions of Central Africa*, St. Clair Shores: Michigan Scholarly Press, 1971, p. 491.

④ *A l'assaut des Pays Nègres: Journal des Missionaries D'Alger dans L'Afrique Équatoriale*, Paris: l'Oeuvre des Écoles d'Orient, 1884, p. 55.

⑤ Ewald, "Crossers of the sea".

区时便宣告结束。女性通常会与地位更高的男性建立"婚姻"关系,例如商队首领和士兵,以获得更多的利益。女性在独桅帆船上通常只是乘客的身份,面临着诸多限制。①

在营地或城镇时,商队挑夫与沿途中村镇妇女建立短暂的两性关系。1899年,一名德国殖民官员抱怨说:"在出发前几天,他们总是泡在闪闪(Shem-Shem)和森萨拉(Sensala)营地的酒馆里把酒狂欢,为了巴加莫约的女孩把预支的酬劳挥霍一空。"② 水手也是这样,他们不出海时,就与港口当地的女性发生关系。19世纪60年代末,一家桑给巴尔商店后面的一幕令皇家海军的一位官员很不以为然,"几个美国贸易水手和穿着阿拉伯服装的混血黑人女子围坐在一张桌子旁边,一些杯子打翻了,酒流得到处都是。他们早已烂醉如泥,却还是一杯接着一杯。"19世纪,很多美国水手会在港口与女性建立临时"婚姻"关系,通常是和妓女,为了确保她们不会和别人发生性关系,"他们把这些女人称为他们的'妻子',他们要求性忠诚。威尔曼·埃兹拉·古德诺(Whaleman Ezra Goodnough)曾在1847年环游印度洋,他说:'我们可以使马埃岛(Mahe)的一个女人思念我们,家里的女人可做不到呢。'"③ 谢里夫详细考察了女性在水手的港口生活中所起的作用。很多证据都证实了商队的短期"婚姻"模式和古德诺对"马埃女孩"的描述。在马尔代夫,穆斯林水手和女性的临时婚姻行为维持了好几个世纪,至少持续到了1979年。1938年,维利尔斯从亚丁出发,经过漫长航行后抵达拉穆和桑给巴尔。这时水手们谈论的都是港口城市的女人。船长通常会在索马里和斯瓦希里海岸或者科摩罗和马达加斯加北部等岛屿上组建第二或第三家庭。④ 类似的关系满足了船长和水手的生活需要,享受了家人的陪伴。

商队劳动文化的一个重要组成部分就是乌塔尼(utani),即族群成员之间的戏谑关系。⑤ 文化变迁集中发生在沿海和内陆地区的城市中心,但深受非洲乡村和海洋的影响。文化影响是历时性的,也是共时性的,其范围是多面向的。有一种过时观点认为沿海城市中心的价值观是以"礼仪"(ungwana)和"文明"(ustaarabu)为主导,村野匹夫学习这两种价值观,以期能够与海岸城市精英相一致。⑥ 然而却有大量证据表明,很长时间以来,沿海城镇的穆斯林居民吸纳了

---

① Sheriff, *Dhow Cultures of the Indian Ocean*, p. 102. 在商队和帆船上,男同性恋关系十分常见。Gurnah, Abdulrazak, *Paradise*, London: Hamish Hamilton, 1994; Martin and Martin, *Cargoes of the East*, pp. 49 – 50.
② Leue to Governor, Bagamoyo, 11 February 1899, Tanzania National Archive, G1/35.
③ Creighton, Margaret S., "American mariners and the rites of manhood, 1830 – 1870", in Howell, Colin and Richard J. Twomey (eds.), *Jack Tar in History: Essays in the History of Maritime Life and Labour*, Fredericton NB: Acadiensis Press, 1991, p. 159.
④ Sheriff, *Dhow Cultures of the Indian Ocean*, p. 100.
⑤ Rockel, *Carriers of Culture*, pp. 199 – 207.
⑥ Glassman, Jonathan, *Feasts and Riot: Revelry, Rebellion and Popular Consciousness on the Swahili Coast, 1856 – 1888*, Portsmouth NH: Heinemann, 1995.

当地以及更远的非洲地区的文化。例如，巴加莫约的沙威人（Shomvi）和附近的沿海居民与当地的扎拉莫人（Zaramo）建立戏谑关系，以加强政治和经济关系。①。因此，戏谑关系成为一种文化工具，促进了异质族群之间的关系，这些不同的族群在商队贸易体系的扩张中彼此相遇，并产生联系。

挑夫们勤劳勇敢，但在远离家乡的商队驿站和城镇中生活也会感到疲惫不堪。当地居民和异乡人交往，彼此很容易产生误会，戏谑玩笑能够缓解潜在的冲突。戏谑关系起源于亲属和姻亲关系，之后更大的家族环境中也开始建立戏谑关系，再后来随着长途贸易规模不断扩大，戏谑关系被扩展应用于陌生群体和贸易伙伴之间。一方面，这种大家都普遍接受的社会文化，有助于建立商业联系，同时也能避免潜在的纷争；另一方面，戏谑关系帮助像商队挑夫这样的异乡人获得社会服务，如丧葬、住所、食物等。而当地人也想要戏谑伙伴在特定场合（如葬礼）中扮演中立的局外人等特殊角色，并通过戏谑伙伴获得内地的商品。② 最活跃的商业群体，尤其是尼扬韦齐人，他们的戏谑伙伴关系网十分复杂，几乎包含了生活在商队路线沿途的所有民族。值得一提的是，尼扬韦齐人与姆里马海岸的所有族群都建立了戏谑关系，除此之外，还有海岸腹地的齐古亚人（Zigua）、扎拉莫（Zaramo）和奎勒人（Kwere）以及内陆地区的库图人（Khutu）、卢古鲁人（Luguru）和卡古鲁人（Kaguru）。戏谑关系主要建立在重要的贸易路线沿途，尤其是商队停靠站和集镇中，商人和挑夫在这些地方有很多机会可以与农牧民交谈。③

因此，戏谑关系在某种程度上能够让尼扬韦齐人与其他族群在旅途中和平相处，帮助他们顺利地穿越多元民族文化区，最终抵达市场中心和印度洋港口。④ 同时，戏谑关系缓和了商队中不同种族成员之间的关系，以及挑夫和当地族群之间的关系。因此，它是一种普遍认可的文化概念，可以用来应对路上的各种临时状况。在旅途中，可以通过插科打诨来建立戏谑关系。这种关系一旦建立，旅行者就可以向戏谑伙伴要求特殊款待，在遇到困难时（比如生病时）会得到帮助。因此，戏谑关系让人们在思想上更加亲密，有助于旅行者获取更多的资源。⑤

戏谑关系起源于家庭，大部分东非人民对此都很熟悉，并有意识地改变这种

---

① Brown, "A pre-colonial history of Bagamoyo", pp. 89 – 90.

② Lucas, Stephen A. (ed.), *Utani Relationships in Tanzania*, six volumes, Dar es Salaam: University of Dar es Salaam, pp. 1974 – 1976.

③ Rockel, "Forgotten caravan towns", pp. 198 – 207.

④ 一本经典著作指出了戏谑关系（或者说一种协作机制）的"内在必然性"："人们发现，除政治权力外，可以给在异国他乡的商人提供其他的安全形式。" Gray, Richard and David Birmingham, "Some economic and political consequences of trade", in *Pre-Colonial African Trade*, London: Oxford University Press, 1970, p. 13; Lucas, "War and trade", p. 16.

⑤ Lucas, Stephen A., "The *Mtani* in Tanzania: a socio-historical analysis of his role in crisis situations", in Lucas, *Utani Relationships in Tanzania*, Ⅱ, pp. 4 – 6, Rockel, *Carriers of Culture*, pp. 202 – 203.

关系，使之与东非的新社会环境相适应。随着殖民和后殖民时期的劳工移民迁移，戏谑关系得到了广泛传播和应用，一些年长的坦桑尼亚人对此记忆犹新。戏谑关系和其他土著文化一样都经历了对市场和相关社会变革的适应性调整。到了19世纪，它成为一种通用"语言"，极大地方便了商队挑夫和其他旅行者的工作和生活。戏谑关系有助于传播商队的劳动文化，促进不同族群之间的合作。在以商队文化为中心的社会结构中，戏谑者（watani）扮演了重要角色。①

探险家约翰·汉宁·斯皮克（John Hanning Speke）在日记中清楚记载了商队中两个不同种族——桑给巴尔人（被解放的奴隶）和尼扬韦齐人之间的戏谑关系：

> 晚上，我无意中听到 Sangizo 和 Ntalo 聊天，Sangizo 是尼扬韦齐人，Ntalo 是来自桑给巴尔的被解放的奴隶。他们插科打诨，谈话十分有趣。Sangizo 挑起话头。
>
> Sangizo："Ntalo，你是什么人？"
> Ntalo："我是 Mguana（行为端正的自由人）。"
> Sangizo："Mguana 啊！那你妈妈在哪？"
> Ntalo："她死在了温古贾岛（即桑给巴尔）。"
> Sangizo："你妈妈在温古贾岛去世了呀！那你爸爸呢？"
> Ntalo："他也一样。"
> Sangizo："这太奇怪了。那你的兄弟姐妹呢？"
> Ntalo："他们都死在了温古贾岛。"
> Sangizo（将温古贾岛说成了温古扎岛）："我想你是说你爸妈都在温古扎岛去世了，是吧？"
> Ntalo："没错，在温古扎岛。"
> Sangizo："那你肯定有两个妈妈和两个爸爸——一对在温古贾岛去世，一对在温古扎岛去世；你说谎，我再也不相信你了。你不是自由人，你是个被人从家里抓走的奴隶，自己连家到底在哪儿都不知道。哈哈哈！"
>
> 营地的所有人都因为 Ntalo 被揶揄而齐声大笑。Ntalo 开始反击，他反驳道："Sangizo，你可以笑话我是个孤儿，那你呢？你是个野蛮人（mshenzi）。你是从蛮荒之地而来，你穿兽皮，而不是像人一样穿衣服，所以闭嘴吧。"整个营地又爆发出阵阵哄笑。②

---

① Rockel, *Carriers of Culture*, p. 203.
② Speke, John Hanning, *Journal of the Discovery of the Source of the Nile*, New York: Harper, 1864, p. 314.

这就是长途商队中戏谑关系的真实写照。一个也许以前是在桑给巴尔种植园干活的奴隶、最近被解放的自由人（Mwungwana）与一个尼扬韦齐人揶揄戏谑。前者是海岸城镇中新兴的工人阶级中的一员，而后者则是来自遥远的内陆地区的挑夫。在工作、迁徙和合作的基础上形成了商队，为戏谑关系以及其他联系创造了完美的环境。

商队挑夫将戏谑关系视为文化工具，用以解决漫长旅途中面临的各种问题。东非文化中的一个旧元素经过适应改造被用于服务以市场为基础的贸易，并推动了多元包容的世界观。若能找到相关证据资料，我们可能会发现戏谑关系或类似变体同样存在于西印度洋地区的海洋世界。如果这一假设被证实，我们就可以进一步证明陆地和海洋劳动文化的共同之处，以及非洲对印度洋的文化创新和交流所作出的重要贡献。

5

印度洋地区的奴隶问题

格温·坎贝尔（Gwyn Campbell）

5.1 导言

学术界对大西洋世界中奴隶史和奴隶制问题的研究相对深入，相比之下，针对印度洋地区的相关研究则相形见绌。① 16—19 世纪，运往美洲的 1000 万～1200 万奴隶大多来自西非，因此学术界的研究焦点主要在西非。随着研究范围的逐渐扩大，学术界开始关注其他非洲奴隶的来源地、非洲对中东和印度洋欧洲岛屿的奴隶出口以及非洲内部的奴隶贸易和奴隶制等问题。此外，部分研究课题关注到亚洲和印度洋地区的奴隶体系问题。②

传统观点认为，奴隶贸易和奴隶制在印度洋史中占据重要地位，而阿拉伯人和欧洲人是其中的关键推动力量。7—16 世纪初，阿拉伯人主导奴隶贸易，随后欧洲人取代了阿拉伯人，成为奴隶贸易的主要操纵者，直到 19 世纪末奴隶贸易

---

① Miller, Joseph Calder, *Slavery and Slaving in World History: A Bibliography*, 1900 – 1996. Volume One: 1900 – 1991; Volume Two: 1992 – 1996, Armonk, NY: M. E. Sharpe, 1999. 其中列出了比较著作。

② Lovejoy, Paul E., *Transformations in Slavery: A History of Slavery in Africa*, Cambridge: Cambridge University Press, 1983; Miers, Suzanne and Igor Kopytoff (eds.), *Slavery in Africa: Historical and Anthropological Perspectives*, Madison: University of Wisconsin Press, 1977; Manning, Patrick, *Slavery and African Life. Occidental, Oriental, and African Slave Trades*, Cambridge: Cambridge University Press, 1993; Clarence-Smith, William Gervase (ed.), *The Economics of the Indian Ocean Slave Trade in the Nineteenth Century*, London: Frank Cass, 1989; Campbell, Gwyn (ed.), *The Structure of Slavery in Indian Ocean Africa and Asia*, London: Frank Cass, 2004; in idem (ed.), *Abolition and Its Aftermath in Indian Ocean Africa and Asia*, Routledge: London, 2005; Masseaut, Jean-Marc (ed.), *De L'Afrique á l'Extrême-Orient—Cahiers des Anneaux de la Mémoire* 9, 2006; Patnaik, Utsa and Manjari Dingwaney (eds.), *Chains of Servitude, Bondage and Slavery in India*, Hyderabad: Sangam Books, 1985; Reid, Anthony (ed.), *Slavery, Bondage and Dependency in Southeast Asia*, St. Lucia: University of Queensland Press, 1983; Watson, James L. (ed.), *Asian and African Systems of Slavery*, Berkeley: University of California Press, 1980; Klein, Martin A. (ed.), *Breaking the Chains. Slavery, Bondage and Emancipation in Modern Africa and Asia*, Madison, Wisconsin: University of Wisconsin Press, 1993; Condominas, Georges (ed.), *Formes Extrêmes de Dépendance: Contributions à l'étude de l'esclavage en Asie du SudEst*, Paris: Ecole des Hautes Etudes en Sciences Sociales, 1998. Nave, Ari, "Indian Ocean slave trade, the forced movement of people under bondage across the Indian Ocean," in Gates, Henry Louis and Anthony Appiah (eds.), *Africana: The Encyclopedia of the African and African American Experience*, New York: Basic Civitas Books, 1999, p. 995.

废除后，这种情况才结束。

自 20 世纪 80 年代以来，尤其是在过去 10 年间，多见关于大西洋奴隶史的讨论。近期以来，人们开始日益关注印度洋史及奴隶制在其中的作用。对"非欧洲"世界的奴隶贸易研究在很大程度上以"大西洋模式"为主导，导致相关研究偏向于追寻与"大西洋模式"中相似的特征，但这种模式的前提是自由的白人蓄奴社会与被剥夺基本权利并受暴力统治的黑人奴隶无产阶级之间的巨大分歧。①

在研究非洲移民的过程中，大西洋范式得到了强化。

5.2 印度洋中的奴隶贸易

在印度洋地区中，奴隶制历史悠久，现存最早有关奴隶的记载可追溯至公元前 2000 年②，但是有关印度洋奴隶贸易的文献大多是关于穆斯林和欧洲人主导的市场。许多学者认为，9 世纪初，伊斯兰社会需要大量奴隶，印度洋地区的奴隶贸易迎来了第一次大繁荣，大量奴隶从非洲东海岸运送过来。③ 托马斯·韦内特（Thomas Vernet）认为，穆斯林主导的大型奴隶出口贸易从 16 世纪一直持续到 18 世纪中叶。④ 至 19 世纪，桑给巴尔处于阿曼帝国的统治范围，在该政权的支持下，奴隶贸易的规模空前扩张。⑤

这些研究表明，印度洋地区的奴隶贸易发展多变，随着时间的推移而变化，奴隶的种族各异。例如，欧洲人在马斯克林群岛建立的种植园中，不仅有非洲奴隶，还有来自马达加斯加、印度和马来地区的奴隶。理查德·艾伦（Richard Allen）等估计在 1735—1826 年间，留尼汪的奴隶人口中有 36.6% ~76.1% 来自马达加斯

---

① Patterson, Orlando, *Slavery and Social Death*: *A Comparative Study*, Cambridge, MA: Harvard University Press, 1982; Walvin, James, *Making the Black Atlantic*: *Britain and the African Diaspora*, New York: Continuum International Publishing Group, 1999.

② Goody, Jack, "Slavery in time and space", in Watson (ed.), *Asian and African Systems of Slavery*, p. 18.

③ Morton, Fred, "East Africa: Swahili region", in Finkelman, Paul and Joseph C. Miller (eds.), *Macmillan Encyclopedia of World Slavery*, New York: Macmillan, 1998, vol. I, p. 265; Allen, James de Vere, *Swahili Origins*: *Swahili Culture and the Shungwaya Phenomenon*, London: James Currey, 1993, pp. 66, 73 - 74.

④ Vernet, Thomas, "Le commerce des esclaves sur la côte Swahili, 1500 – 1750", *Azania*, 38 (2003), pp. 69 – 97.

⑤ Sheriff, Abdul, *Slaves, Spices and Ivory in Zanzibar. Integration of an East African Commercial Empire into the World Economy, 1770 – 1873*, London: James Currey, 1987; Farrant, Leda, *Tippu Tip and the East African Slave Trade*, New York: St. Martin's Press, 1975.

加，14.3%～59.2%来自莫桑比克，4.2%～9.6%来自印度。① 罗伯特·谢尔（Robert Shell）估计在1652—1808年间，运往开普殖民地的奴隶数量高达6.3万人，其中只有26.4%的奴隶来自非洲，其余有25.9%来自印度，25.1%来自马达加斯加，22.6%来自印度尼西亚。②

大量东非奴隶被输送至世界各地，大多被运送到阿拉伯、波斯湾和印度，其次是远东地区，其中还有一部分被运往葡萄牙在印度和美洲的飞地。从19世纪中叶开始，大量马达加斯加奴隶被运送到马斯克林群岛，少量则被运往穆斯林地区、开普敦、巴达维亚和美洲。印度奴隶主要被运送到印度尼西亚、毛里求斯、开普敦和中东地区。运送到中东地区的奴隶则大多来自高加索、东欧和非洲。19世纪至20世纪初，中东奴隶中增添了新鲜血液，一部分来自伊朗莫克兰海岸，一部分来自印度西部，还有一小部分来自印度尼西亚和中国。③ 来自印度尼西亚的奴隶大多送至东南亚和开普敦。在这些奴隶贸易中，奴隶的来源地、贸易市场和运送路线都大不相同。④

但与传统假设相反，欧洲对奴隶的需求小于印度洋的需求，而本地需求促进了海陆奴隶贸易。印度洋地区奴隶贸易的运输方式可能以陆运为主，尤其是在非洲、印度和远东地区。⑤ 此外，欧洲在印度洋地区的飞地主要需要青壮年男性奴

---

① Allen, Richard B., "Mascarene slave-trade and labour migration in the Indian Ocean", in Campbell (ed.), *Structure of Slavery*, pp. 35 – 37, 41 – 42; Gerbeau, Hubert, "Des minorités mal-connues: esclaves Indiens et Malais des Mascareignes aux XIXe siècle," in *Migrations, Minorités et Echanges en Océan Indien*, *XIXe-XXe siècle*, Aix-en-Provence: IHPOM, 1978, pp. 160 – 242; idem, "Les esclaves Asiatiques des Mascareignes aux XIXe siècle: enquêtes et hypothèses", *Annuaire des Pays de l'Océan Indien*, 7 (1980), pp. 169 – 197; Carter, Marina, "Indian slaves in Mauritius (1729 – 1834)", *Indian Historical Review*, 15, 112 (1988 – 1989), pp. 233 – 247.

② Shell, Robert C. H., *Children of Bondage: A Social History of the Slave Society at the Cape of Good Hope, 1652 – 1838*, Johannesburg: Witwatersrand University Press, 1994, p. 40.

③ Miers, Suzanne, "Slavery and the slave trade in Saudi Arabia and the Arab states on the Persian Gulf, 1921 – 1963", in Campbell (ed.), *Abolition and Its Aftermath*, pp. 120 – 136; Sheriff, Abdul, "The slave trade and its fallout in the Persian Gulf", in Campbell (ed.), ibid., pp. 103 – 119; Klein, Martin, "The emancipation of slaves in the Indian Ocean", in Campbell (ed.), ibid., pp. 198 – 228.

④ Machado, Pedro, "A forgotten corner of the Indian Ocean: Gujarati merchants, Portuguese India and the Mozambique slave-trade, c. 1730 – 1830", in Campbell (ed.), *Structure of Slavery*, pp. 17 – 32; Boomgaard, Peter, "Human capital, slavery and low rates of economic and population growth in Indonesia, 1600 – 1910", in Campbell (ed.), ibid., pp. 83 – 96; Alpers, Edward A., "Flight to freedom: escape from slavery among bonded Africans in the Indian Ocean World, c. 1750 – 1962", in Campbell (ed.), ibid., pp. 51 – 68; Allen, "Mascarene slave-trade"; Warren, James Francis, "The structure of slavery in the Sulu Zone in the late eighteenth and nineteenth centuries", in Campbell (ed.), ibid., pp. 111 – 128; Campbell, Gwyn, "Unfree labour and the signifcance of abolition in Madagascar, c. 1825 – 1897", in idem (ed.), *Abolition and Its Aftermath*, pp. 66 – 82; Worden, Nigel, "Indian Ocean slavery and its demise in the Cape Colony", in Campbell (ed.), ibid.; Sheriff, "fallout".

⑤ Watson, James L., "Transactions in people: the Chinese market in slaves, servants, and heirs", in idem (ed.), *Asian and African Systems of Slavery*, p. 235.

隶，但运往该地的奴隶大部分是年轻女性，她们的价值主要在于满足性需求以及提供生育功能。① 年轻女性奴隶的价格通常高于男性和年长女性。此外，受过阉割的奴隶也可以卖出高价。②

19世纪，随着经济全球化进程的加速，印度洋地区奴隶贸易也随之发生了翻天覆地的变化。为了在快速发展的国际经济中占据优势地位，欧洲和印度洋政权都大力拓展在印度洋地区的经济和政治疆界。

印度洋地区奴隶贸易时间较长，现存记录较为有限，因此无法估算出该地区买卖奴隶的准确数量。与大西洋奴隶体系不同，印度洋奴隶在运输过程中通常被视为普通货物。不仅在当地船只上是这样，在很多欧洲船长的奴隶船只上也是如此。③ 因此，学者只能大致估算买卖奴隶的数量。

拉尔夫·奥斯丁（Ralph Austen）估计，19世纪时，约有80万奴隶从东非被运往北部的伊斯兰国家，其中约50万来自红海和亚丁湾地区，约31.3万来自斯瓦希里海岸。④ 但是这些估值忽略了运往或滞留在阿曼统治的斯瓦希里岛和东非沿海港口飞地的奴隶（据阿卜杜勒·谢里夫估计，1866年7月—1872年3月，年均值为7403人⑤），以及"南部综合"奴隶市场的买卖数量，特别是运往印度洋西部各岛（法属岛屿和马达加斯加）、开普敦和美洲的奴隶，我认为这些奴隶的规模大于中东和印度市场，因为斯瓦希里海岸向外运送了共160万奴隶。⑥

若将掠夺奴隶和运输过程中造成的死亡人数计算在内，东非损失了大量劳动力。⑦ 由于疾病等原因，贩奴船上的奴隶死亡率变动很大，但奴隶死亡率似乎与运输距离的远近关系最为密切。因此，人们一直认为欧洲贩奴船从其他地区开往马斯克林岛，其间的奴隶死亡率：印度为20%～25%，西非为25%～30%；18世纪末，马达加斯加的奴隶死亡率为12%，东非为21%。⑧

---

① Goody, "Slavery", pp. 20 – 21.
② Miers, "Saudi Arabia"; Watson, "Transactions in people", p. 235.
③ Campbell, Gwyn, *An Economic History of Imperial Madagascar, 1759 – 1895: The Rise and Fall of an Island Empire*, Cambridge: Cambridge University Press, 2005, p. 228; Allen, "Constant demand", pp. 64 – 65.
④ Austen, Ralph A., "The 19th century Islamic slave trade from east Africa (Swahili and Red Sea coasts): a tentative census", in Clarence-Smith (ed.), *Indian Ocean Slave Trade*, pp. 29, 31, 33.
⑤ Sheriff, *Slaves, Spices and Ivory*, p. 226.
⑥ Campbell, *Madagascar*, p. 238.
⑦ Kjekshus, Helge, *Ecology Control and Economic Development in East African History*, London: Heinemann, 1977, pp. 14 – 16; Campbell, "Introduction: abolition and its aftermath", in Campbell (ed.), *Abolition and Its Aftermath*.
⑧ Allen, "Mascarene slave-trade", p. 39.

5.3 奴隶的作用

在大西洋模式的影响下,奴隶的传统形象就是欧洲统治下的非洲男性。因此,过去关于印度洋地区奴隶制的研究大多集中于非洲男性奴隶在欧洲飞地中所起的作用。

随着学术界日益认识到女性和非非洲奴隶所起的作用,关注的焦点开始发生改变[1],不再只关注欧洲和中东及印度的伊斯兰核心政权地区的奴隶制。

人们逐渐发现,随着 19 世纪国际经济的发展,劳动力需求也发生了变化。在非欧洲经济作物种植园中,如 19 世纪阿曼阿拉伯人在东非斯瓦希里海岸建立的种植园(丁香、芝麻、干椰子和谷物),以及梅里纳人在马达加斯加东部沿海建立的种植园(糖),奴隶主雇佣奴隶与其他非自由劳工一起工作。[2] 也有人在运输和商业活动中使用奴隶,让他们从事工匠和潜水员的工作。苏禄经济以区域内贸易为基础,奴隶在其中扮演着重要角色,他们是林产品的掠夺者、贩卖者和采集者。[3] 奴隶主还利用人们对劳动力的需求,将奴隶租赁给欧洲人和其他雇主,还有一小部分奴隶主让奴隶自己谋生。奴隶通常将收入的 50% ~75% 贡献给奴隶主,但他们还是能够积攒下一些钱财,这让非奴隶的普通人感到羡慕。[4]

然而,随着奴隶制的废除(1835 年,英国殖民地废除奴隶制;1848 年,法国殖民地废除奴隶制;印度从 1843 年起分阶段废除奴隶制),在马斯克林群岛和印度,契约制和"自由"制逐步取代了奴隶制,人们用新型方式生产经济作物

---

[1] Toledano, Ehud R., *As If Silent and Absent: Bonds of Enslavement in the Islamic Middle East*, New Haven: Yale University Press, 2007; Lal, K. S., *Muslim Slave System in Medieval India*, New Delhi: Aditya Prakashan, 1994; Chatterjee, Indrani and Richard M. Eaton (eds.), *Slavery and South Asian History*, Bloomington: Indiana University Press; Habib, Irfan, *The Agrarian System of Mughal India 1526 – 1707*, Delhi: Oxford University Press, 2000.

[2] Cooper, Frederick, *Plantation Slavery on the East Coast of Africa*, New Haven: Yale University Press, 1977; Sheriff, *Slaves, Spices & Ivory*; Campbell, Gwyn, "Slavery and fanompoana: the structure of forced labour in Imerina (Madagascar), 1790 – 1861", *Journal of African History*, 29, 3 (1988), pp. 463 – 486.

[3] 奴隶死后,财产就会转移给他/她的主人。Warren, "Structure of slavery".

[4] Warren, "Structure of slavery"; Reid, "Introduction", p. 11; Campbell, Gwyn, "Labour and the transport problem in imperial Madagascar, 1810 – 1895", *Journal of African History*, 21, 3 (1980), pp. 341 – 356; Campbell, "Introduction: abolition and its aftermath".

——但学者也指出刚开始存在滥用契约劳工制度的现象。① 印度洋地区各国还对非奴隶群体实行强迫劳动制度。例如，17 世纪时，爪哇人口大幅增长，马塔兰的苏丹阿贡拒绝实行奴隶制，开始实行徭役制度。荷兰人和菲律宾的西班牙人，都认识到了奴隶制的局限性，且奴隶过于昂贵，无法满足人力需求，因此也实行了徭役制度。彼得·邦加德（Peter Boomgaard）认为，许多被荷兰人称为"奴隶"的印度尼西亚族裔实际上是徭役制度中的农奴。② 在 19 世纪的泰国③和爪哇④，大多有生产能力的劳工名义上是"自由人"，但是必须服徭役。马达加斯加的情况也是如此，而不同于莫里斯·布洛赫（Maurice Bloch）的观点——马达加斯加经济的特点是"奴隶生产模式"。⑤

私人拥有的奴隶数量十分庞大，因此奴隶主和当地政权之间的关系日益紧张。例如，19 世纪 20 年代，马达加斯加的梅里纳政权禁止奴隶出口和"自由"移民，并在 1877 年"解放"了 15 万莫桑比克奴隶。但是，该政权针对"自由人"建立了一个强制劳动制度，将 1877 年刚刚重获自由的莫桑比克人涵盖在内。⑥ 为了逃避国家的徭役（在马达加斯加，所有劳动力都需服徭役），一些奴隶拒绝获得"自由"的机会，而一些非奴隶则自愿成为奴隶。⑦

那么，奴隶发挥了什么作用呢？虽然大西洋模式可以用于分析一些印度洋地

---

① Pineo, Huguette Ly-Tio-Fane, *Lured Away: The Life History of Indian Cane Workers in Mauritius*, Moka, Mauritius: Mahatma Gandhi Institute, 1984; Mookherrji, Sudhansu Bimal, *The Indenture System in Mauritius*, *1837 – 1915*, Calcutta: K. L. Mukhopadhyay, 1962; Tinker, Hugh, *A New System of Slavery: The Export of Indian Labour Overseas, 1830 – 1920*, London: Oxford University Press, 1974; Carter, Marina, *Servants, Sirdars and Settlers: Indians in Mauritius, 1834 – 1874*, Delhi: Oxford University Press, 1995; Gerbeau, Hubert, "Engagees and coolies on Réunion Island, slavery's masks and freedom's constraints", in Emmer, Piet C. (ed.), *Colonialism and Migration: Indentured Labour before and after Slavery*, Dordrecht, The Netherlands: Martinus Nijhoff, 1986, pp. 209 – 236; Carter, Marina and Hubert Gerbeau, "Covert slaves and coveted coolies in the early nineteenth century Mascareignes", *Slavery and Abolition*, 9, 3 (1988), pp. 193 – 207; Dasgupta, Keya, "Plantation labour in the Brahmaputra Valley: regional enclaves in a colonial context", in Campbell (ed.), *Abolition and Its Aftermath*, pp. 169 – 179.

② Boomgaard, "Human capital"; Hoadley, M., "Slavery, bondage and dependency in pre-colonial Java: the Cirebon-Priangan region, 1700", in Reid (ed.), *Slavery*, pp. 91 – 117.

③ Terwiel, B. J., "Bondage and slavery in early nineteenth century Siam", in Reid, ibid., pp. 118 – 137; Turton, Andrew, "Tai institutions of slavery", in Condominas (ed.), *Formes Extrêmes de Dépendance*, pp. 411 – 457; Feeny, David, "The decline of property rights in man in Tailand, 1800 – 1913", *Journal of Economic History*, 49, 2 (1989), pp. 285 – 296; idem, "The demise of corvée and slavery in Tailand, 1782 – 1913", in Klein (ed.), *Breaking the Chains*.

④ Reid, Anthony, "The decline of slavery in nineteenth-century Indonesia", in Klein (ed.), *Breaking the Chains*; Boomgaard, "Human capital".

⑤ Bloch Maurice, "Modes of production and slavery in Madagascar", in Watson (ed.), *Asian and African Systems of Slavery*, pp. 110 – 112; Lovejoy, *Transformations*, pp. 234, 238 – 239.

⑥ Campbell, *Madagascar*, pp. 112 – 119, 213 – 218.

⑦ Campbell, "Unfree labour".

区的种植园社会，如留尼汪和毛里求斯①，但印度洋其他地区几乎背离了传统的大西洋模式。大西洋模式下众多奴隶被分配到田地和矿场劳动。在大多数经济体中，奴隶承担了大部分农业生产工作②，但在自给自足的小农经济和小规模商业生产中，农民奴隶主通常与奴隶一起工作③，男性奴隶还要从事工匠、贸易、运输、渔业、家务、管家、安保和士兵等工作。一些奴隶依靠奴隶主维持生计，而其他奴隶则依靠所得的土地自给自足。权贵的奴隶有时能够担任管家和商人等重要职位，一些皇家奴隶则可担任宫廷警卫、士兵、顾问、行政官员和外交官等职位，他们往往能够得到可观的财富和显赫的声誉。④

然而，雇佣男性奴隶也很有可能是为了彰显奴隶主的消费水平，彰显其财富、权力和地位。⑤ 这一现象在女性奴隶中更为明显，她们在印度洋地区奴隶贸易中占大多数。在早期，女性奴隶的工作一般是做农活、纺织和采矿⑥，但大部分女性奴隶被富裕家庭买去做家务、提供性服务和娱乐。⑦ 安东尼·瑞德（Anthony Reid）认为，在东南亚，统治者和富人会让女奴做他们的侧室、情妇、艺人和家仆。相较于女性农民，女性奴隶的生活条件更加优越，也更受人尊敬。⑧ 在中东，一些情妇会叫自己的家人来一同服务这个家庭——不过是作为非奴。⑨ 此外，女性奴隶也不太可能被转售。⑩

人们常常会错误区分"生产性"活动和"非生产性"活动，⑪ 其中许多活动经济意义重大。娶妻生子既可以彰显地位，也可以保障家族的生产和繁衍能力。在印度洋地区，精英家族的奴隶往往被鼓励在业余时间从事兼职工作。⑫ 奴隶士兵则会参与执法、维持社会秩序（这是发展经济的前提），并为重要贸易路线、供应中心和市场提供安全保障。事实上，很多前殖民军队和海军的主要目的就是俘获和交换奴隶。奴隶军队中常育有奴隶后代，这既是出于他们自身的意愿，也

---

① Mas, Jean, "Scolies et hypothèses sur l'émergence de l'esclavage à Bourbon", in Wanquet, Claude (ed.), *Fragments pour une Histoire des Economies et Sociétés de Plantation à la Réunion*, Saint-Denis: Université de la Réunion, 1989, pp. 109–158.
② Patnaik, "Introduction", pp. 2–4, 26.
③ Goody, "Slavery", p. 36; Boomgaard, "Human capital"; Klein, *Breaking the Chains*, p. 9.
④ Kopytoff, Igor and Suzanne Miers, "African 'Slavery' as an institution of marginality", in idem (eds.), *Slavery in Africa*, p. 28; Reid, "Introduction", p. 14.
⑤ Boomgaard, "Human capital"; Patnaik, "Introduction", pp. 2–4, 26; Reid, "Introduction", p. 13; Goody, "Slavery", pp. 36–37; Klein, *Breaking the Chains*, pp. 8–13.
⑥ Goody, "Slavery", pp. 21, 32.
⑦ Miller, Joseph, "A theme in variations: a historical schema of slaving in the Atlantic and Indian Ocean regions", in Campbell (ed.), *Structure of Slavery*, pp. 169–194.
⑧ Reid, "Introduction", pp. 25–26.
⑨ Miers, "Saudi Arabia".
⑩ Reid, "Introduction", pp. 25–26.
⑪ Kopytoff and Miers, "African 'Slavery'", pp. 55–57, 64–66.
⑫ Reid, "Introduction", p. 14.

符合自己和奴隶主的物质利益，苏禄军队就是如此。① 总之，在西方资本主义社会中，蓄奴可以彰显地位，是财富、声望和影响力的象征，也是建立社会关系和开展商业交易的关键所在。②

19世纪，女奴出现了一个新特点：性奴役。虽然印度契约劳工通常男女比例大体平衡，但随着印度洋地区国际经济的发展，大量劳动力涌入该地区，男性劳工人数剧增。因此，对性服务的需求剧增，很多女性被迫卖身，成为妓女。③ 20世纪20年代，阿拉伯人热衷于购买中国和爪哇女性作为妾室。④

20世纪，奴隶贸易又发生了新的变化。欧洲在印度洋地区实行殖民统治之后，仍然面临劳动力短缺问题。奴隶制废除和征税后未能为欧洲公共利益和私人利益服务业提供充足的雇佣劳工。⑤ 一方面，很多奴隶得到解放后并没有进入劳动力市场，而是作为附庸留在前主人家中工作。⑥ 另一方面许多"自由"殖民主体，如马达加斯加东部贝齐迷萨拉卡（Betsimisaraka）的咖啡种植者从殖民主义带来的新经济机会中受益，如经营小买卖、种植经济作物等。他们积累了足够的财力去缴纳税款，而不用从事雇佣劳动。⑦ 在这种情况下，殖民地长期面临着人力短缺的问题，于是政府强迫人们进行劳动，并将此作为一种传统制度推行。⑧

5.4 印度洋奴隶制的特点

大西洋模式强调"自由公民"与"奴隶"之间存在巨大差异。"自由公民"享有基本个人自由和人权，而"奴隶"主要是非洲成年男性，世世代代困在奴隶制的泥潭中苦苦挣扎，做毫无技术含量的种植和采矿工作，加之暴力无处不在、种族主义肆虐、基本人权丧失，这正是帕特森（Patterson）所描述的"社会

---

① Warren, "Structure of slavery"; Goody, "Slavery", pp. 26 – 27.

② Turton, "Violent capture"; Boomgaard, "Human capital".

③ Jaschok, Maria and Suzanne Miers, "Women in the Chinese patriarchal system: submission, servitude, escape and collusion", in idem (eds.), *Women and Chinese Patriarchy: Submission, Servitude and Escape*, London & New Jersey: Zed Books, 1994, pp. 19 – 20.

④ Miers, "Saudi Arabia".

⑤ Sato, Shigeru, "Forced labour mobilization in Java during the Second World War", in Campbell (ed.), *Structure of Slavery*, pp. 97 – 110; Jennings, Eric, "Forced labour in Madagascar under Vichy, 1940 – 1942: autarky, travail force, and resistance on the Red Island", paper presented at the International Conference on "Slavery, Unfree Labour and Revolt in Asia and the Indian Ocean", Avignon, France, 2001.

⑥ Miers, "Saudi Arabia"; Campbell, "Introduction: abolition and its aftermath"; Kopytoff and Miers, "African 'Slavery'", pp. 26 – 27.

⑦ Campbell, Gwyn, "Coffee production in Madagascar", in Topik, Steven and William Gervase Clarence-Smith (eds.), *Coffee under Colonialism and Post Colonialism: The Global Coffee Economy in Africa, Asia, and Latin America, c1800 – c1960*, Cambridge: Cambridge University Press, 2002, pp. 67 – 99.

⑧ Campbell, "Unfree labour"; idem, "Coffee production in Madagascar"; Eno, Omar A., "The abolition of slavery and the aftermath stigma: the case of the *Bantu/Jareer* people on the Benadir coast of southern Somalia", in Campbell (ed.), *Abolition and Its Aftermath*, pp. 83 – 93.

性死亡"①。有大量文献研究欧洲在印度洋地区飞地的奴隶制结构,这些文献在很大程度上照搬了大西洋盈利模式。因此,在传统研究中,人们重点关注种植园结构以及暴力和抵抗的形式。最近,大西洋奴隶制研究出现了新趋势,学者对奴隶制历史进行了深入调查,揭示欧洲在印度洋飞地的奴隶贸易和奴隶制的本质。②

但是,印度洋本土地区的奴隶制形式(例如欧洲在印度洋地区的飞地)与美洲截然不同。大多研究都是围绕"奴隶"和"奴隶制"的定义展开。在大西洋模式中,奴隶被定义为"动产",是可以自由买卖和转让的"人形财产"。③当然,自从印度洋地区开始实行奴隶制,个人和族群可以"拥有"奴隶后,这种"动产"概念也产生了。④然而,动产奴隶可能只是受奴役群体中的一小部分,印度洋地区存在着各种形式的奴役,如莫桑比克普拉索的附庸奴役、典当奴役,印度的农村奴役以及债务奴役等。⑤

要理解印度洋奴隶制的特点,首先要解决几个主要问题。第一个主要问题是语言问题。在大西洋语系中,"奴隶"的各种表达都源于同一欧洲词根"slav",但是在印度语系中则存在着各式各样的表达。例如,十九世纪,索马里语中表示"奴役"的表达有 Jareer, Bantu, Mjikenda, Adoon, Habash, Bidde, Sankadhuudhe, Boon, Meddo 和 Oogi 等。⑥每种表达在不同的语境和时期都具有不同的含义。

---

① Patterson, *Slavery and Social Death*; Walvin, *Making the Black Atlantic*.

② Ward, Kerry and Nigel Worden, "Commemorating, suppressing and invoking cape slavery", in Nuttall, S. and C. Coetzee (eds.), *Negotiating the Past: The Making of Memory in South Africa*, Cape Town: Oxford University Press, 1998, pp. 201 - 217; Larson, Pier M., *History and Memory in the Age of Enslavement: Becoming Merina in Highland Madagascar, 1770 - 1822*, Portsmouth: Heinemann, 2000; Alpers, Edward and Vijaya Teelock (eds.), *History, Memory, and Identity*, Mauritius: Nelson Mandela Centre for African Culture and the University of Mauritius, 2001; Vaughan, *Creating the Creole Island*; Zimba, Benigna, Edward Alpers and Allen Isaacman, *Slave Routes and Oral Tradition in Southeast Africa*, Maputo: Eduardo Mondlane University, 2005; Graeber, David, *Lost People: Magic and the Legacy of Slavery in Madagascar*, Bloomington: Indiana University Press, 2007; Jullien, Benoit (ed.), *Ile de La Réunion: Regards Croises Sur L'esclavage, 1794 - 1848*, Paris: Somogy-CNH, 1998; Ho, Hai Quang, *Contribution à l'histoire Economique de l'île de la Réunion (1642 - 1848)*, Paris: L'Harmattan, 1998, esp. pp. 33 - 68, 76 - 94; Cachat, Séverine (ed.), *Mozambique-Réunion, Esclavage, Mémoire et Patrimoines dans l'Océan Indien*, Paris: Éditions Sépia, 2008.

③ Meillassoux, Claude, *The Anthropology of Slavery: The Womb of Iron and Gold*, Chicago: University of Chicago Press, 1991, pp. 10 - 11; Watson, James L., "Introduction: slavery as an institution, open and closed systems", in idem (ed.), *Asian and African Systems of Slavery*, pp. 4 - 6; Reid, "Introduction", pp. 2, 36.

④ Watson, "Introduction", pp. 4 - 5; Kopytoff and Miers, "African ' Slavery'", pp. 7 - 26; Patnaik, "Introduction", pp. 28 - 29.

⑤ Isaacman, Allen F., *Mozambique: The Africanization of a European Institution: The Zambesi Prazos, 1750 - 1902*, Madison: University of Wisconsin Press, 1972; Miers and Kopytoff (eds.), *Slavery in Africa*; Lovejoy, *Transformations*; Meillassoux, *Slavery*; Manning, *Slavery*; Campbell (ed.), *Structure of Slavery*; Reid (ed.), *Slavery*; Watson (ed.), *Asian and African Systems of Slavery*; Prakash, Gyan, *Bonded Histories: Genealogies of Labor Servitude in Colonial India*, New York: Cambridge University Press, 1990; Klein (ed.), *Breaking the Chains*; Clarence-Smith (ed.), *Indian Ocean Slave Trade*.

⑥ Eno, "Abolition of slavery".

第二个主要问题是"奴隶制"的含义。苏珊娜·米尔斯（Suzanne Miers）认为，理解奴隶制的最好办法是理解它的对立面——"自由"的概念；① 然而，安东尼·瑞德（Anthony Reid）强调，只有在将所有形式的奴役纳入某一定义明确的"奴隶"类别时，"个人自由"的概念才能与"奴隶制"概念构成对立。② 此外，在印度洋国家中，"个人自由"的概念并不明确。社会等级制规定了每个人都有不同的等级地位，从而有不同的权利和义务。事实上，除马斯克林群岛外，印度洋地区一直都为奴隶提供一系列的权利和保护，这在美洲种植园中是极为罕见的。例如，18世纪末到19世纪初，陶索格族人统治了苏禄，允许班加加族奴隶结婚、拥有财产、从事各种工作，每个奴隶均享有与非奴隶相同的权利。此外，如果奴隶衣不蔽体、食不果腹，无法维持生计，他就可以要求转变自己的所有权。③ 在大多非洲社会中，人们认为出售奴隶后代是"不得体的"。但在危机时期，他们会先于非奴隶后代被出售。④

在西方的传统观念里，社会成员由自由人和奴隶两部分构成，且奴隶是一种财产。如果把这种传统观念改为将社会视为依附性的等级制度，那么印度洋地区奴隶制的含义将更加明了。此外，在前工业时代，世俗和超自然的划分并不明确。大多数印度洋社群将生者和死者纳入一个庞大的、重叠的等级体系中，每个阶层都有相应的权利和义务，奴役观念超越了世俗生活。⑤

从高度集权社会到无领导社会，所有低等群体都要服务君主、长者等"权力阶层"以获得庇护。⑥ 这一点在印度洋地区的徭役制度中最为明显，民众通常被视作统治者的"财产"。从这个意义上讲，可以说徭役制度符合"财产"概念，表现为"强制劳动"，一些作者在定义"奴隶"这一概念时将这一点作为参考因素。⑦ 此外，欧洲人及邻近族群无法区分某些非洲社群中的奴隶和奴隶主。⑧ 虽然在法律上非奴隶平民比奴隶的地位要高，但非奴隶平民通常比家仆更为贫穷，对生活更加不满。在水稻经济中，奴隶主常常会帮助奴隶娶妻，而普通农民常常为凑够聘礼焦头烂额，甚至负债累累。⑨

有学者认为，买卖人口是奴隶制的标志。但是，奴隶并不总是作为商品进行交易的。例如，博茨瓦纳（Botswana）的博拉塔人被视为财产和准人类，可以作

---

① Miers, "Saudi Arabia".
② Reid, "Introduction", p. 21; Campbell, G., "Crisis of faith and colonial conquest. The impact of famine and disease in late nineteenth-century Madagascar", *Cahiers d'études Africaines*, 32 (3), 127 (1992), pp. 409 – 453.
③ 奴隶死后，财产会转给主人。Warren, "Structure of slavery".
④ Kopytoff and Miers, "African 'Slavery'", p. 35.
⑤ Reid, "Introduction", p. 4.
⑥ Goody, "Slavery", pp. 16 – 42.
⑦ Watson, "Introduction", p. 7.
⑧ Klein, *Breaking the Chains*, p. 13; Kopytoff and Miers, "African 'Slavery'", p. 5.
⑨ Reid, "Introduction", pp. 8 – 9.

为礼品继承或转让，但不能出售。① 在印度南部泰米尔语和泰卢固语地区，奴隶永远生活在一片土地上，只有当这片土地易主时，奴隶所有权才会发生转移，而奴隶不会迁徙到其他地区。② 此外，不具有奴隶身份的个体也会被迫出售或转让，比如亚洲和非洲的"农奴（serfs）"、非洲的"小卒（pawns）"和中国的"侍婢（mui tsai）"原本都是自由人。③ 他们中的一部分会作为贡品或赎金被转让。在公开市场和私人市场，人们还会贩卖自己的家庭成员，身份变为临时奴隶或永久奴隶。有些人甚至会卖掉自己，成为契约劳工。④ 在非洲，家族对族人拥有一定的权利，在饥荒时期，家族可能将这些权利转让给另一个家族，以换取商品和金钱，儿童和年轻人是最受欢迎的。若到期未赎回，他们将继续留在债权人家里。⑤ 在中国，时局困难时，人们往往会卖掉女儿和妾室，中下层家庭有时会打破传统禁忌，将自己的儿子卖掉。⑥ 在印度洋地区，父母会把孩子送给别人领养，换取金钱。有时也会买卖债奴，让他们做苦力，充当嫁妆或捐给修道院。⑦

在传统史学看来，奴隶制笼罩在暴力的阴影之下。⑧ 在印度洋地区，许多奴隶遭受暴力，被强迫参与劳动。然而暴力并不是普遍使用的手段，只有在欧洲管理的种植园中，由于规模经济，高强度压榨能带来可观的收益，因此使用暴力。事实上，大部分奴隶是通过非暴力手段成为奴隶的。有些人被父母或家族出卖为奴，还有一些则是自愿为奴。例如，一些菲律宾女孩很愿意成为苏禄高层男性的妾室。⑨ 在印度洋地区，奴隶是一种可以保值甚至升值的资产，承认奴隶的基本人性可以实现奴隶生产力的最大化。⑩ 在印度尼西亚较大的城市港口，政府管理不足，无法抓捕逃奴，因此奴隶主通常对家奴都关照有加，尽力留住他们。⑪ 对奴隶主而言，奴隶出逃意味着购买成本和相关生活费用物资等的损失。追捕逃奴并加强监管，将会极大增加成本。

到19世纪，大多数人都是因为负债而成为奴隶的。在许多印度洋地区，对债务人及其亲属的奴役是合法的。此外，国家会对某些罪犯处以罚款，这常常导

---

① Suzanne Miers—personal communication.
② Patnaik, "Introduction", p. 4.
③ Kim, "Nobi"; Klein, *Breaking the Chains*, pp. 5 – 6; Lovejoy, *Transformations*, pp. 13 – 14; Watson, "Transactions in people", pp. 240 – 245.
④ Watson, "Transactions in people", pp. 228 – 236; Boomgaard, "Human capital"; Delaye, Karine, "Slavery and colonial representations in Indochina from the second half of the nineteenth to the early twentieth centuries", in Campbell (ed.), *Structure of Slavery*, pp. 129 – 142.
⑤ Kopytoff and Miers, "African 'Slavery'", pp. 10 – 11.
⑥ Watson, "Transactions in people", pp. 227 – 230.
⑦ Boomgaard, "Human capital".
⑧ Meillassoux, *Slavery*, pp. 73 – 77.
⑨ Kim, "Nobi"; Warren, "Structure of slavery"; Kopytoff and Miers, "African 'Slavery'", pp. 83 – 84.
⑩ Klein, *Breaking the Chains*, pp. 11 – 12; Meillassoux, *Slavery*, pp. 9 – 10.
⑪ Reid, "Introduction", p. 15.

致罪犯背负巨额债务来缴罚金,为了还债又被迫成为奴隶。① 债务人通常会以借粮食或工具等非货币的方式举债,但需要用货币偿还。若还清债务,他们便可以重获自由,摆脱奴隶身份。

5.5 作为社会保障制度的奴隶制

与新世界的奴隶制相比,欧洲人认为印度洋地区的奴隶制是十分"温顺"的,而詹姆斯·斯科特(James Scott)指出,美洲奴隶制的一个重要特征就是暴力抵抗,这种现象在印度洋地区非常少见。对此,他给出了一个合理的解释:

> 由于东南亚暴力频发、劳动力稀缺,奴隶主和国家所使用的强制手段十分有限,虽然该区域时有发生恐怖事件,但同西印度群岛、南北战争前的美国南部和罗马教廷地区的奴役相比显得微不足道。东南亚的种植园奴隶制度一般不会肆意剥夺奴隶的生命,因此,奴隶的生活状况取决于其作用,而非其法律地位,有价值的奴隶要比很多普通民众的生活好得多,且奴隶起义相对较少(除了在运输过程中在船上爆发的几次起义以及1616年在帕塔尼(Patani)爆发的爪哇奴隶起义)。②

另一种解释是,在前工业时代,印度洋地区的天灾人祸不断。季风和旋风时常给中国、印度及马达加斯加的水稻主产区带来严重洪灾,同时伴随着饥荒和疾病。在情况艰难的时候,印度尼西亚的望加锡和印度南部等人口稠密的单一作物地区将贫困人口作为奴隶输出。③ 在中国,走投无路的父母会卖掉幼女,只希望她们能吃饱穿暖。在灾难时期,人们往往将买卖或过继儿童当作绝处逢生之路。在中国和印度,"收养"幼女被视为一种慈善行为,生身父母相信寄主家庭会照顾女孩直到她出嫁,因此幼女价格并不昂贵。④

成为债奴是一种信贷保障机制,与奴隶制在很多地方都有相似之处。在印度洋,债奴鱼龙混杂,从抵押未来收成的农民、贷款娶亲的新郎,到靠大商贾施舍信贷的小商贩、东南亚和东亚农村无处不在的赌徒,以及19世纪中国的鸦片瘾君子无所不有。⑤ 灾难时期,人们为了生存只有两条路可走,或者效仿公元前

---

① Reid, "Introduction", p. 10.
② Scott, James, "Slavery, bondage and dependency in southeast Asia. A review", *Indonesia*, 39 (1985), p. 142.
③ Boomgaard, "Human capital".
④ Jaschok and Miers, "Women", pp. 11, 18.
⑤ Boomgaard, "Human capital"; Delaye, "Slavery"; Schottenhammer, Angela, "Slaves and forms of slavery in late Imperial China (seventeenth to early twentieth centuries", in Campbell (ed.), *Structure of Slavery*, pp. 143 – 154; Watson, "Transactions in people", pp. 228 – 236.

500年左右印度的再生族成员,自愿成为债奴或奴隶;或者受族人逼迫,沦为奴隶。① 债奴人数众多,超奴隶数量。在爪哇和满者伯夷国,债奴人数占据半壁江山,在18—19世纪的泰国中部,债奴人数占总人口的50%。债奴通常需要支付贷款利息及生活费,包括住宿、食物和衣服的费用。因此,债务将不断累积增加,债奴可能耗尽一生也无法还清贷款,甚至会世代相传。这样的债务奴役和奴隶制别无二致。②

"奴隶"和"自由"的概念常常暧昧不明。大多数印度洋族群需要的是安全、食物和住所,而非抽象的"自由"。如果一味地追求个人自由,罔顾继承关系和责任义务,可能就得不到庇护,从而难以在天灾人祸中幸存。③

5.6 奴隶制中的同化现象

关于印度洋地区奴隶与奴隶制社会之间的关系,学术界争论不休。奥兰多·帕特森(Orlando Patterson)认为,在大西洋奴隶制中,奴隶处于社会性死亡的状态。印度洋地区的情况则有所不同,詹姆斯·沃森(James Watson)认为奴隶制中有"开放"和"封闭"两种体系,他提出了另一种观点:非洲特有的"开放"式奴隶制促进奴隶融入主流社会,而在中国和马达加斯加等一些亚洲文化特有的"封闭"式奴隶制则严格划分了奴隶与主流社会的界限。因此,大西洋体系与印度洋体系奴隶制的比较颇具研究意义。④

沃森认为,在"封闭"式的奴隶制社会中,法律体系僵化,奴隶的后代仍摆脱不了奴隶身份的禁锢,被排除在主流社会之外。⑤ 印度与马达加斯加一样,被解放的奴隶依然被排除在主流社会之外,这些奴隶及其后代生生世世都只能是"贱民"。这种现象的出现并非因为奴隶具有侵略性,而是人们会区分"纯洁"和"肮脏",这种社会趋势直到废除奴隶制后才有所改变。⑥ 在马达加斯加,奴隶被称为"mainty"("黑色")和"maloto"("肮脏的"),而自由人则被称作

---

① Klein, *Breaking the Chains*, p. 11; Patnaik, "Introduction", pp. 25 – 26.
② Kim, "Nobi"; Reid, "Introduction", p. 12; for debt bondage from another angle, see Miller, "Teme in variations".
③ Boomgaard, "Human capital"; Miers, "Saudi Arabia"; Salman, "Meaning of slavery".
④ 争议的焦点在"亲属"和"奴隶"的定义。Meillassoux, *Slavery*; Kopytoff and Miers, "African 'Slavery'"; Watson, "Introduction".
⑤ Watson, "Introduction", pp. 1 – 15.
⑥ Eno, "Abolition of slavery", pp. 83 – 93; Evers, Sandra, "Stigmatization as a self-perpetuating process", in Evers, Sandra and Marc Spindler (eds.), *Cultures of Madagascar: Ebb and Flow of Influences*, Leiden: IIAS, 1995, pp. 157 – 188; Watson, "Transactions in people", pp. 237 – 238, 246 – 247; idem, "Introduction", p. 10; Harris, Joseph E, *The African Presence in Asia: Consequences of the East African Slave Trade*, Evanston: Northwestern University Press, 1971, pp. 116 – 117; Klein, *Breaking the Chains*, p. 9.

"fotsy"("白色"和"纯洁的")。① 在印度和马达加斯加,一些肮脏的工作都是由奴隶种姓的成员承担,普通人会避免与他们有过多的社会接触,包括发生性关系。② 有人认为,在这种"封闭"式奴隶制中,奴隶比非奴隶更加悲惨,他们在工作中处处受到压榨。③ 苏珊娜·迈尔斯(Suzanne Miers)认为,这种种姓奴隶制应该被纳入"集体奴隶制"的范畴。④

朝鲜和中国实行最严苛的世袭奴隶制度,但即使是在这两个国家,奴隶也具有法律地位,不用服国家徭役,婚姻受到尊重。这些权利意味着他们不是社会的"局外人",他们同样享受主流社会的互惠制度。⑤ 此外,历史学家需要区分法律和现实,法律将奴隶与普通人区分开来,但在现实生活中人们往往会忽视这一点。因此,马达加斯加的一些女性奴隶主肆无忌惮地违反种姓制度,挑选男奴作为性伴侣,却免受惩罚。⑥ 在朝鲜,奴隶主的妻女与男奴发生性关系的情况并不少见。⑦ 在印度洋地区,很多奴隶主都会与奴隶建立亲密关系,但这种关系并不正式,他们称这些奴隶为"孩子""养子"或"侄子""侄女"。⑧ 许多年轻奴隶和奴隶后代因此摆脱了奴隶的文化根源,甚至忘记了自己的母语而使用宗主国家的语言。然而,"封闭"式的奴隶制也有"收养"机制,在有限范围内促进了同化的过程。在中国,一直以来,贫困家庭会将孩子卖给权贵家族以换取钱财。⑨ 而大部分女奴则会融入奴隶主的家庭,长大成人后会被纳为主人的姜室,还有一些会被当作奴隶主儿子的童养媳。无论如何,她们都能在主流社会中占据一席之地。⑩ 中国的无嗣率很高,因此精英家庭收养男孩的需求也很高,但男孩奴隶进入青春期后,奴隶主才决定是否继续收养。⑪

在印度洋许多地区,奴隶后代与当地人普遍有亲属关系,有时与非奴隶家族也有联系。在非洲一些父系社会中,非奴隶男性和奴隶女性生育的孩子是非奴隶;曾嫁给奴隶主的奴隶寡妇生育的孩子也是非奴隶。在母系社会中,非奴隶女

---

① Campbell, "Unfree labour"; Evers, Sandra, "Solidarity and antagonism in migrant societies on the southern highlands", in Rajaoson, François (ed.), *Fanandevozana ou Esclavage*, Antananrivo: Université d'Antananarivo, 1996, pp. 565–571.

② Patnaik, "Introduction", p. 4; Klein, *Breaking the Chains*, p. 14.

③ Kopytoff and Miers, "African 'Slavery'", pp. 14–16, 51; Klein, *Breaking the Chains*, pp. 4–5, 11; Reid, "Introduction", p. 12.

④ Miers, "Saudi Arabia".

⑤ Schottenhammer, "Slaves"; Kim, "Nobi"; Salman, "Meaning of slavery".

⑥ Poirier, Ch., "Un 'Menabe' au coeur de la forêt de l'Est", *Bulletin de l'Académie Malgache*, 25 (1942–1943), p. 100.

⑦ Kim, "Nobi".

⑧ Kim, "Nobi"; Schottenhammer, "Slaves"; Klein, *Breaking the Chains*, p. 8; Reid, "Introduction", p. 9.

⑨ Watson, "Transactions in people", pp. 227, 230.

⑩ Ibid, pp. 240–244.

⑪ Watson, "Transactions in people", pp. 229–230, 235–236.

性和奴隶男性的子女则会继承母亲的身份。① 源源不断的奴隶融入非洲社群中，削减了印度洋本地的奴隶储量，进一步刺激了奴隶进口。中东地区也是如此②，在那里，伊斯兰教法主张解放奴隶，规定如果女性奴隶为主人生儿育女，她的子女将成为自由人；如果自由穆斯林的妾室生了孩子，在丈夫死后，也能成为自由人。③ 这样，被解放的奴隶比例会大大提升，虽然法律规定一个穆斯林富人最多可以有四个妻子，但并没有限制他可以纳几个妾室。④ 理论上来说，伊斯兰宗教和法律中没有种族歧视，这有利于同化被解放的奴隶。巴林治安官指出，非奴隶女性很少会与男性奴隶通婚。⑤ 但是，男性精英群体中表现出种族偏好，相比于肤色较深的非洲女性，他们更喜欢娶白人和肤色较浅的埃塞俄比亚妇女为妾。⑥ 早期伊斯兰时代并没有什么种族偏见，但在7世纪末到8世纪初，随着阿拉伯的扩张，这种情况发生了根本性的变化。⑦ 在东南亚，奴隶的同化现象也非常普遍，女性奴隶比男性奴隶更容易被同化，她们很多都是奴隶主的养女。⑧

5.7 移民奴隶

目前，印度洋地区奴隶制的研究，尤其是对印度洋地区黑人移民族群的研究深受大西洋奴隶制研究的影响。⑨ 然而，这种趋势可能会使印度洋地区的奴隶制研究走入歧途，主要原因有二：第一，很多研究移民奴隶的学者坚持认为，应该让印度洋地区非洲裔移民重新回忆故土、奴隶贸易和奴隶制，这就导致"错误意识"和虚假历史的出现。第二，他们像约瑟夫·哈里斯（Joseph Harris）一样，在奴隶与非洲黑种人之间画上等号⑩，刻意忽略非洲之外其他地区奴隶的历史，而这些被忽略的群体或许才是在印度洋地区奴隶数量中占据绝大多数的。事实上，非洲奴隶只在特定时间集中在特定区域——主要是在18世纪末到19世纪，

---

① Kopytoff and Miers, "African 'Slavery'", pp. 32 – 33; Goody, "Slavery", p. 19.

② Sheriff, "Fallout".

③ Clarence-Smith, William Gervase, "Islam and the abolition of the slave trade and slavery in the Indian Ocean", in Campbell (ed.), *Abolition and Its Aftermath*, pp. 137 – 149; Sheriff, "Fallout".

④ Miers, "Saudi Arabia", p. 2.

⑤ Sheriff, "Fallout".

⑥ Goody, "Slavery", p. 29.

⑦ Lewis, Bernard, *Race and Slavery in the Middle East: An Historical Enquiry*, New York: Oxford University Press, 1990, pp. 19, 26 – 27, 37 – 41.

⑧ Boomgaard, "Human capital"; Reid, "Introduction", pp. 13, 25 – 26.

⑨ Chauhan, R. R. S., *Africans in India from Slavery to Royalty*, New Delhi: Asian Publication Services, 1995; Ali, Shanti Sadiq, *The African Dispersal in the Deccan*, New Delhi: Orient Longman, 1996; Jayasuriya, Shihan de S. and Richard Pankhurst (eds.), *The African Diaspora in the Indian Ocean*, Trenton NJ: Africa World Press, 2003; Catlin-Jairazbhoy, Amy and Edward Alpers (eds.), *Sidis and Scholars: Essays on African Indians*, Noida, UP, India: Rainbow Publishers, 2004.

⑩ Harris, *African Presence*.

大量集中于印度洋西部地区（中东、马斯克林群岛和马达加斯加）。非洲奴隶永远占多数的地方是非洲，但是大部分奴隶都远离家乡。①

5.8 印度洋地区奴隶制的废除

印度洋地区奴隶制废除的记录主要集中于欧洲或穆斯林统治的社会②，这些地方与其他地方一样，在实施官方禁令后依然进行非法奴隶交易。③ 此外，越来越多的研究表明，奴役劳动结构和"奴隶羞辱"依然存在。通常认为，废除奴隶制后，奴隶就获得了完整的公民权。从严格的法律意义上讲，许多身份是"奴隶"的人都是如此。虽有少数人跻身要职，拥有大量财富，但这种情况极为罕见。从法律上来讲，奴隶获得了"自由"，但还是不能拥有完整平等的公民权。在传统的蓄奴社会中，大多数奴隶在解放后被纳入宗主社会，成为低等公民，有些则还是世奴。这在一定程度上是由于他们的经济实力薄弱。解放奴隶后，奴隶主可以获得赔偿，但奴隶却什么都得不到，在后奴隶经济社会中也得不到任何帮助，他们还往往受制于严苛的供求法则。奴隶被解放后，大量涌入当地劳动力市场，这对于雇主来说是极为有利的，但很多奴隶都找不到雇主。极少数的奴隶可以有机会回到故土，但在回乡后很难融入当地社会。④ 许多奴隶在被解放以后组建社区，这些社区特点鲜明，他们分散居住，社会地位低下，从事低贱工作。与毛里求斯一样，大多数印度洋地区排挤奴隶，他们仅能勉强度日。如果发生经济萧条、天灾人祸等，可能会遭受到致命的冲击。对许多奴隶来说，与"自由"相比，"奴隶制"更能保障他们的物质生活。⑤

---

① Campbell, Gwyn, "The African-Asian diaspora: myth or reality?", *African and Asian Studies*, 5, 3-4 (2006), pp. 305-324; idem, "Slave trades and the Indian Ocean world", in Hawley, John C. (ed.), *India in Africa, Africa in India. Indian Ocean Cosmopolitanisms*, Bloomington: Indian University Press, 2008, pp. 17-25.

② Clarence-Smith, William Gervase, *Islam and the Abolition of Slavery*, Oxford: Oxford University Press, 2006; Deutsch, Jan-Georg, *Emancipation without Abolition in German East Africa c. 1884-1914*, Oxford: James Currey, 2006; Miers, Suzanne and Richard Roberts (eds.), *The End of Slavery in Africa*, Madison: University of Wisconsin Press, 1988.

③ Gerbeau, Hubert, "Quelques aspects de la traite illégale des esclaves à l'Ile Bourbon au XIXe siècle", in *Mouvements de Populations dans l'Océan Indien*, Paris: Librairie Honoré Champion, 1979, pp. 273-308; Wanquet, Claude, "La traite illégale à Maurice à l'époque anglaise (1811-1835)", in Daget, Serge (ed.), *De la Traite à l'esclavage: Actes du Colloque Internationale sur la Traite des Noirs*, Nantes, 1985, Nantes: Centre de Recherche sur l'Histoire du Monde Atlantique et Société Française d'Histoire d'Outre-mer, 1988, vol. 2, 45, pp. 11-65; Deutsch, *Emancipation*; Miers and Roberts (eds.), *End of Slavery*.

④ Warren, "Structure of slavery".

⑤ Benoit, Norbert, "Les oubliés de la liberté. Le cas des descendants d'esclaves de l'Ile Maurice", paper presented at the International Conference on "Slavery, Unfree Labour and Revolt in Asia and the Indian Ocean", A-vignon, France, 2001.

奴隶被解放后，其中多数仍然依附前奴隶主，以保证基本生活。① 如此一来，就很难确定在废除奴隶制后，奴隶与前主人的关系或奴隶生活环境发生了何种变化。东非曾盛行伊斯兰运动，这段历史证明，本土宗教信仰有时有助于融合。当然，宗教意识形态也可能阻碍融合。例如，最近的研究表明，在马达加斯加，由于当地的祖先信仰和习俗，解放后的奴隶及其后代会为原奴隶主家庭提供永久无偿劳动。②

解放后的奴隶仍被污名化。在欧洲殖民地，殖民者的种族观念和文化习俗常常会强化原奴隶与他人之间的社会距离。尤其是荷兰人和英国人，他们将处于统治地位的阶级描述为白人"种姓"。有些殖民者愿意与当地的精英阶层来往，但他们不会与原本为奴的人有任何接触，这类人的肤色通常比常人更深，没有受过什么教育，文化程度较低。③

伊戈尔·科皮托夫和苏珊娜·迈尔斯曾强调，与简单的分权政治相比，庞大复杂的社会更有可能会推行奴隶身份世袭制，并将"奴隶耻辱"合法化。④ 在马达加斯加、印度和中国华南地区，在废除奴隶制后的一段时间内，排斥奴隶、认为奴隶"不纯"的现象依然存在。前奴隶主仍使用"奴隶"这样的称谓称呼他们。⑤ 在其他地区，奴隶在解放后也被分门别类，不受社会尊重。有的奴隶有一些特有的体貌特征，会更加受到排斥和孤立。例如，在20世纪初，约有1万名"巴亚西拉人（Bayasirah）"生活在阿曼，他们地位低下，可能是奴隶后裔，也可能是早期也门人的后裔。⑥ 在非洲—中东—印度地区，有许多非裔奴隶社群，有着明显的非洲人的体貌特征。⑦

5.9 结语

印度洋奴隶制的研究在过去几十年中取得了巨大进展，但也深受大西洋奴隶制模式的影响，大西洋地区明确划分了白人蓄奴社会和黑人奴隶社会：非裔黑人奴隶主要在新世界的种植园和矿场工作，而白人蓄奴社会通过暴力进行统治和剥削黑人奴隶社会。受这种模式的启发，研究者希望能在印度洋找到类似的特征。因此，大部分对印度洋奴隶制的研究，都主要关注欧洲统治下的奴隶制和奴隶种

---

① Campbell, "Unfree labour"; Miers, "Saudi Arabia"; Klein, *Breaking the Chains*, p. 25; Campbell, "Abolition and Its Aftermath"; Kopytoff and Miers, "African 'Slavery'", pp. 26 – 27.
② Evers, "Stigmatization"; idem, "Solidarity".
③ Reid, "Introduction", p. 18.
④ Kopytoff and Miers, "African 'Slavery'", p. 42.
⑤ Eno, "Abolition of slavery"; Evers, "Stigmatization"; Watson, "Transactions in people", pp. 237 – 238, 246 – 247.
⑥ Sheriff, "Fallout".
⑦ Mirzai, Behnaz A., "African presence in Iran: identity and its reconstruction in the 19th and 20th centuries", *Revue Française d'histoire d'outremer*, 89, 336 – 337 (2002), pp. 229 – 246.

植园、非洲人,尤其是非洲男性,以及奴隶移民群体的经历。

  本研究清楚地表明,即使是在种植园和欧洲飞地,奴隶群体中存在很多不同种族,而在非种植园经济地区,被买卖的女性数量高于男性。针对非种植园地区本土奴隶贸易和奴隶制的研究相对较少,但印度洋大部分地区都是非种植园经济,因此与大西洋模式存在巨大差异。整体而言,非洲奴隶只占少数,而女性才是奴隶贸易的主体;各个地区的奴隶制结构也不同,并随着时间的推移而变化。此外,奴隶制形式与其他社会结构中的奴役形式重叠,这种社会实行依附等级制,每个阶层都服务更高的阶层,为较低的阶层提供保障。奴隶不一定处于社会的最底层,他们有改善生活和工作条件的机会。在有些社会中,奴隶比很多普通人的生活条件更为优越,拥有更多的财富。在很多印度洋地区,奴隶能够获得非奴身份,但有些人认为自由人的待遇比不上奴隶,如此选择实际上并不明智。在这样的社会系统中,个人自由的意义不大。若在现实社会中刻意追求自由,将会破坏许多人赖以生存的依附关系。

  印度洋地区奴隶制的研究存在几大空白区域:本土奴隶贸易和奴隶制度的历史,尤其是非穆斯林文化中的奴隶贸易和奴隶制度历史;非非洲裔奴隶、女性奴隶和儿童奴隶的经历;奴隶制经济的兴起以及印度洋全球经济的发展。

6

印度洋世界的契约劳工及新社会的形成

维亚亚拉克什米·蒂洛克（Vijayalakshmi Teelock）

6.1 导言

151 在印度洋历史中，契约劳工制度的确立至关重要。与同期其他移民运动相比，契约劳工移民是19世纪印度洋最重要的劳动力迁移现象：西南印度洋的英法殖民地和加勒比海都废除了奴隶制度；种植园经济快速发展，从18世纪开始就急需大量廉价劳动力。此外，所有其他获得劳动力的尝试（如引进印度囚犯和被解放的非洲奴隶）均以失败告终。虽然除了印度的劳工，我们还发现了数千名来自非洲大陆和马达加斯加的劳工，但人工蔗糖种植园需要大量劳动力，被解放的非洲奴隶和马达加斯加自由劳工的人数微不足道，而且非洲奴隶的死亡率极高。

152 除契约制度外，还有其他如肯加尼（kangani）和梅斯特里（maistry）[①]制度等自由或非自由的合同劳务移民，这些移民都与19世纪中叶的契约劳工移民有关。由于缺少相关资料和分析记录，印度洋契约劳工移民的确切数量尚不能确定。自1834年契约劳工移民在毛里求斯首次尝试获得"成功"之后，英国、法国和荷兰在太平洋和大西洋的殖民地都出现了较小规模的契约劳工移民现象。毛里求斯的移民入境站（该地在2006年被联合国教科文组织列入世界遗产名录）接纳了近50万名契约劳工。

19世纪中叶以来全球大规模移民浪潮这一背景是出现契约劳工移民现象的重要前提，其中印度契约劳工移民至关重要（除契约劳工外，行政人员、贸易群体和其他合同劳工的迁移也至关重要）。[②]

早期学者倾向于研究契约劳工的招募机制、契约的法律框架以及契约"体系"。现在，研究重点转向包括印度人在内的契约劳工的经历、在迁入国的定居以及融合的特点和程度。许多印度契约劳工在契约期限届满后返回印度，但至少

[①] kangani 是泰米尔语 kankani 的英语形式，意思是招募马来亚人的监工。maistry 也源自泰米尔语，意思是招募缅甸人的监工。

[②] Clarke, Colin, Ceri Peach and Steven Vertovec (eds.), *South Asians Overseas: Migration and Ethnicity*, Cambridge, UK: Cambridge University Press, 1990.

有60%的劳工留在了迁入国。① 鉴于此，具有印度血统的人口数量在迁入国日益增加，并逐渐融入当地社会、经济、文化和政治等各领域。人口比例、经济实力以及与祖籍国的相对距离等因素决定了他们是否能成功融入迁入国社会。学者们对移民从契约劳工向定居者和公民身份的转变过程开展了相关研究。② 尽管契约劳工在各国的经历十分重要，学者们同时也关注着他们经历中的移民群体及"移民群体想象"。③

什么是契约劳工？若不了解在劳工移民中其他合同劳工与契约劳工之间的差异，极有可能导致理解上的偏差。我们必须认识到，19世纪存在不同法律类别的合同劳工，这些类别之间差异巨大，我们需要了解这些差异，因为它们会以不同的方式影响移民的经历。基于方法论的角度，将所有劳工移民视为一个同质群体是错误的，定义也必将莫衷一是。例如，对契约劳工缺乏一个广泛认同的定义会导致翻译过程中术语的不精准。"契约"（indenture）一词在法语中被翻译为engagé，但实际上engagé指的是"合同"劳工。玛丽娜·卡特（Marina Carter）在对毛里求斯的契约劳工调查时提出了"契约"的定义，在毛里求斯和其他英国殖民地的学者中获得了共识。④ 因此，"契约服务的法律效力主要来自于《主仆法案》……表面上规定了双方的权利和义务，实际上却只规定了工人违反契约的刑罚"⑤。

尽管该定义的范畴有其局限性，如把东南亚地区移民和向肯尼亚与莫桑比克迁徙的契约劳工移民排除在外，本文仍采用了该定义。因为我认为，迄今为止还没有任何比较研究涵盖东非、西南印度洋诸岛和东南亚合同劳工。因此，本研究的重点是1826—1922年间在印度洋地区迁徙的契约劳工，不包括其他形式的合同劳工，如在肯加尼和梅斯特里制度下迁往斯里兰卡和东南亚的劳工。诺斯拉普（Northrup）认为1834年前往毛里求斯的移民是第一次具有重要意义的移民⑥，但实际上早在19世纪20年代就有数百名印度和中国移民作为劳工被送往留尼汪和毛里求斯。相比于肯尼亚和马达斯加等印度洋国家，特立尼达、圭亚那和牙

---

① 印度契约劳工留在迁入地如牙买加、斐济、特立尼达、圭亚那、瓜德罗普岛、马提尼克岛的人口分别占其迁入该地时的62%、60%、70%、75%、80%。

② 例如，Shepherd, Verene, *From Transients to Settlers: The Experience of Indians in Jamaica 1841 - 1950*, Leeds, Peepal Tree Press, 1994; Bhana, S., *Setting Down Roots, Indian Migrants in South Africa, 1860 - 1911*, Johanesburg: Witwatersrand University Press, 1990; Deerpalsingh, S. (ed.), *Desi Roots—Diaspora Looking Back*, Port Louis: MGI, 2002.

③ Mishra, Vijay, *The Literature of the Indian Diaspora, Theorizing the Diasporic Imaginary*, London: Routledge Research in Postcolonial Literatures, 2007.

④ Survey of Indentured Sites in Mauritius, National Heritage Fund, Mauritius.

⑤ Munro, Doug, "Patterns of resistance and accommodation", Lal, Brij V., Doug Munro and Edward D. Beechert (eds.), *Plantation Workers: Resistance and Accommodation*, Honolulu: University of Hawaii Press, 1993.

⑥ Northrup, David, *Indentured Labour in the Age of Imperialism, 1834 - 1922*, Cambridge: Cambridge University Press, 1995, p. 15.

买加等英属加勒比海殖民地的契约劳工体系与毛里求斯和留尼汪更为接近，因为它们都受相同法律的管制，或者各自的政府密切共享迁移过程的信息，并制定了相似的策略和政策。

在这些殖民地中，印度洋国家的蔗糖产业也是一个关键因素。蔗糖出口到欧洲，成为外汇收入的主要来源；蔗糖产业决定了人们的生活和工作周期，甚至决定了他们在契约结束后是否继续定居。在这些国家以及契约劳工离散的其他地方，制糖业催生了独特的生活方式，种植园成为他们生活和新"家园"的重中之重。

6.2 契约劳工移民

契约劳工移民现象由来已久。据估计，在 18 世纪，到达美国的欧洲移民中有一半以上是契约劳工。① 诺斯鲁普等学者研究了 18 世纪、19 世纪以及其他契约体系之间的异同，它们都是独立的体系，运作时或多或少都有所不同。尽管 19 世纪的移民与之前的移民有所不同，他们之间也没有历史联系，但在概念或思想层面却存在重叠之处：我们可以把他们看作是从十七八世纪发展到 19 世纪的劳动力体系的"连续体"。早期形式的欧洲契约制度为非洲奴隶制所取代，随后又出现了亚洲契约劳工。这些制度有时是并存的：例如，在废奴之后，为了将奴隶继续留在种植园，出现了学徒制，与此同时，契约劳工制度开始形成。诺斯拉普研究发现，美洲的英国契约劳工先后被非洲奴隶和亚洲契约劳工所取代。这些都是为殖民地招募劳动力的尝试。

雇主选择契约劳工输出国的标准总是相同的：第一，成本低廉；第二，强制性；第三，数量大。无论是从招聘方法、合同类型、违反契约后的惩罚，还是从体罚胁迫手段来看，这些劳动都称不上是完全自由的。

休·廷克（Hugh Tinker）的《奴隶制新体系》一书引发了长期的争论，即契约劳动是否属于自由劳动。诺斯鲁普认为，契约劳动与奴隶制不能简单地相提并论，但他认为契约劳动是"自愿的奴役"。② 如果人们忽视契约劳动在毛里求斯、特立尼达或斐济的真实情况，就可以讨论这种劳动的自愿程度。与 19 世纪的其他合同劳工一样，契约劳工是这场游戏中的底层玩家，而其他玩家则是伦敦、巴黎、加尔各答、乔治城或路易港的当权者，契约劳工的命运早已被决定。③ 我们可以发现，现代雇主打着同样的主意：找到能大量输出劳动力的国家，他们供应的劳动力不仅最廉价，而且纪律性最强、最容易被压榨。

关于官方移民条例的资料很多，但涉及移民个人日常生活的信息却很少，因

---

① Northrup, *Indentured Labour in the Age of Imperialism*, p. 4.
② Ibid.
③ Ibid., p. 6.

此重建这段异质群体历史的任务非常困难。旅行者的笔记充满了偏见和家长式风格，使用时往往会出现问题。毛里求斯拥有极为丰富的移民档案，详细记录了往来船只信息，同时配有图片，对相关研究大有裨益。但是，毛里求斯对这些记录设定了阅览权限，研究人员不能自由地获取这些档案开展研究工作。南非和留尼汪也有类似的记录，但丰富程度远不及毛里求斯。这些国家都记录了相关信息——不但包括印度劳工移民的资料，还包括来自非洲和中国的劳工的资料，如表6.1 所示。

表6.1 契约劳工移民的时期、数量、来源和目的地

	印度	中国	日本	太平洋	非洲	欧洲
毛里求斯（1834—1911）	453 063	816				
东非（1896—1921）	39 437					
塞舌尔（1904—1916）	6 315					
留尼汪（1861—1883）	75 636	1 265			34 219	
南非（1860—1906）	152 184	63 695				
英属圭亚那（1838—1916）	238 909	13 018			14 575	32 216
特立尼达（1845—1916）	143 939	2 659			18 360	897
牙买加（1845—1913）	36 412	1 152			1 196	4 466
格林纳达、圣卢西亚、圣基茨、圣文森特（1856—1895）	10 359					
苏里南（1873—1916）	34 304	2 839		19 330		480
瓜德罗普、法属马提尼克岛、圭亚那（1864—1916）	71 645	2 129			18 400	1 180
斐济（1864—1916）	56 000			27 027		
昆士兰（1863—1904）				62 475		
夏威夷（1898—1923）		34 309	65 034	2 444		13 401
秘鲁（1898—1923）		98 500	17 764	2 116		

注：数据编译自 Northrup, David, "Understanding the Indian indenture experience", *South Asia*, vol. XXI, Special Issue（1998），p. 215; Govindin, Sully-Santa, *Les Engagés Indiens: Île de la Réunion*, St Denis: Azalées Éditions, 1994.

西南印度洋，尤其是留尼汪、毛里求斯和南非的契约劳工移民史可以分为四个阶段。这三个国家都有殖民奴隶史，因此可以进行许多有趣的比较。第一个阶段是 17 世纪至 1835 年（毛里求斯和南非废除奴隶制）和 1849 年（留尼汪废除奴隶制）的奴隶制时期。此后，法国招募了大量契约劳工用于各种建设和基础设施工程。第二个阶段是废除奴隶制和引进契约劳工的时期，直到留尼汪于 1885 年、毛里求斯和南非于 20 世纪 20 年代分别废除了契约劳工制度。第三个阶段是 20 世纪 20 年代起移民开始融入当地社会文化，直到 1946 年留尼汪成为法国海外省，1968 年毛里求斯独立建国以及 1994 年南非废除种族隔离。最后的一个阶段即是迄今为止的后殖民时期。

6.3 研究概览

早期研究倾向于从印度移民的角度来看待契约劳工移民问题，且未区分契约劳工和其他形式的移民。其中，部分研究的目的只是满足官方了解移民情况的要求。坎普斯顿（Cumpston）的《截至 1910 年印度向英国热带殖民地移民的调查》是最早、最全面的研究之一。[①] 随后，休·廷克发表了关于印度向前奴隶殖民地移民的全方位研究。他认为，契约劳工制度在许多方面与奴隶制相似，这一结论引起了巨大轰动，学者们至今仍对此争论不休。近年来，修正主义者自身也在自我修正。印度历史学家怀有强烈的爱国主义情感，坚信印度作为一个地区大国，对海外印度人承担着某种责任，发表了诸多关于印度裔外国人（People of Indian Origin）（上溯四代内从印度移居外国的非印度公民——译者注）的著述。然而，近年来关注的重点转向了非常住印度人（NRIs）（移民外国的印度公民，一年离开印度超过 180 天——译者注）的"新迁移"。

在迁入国，尤其是毛里求斯、特立尼达和圭亚那，契约劳工构成了人口的重要部分。这些国家的作者饱含强烈的民族主义情感。他们没有进行调查式写作，而是书写自己的国家，书写自己作为契约劳工的儿子和孙子的经历以及对未来的展望。这些个人关于契约劳工的著作与英美人和印度人的视角形成鲜明对比，后者侧重于迁移过程结构、统计数据和经济史的研究。

20 世纪 80 年代和 90 年代，第二波的历史写作热潮出现。诺斯鲁普在 1995 年写的《帝国主义时代的契约劳工移民 1834—1922》一书影响最为深远。该书侧重于大西洋和太平洋地区，认为契约劳工移民更接近于同时期的自由移民，而不是奴隶。后来又出版了一系列调查报告，最新的当属布理杰·拉尔（Brij Lal）于 2006 年出版的《印度移民百科全书》。该书收录了来自移民群体的历史学家的

---

① Cumpston., I. M., "A survey of Indian immigration to British tropical colonies to 1910", *Population Studies*, 10, 2 (November 1956), pp. 158–165.

作品。然而，20世纪50年代和2006年之后的调查表明，种族政治情况已经发生了巨大的变化，大量印度裔外国人移民到欧洲和美洲。很多文献表明，在迁入国的公共生活中，无论是契约劳工还是商人团体的后代，印度移民的社会地位和存在度都很低。在乌干达、坦桑尼亚和马达加斯加发生的相关事件表明，跨文化关系尤其是种族间的关系实际上非常脆弱。因此，后来的研究以及针对个别国家的研究使研究者深受打击：这些研究出于怀旧之情，渴望还原一段完全被世界遗忘的历史，然而，连印度也已将契约劳工移民忘却了，因为英美和印度地区的历史学家和学术界人士已经果断地将视线转向了非常住印度人。

这些研究中描述得最细腻的著作来自斐济和加勒比海地区。维杰·米什拉（Vijay Mishra）的著作深受个人经历、斐济政治事件以及契约劳工后裔不断离世的影响，讲述了一个令人沮丧的故事，他在书的开头写道："所有离散的人都郁郁寡欢。"对他而言："离散者指的是那些身份没有被认同的人。"这也是对他的书以及众多离散文学作品的总结。的确，考虑到契约劳工后裔生活中已经发生并继续发生的悲痛经历，对契约劳工的结构和理论分析在他提出的问题面前变得微不足道。①

然而，近年来，研究契约劳工的学者的著作大多都只关注单个国家，并在一定程度上受到后现代主义学派的影响。道格·芒罗（Doug Munro）认为，在太平洋地区，合同劳工贸易已成为研究的重点，但印度洋地区则不同，关于契约劳工移民过程的详细研究少之又少。这可能是因为很少有历史学家可以获得关于契约劳工的相关资料。② 但是，太平洋和印度洋的学者都致力于为契约劳工发声，证明他们在契约制度中发挥着重要作用。因此，有一段时间"中介"成为研究的焦点。但是现在，我们把契约劳工看作一个整体，但这并非大多数移民的实际情况。关于印度洋各国历史的著作很少，但质量很高。以毛里求斯为例，玛丽娜·卡特（Marina Carter）的《监工、奴隶和定居者》和理查德·艾伦（Richard Allen）的《殖民时期毛里求斯的奴隶、自由民和契约劳工》③ 都是出色的作品。这些作品缜密地考察了劳工来源、殖民政策和经济动力等诸多因素，这些因素影响着契约体系的形成、契约劳工及其后代的生活。这些作品不考虑当代事件，也不受其影响。尽管这些国家开展了一些原创研究，但与奴隶制研究相比，契约劳工研究明显缺乏制度性推动力。④

因此，该地区"以岛屿为中心"的历史研究有所增加。太平洋地区出现了

---

① Mishra, *The Literature of the Indian Diaspora*, p. 1.
② 毛里求斯国家档案馆有大量关于契约劳工抵达的资料，但自从玛丽娜·卡特的作品出版后，毛里求斯国家档案馆制定了限制性政策，因此就没有针对移居到毛里求斯的契约劳工进行定量研究。
③ Carter, Marina, *Servants, Sirdars, and Settlers: Indians in Mauritius, 1834–1874*, Oxford: Oxford University Press, 1995; Allen, Richard B., *Slaves, Freedmen and Indentured Labourers in Colonial Mauritius*, Cambridge: Cambridge University Press, 1999.
④ 因此，毛里求斯大学于2008年9月设立了奴隶和契约劳工研究中心。

一个重点关注劳工迁移过程的"堪培拉学派",如拉尔夫·史洛莫维茨（Ralph Shlomowitz）使用定量分析研究印度契约劳工移民高潮,彼得·理查德森（Peter Richardson）把劳工迁移过程作为世界政治经济表现进行研究。印度洋地区没有相应的"思想流派",南非、毛里求斯和留尼汪的学者似乎更加关注契约劳工后代的经历,包括他们在政治、经济和社会方面的发展。在留尼汪,圣·苏里·格温敦（Santa Sully Govinden）、让·瑞吉·拉姆萨米–纳达拉辛（Jean Regis Ramsamy-Nadarassin）和苏德尔·福玛（Sudel Fuma）等学者对留尼汪的契约劳工史提出了很多观点。然而,留尼汪的契约劳工史编纂学似乎以"秘密的"方式进行,以免触犯官方政策。在南非,苏伦·巴纳（Suren Bhana）、古兰姆·瓦希德（Goolam Vahed）、乌玛·麦思里（Uma Meshthrie）和乔·比尔（Jo Beall）是该领域中最声名卓著的历史学家。

但是,研究范围似乎越来越窄。人类学家进入这一领域后,只关注小部分群体,将其他群体排除在外,缺乏更为广阔的历史性考察;历史编纂学的主题则包括招募过程、契约劳工的文化构成、社会结构、政治权力和社群发展。①

许多著作讨论了印度移民后代中"存在度"较高的次级群体,而对存在度较低的次级群体则着墨甚少。这是因为缺乏深入的研究,并且仅使用了容易获得的20世纪官方人口调查类别和数据,而不是契约劳工来源地的历史资料。因此,学者对来自印度的契约劳工与印度自由人、次区域群体与次语言群体、部落族群与非部落族群都没有做任何的区分。简而言之,除布理杰·拉尔（他确定了250个向斐济提供契约劳工的印度地区）外,从事这项研究的学者对南亚不甚了解,孟加拉移民、部落族群或亚种姓群体,几十个不同语言的族群都被完全忽略了,还没有人研究它们的影响和经历。就像早期史学家对奴隶的研究一样,对人口调查类别不加批判的使用导致研究人员将契约劳工视为一个同质的群体。

但是,即使研究中使用了详细分类,也出现了很多问题。人类学工作始于国家独立运动和民主运动不断反抗传统殖民秩序的时代,英国政府在管理多元文化社会时遇到了巨大挑战。在毛里求斯,当局对岛屿和印度裔毛里求斯政客知之甚少,因此不得不依靠人类学家提供的数据。与20世纪60年代一样,现今人们应关注历史学和人类学研究所产生的后果和影响及其在政治上的应用。非本地的学者和研究人员都必须牢记这一点,因为有时他们可能不知道甚至也不关心自己的研究起到了什么样的作用。伯顿·本尼迪克特（Burton Benedict）于1967年发表的《毛里求斯的种姓制度》就是典型案例。鲍翰切特（Ballhatchet）称,英美两

---

① 参见,Carter, *Voices from Indenture*: *Experiences of Indian*.

国政府资助了本尼迪克特对毛里求斯种姓制度的研究。① 但在毛里求斯追求独立的政治进程中，该研究到底起到了怎样的作用，目前仍众说纷纭。

然而，撇开政治不谈，人们关注到了来自加勒比海地区印度社群的学者所进行的文化解剖，南非则相对较少，因为该国印度人口较少。留尼汪还涌现出一些关于文化演变的文献，非洲裔人士提出了"克里奥尔性"（Creolité）。与此类似，留尼汪的印度裔族群为了保持自己的独立身份，提出了"马拉巴尔性"（Malbarite）。让·瑞吉·拉姆萨米－纳达拉辛有关留尼汪岛上印度姓名起源的著作清楚地表明了这一点。法国的文化政策似乎与印度裔留尼汪人的意愿格格不入。留尼汪是法国的海外省，因此在岛上进行的研究完全由法国政府资助。

有大量研究分析印度契约劳工的社会结构和社会历史，以及政治意识和等级制度，但关于非洲契约劳工的研究却寥寥无几。理查德·艾伦分析了经济和政治结构，他在《殖民时期毛里求斯的奴隶、自由民和契约劳工》中展现了毛里求斯的"社会和经济的变化动态"，从而完善了蔗糖种植殖民地的历史。本地、印度以及大城市的资本塑造了毛里求斯的经济和社会历史，但很少有人对它们的作用进行研究。理查德·艾伦认为，经济史学家一度忽略了19世纪60年代最重要的发展，即印度小规模种植阶级的崛起。缺乏跨学科分析是毛里求斯学者的严重弱点，但庆幸的是还有一些像理查德·艾伦这样的杰出学者。拉吉·维拉萨米（Raj Virahsawmy）和丹尼尔·诺斯·孔庇斯（Daniel North Coombes）只是泛泛地研究了印度小规模种植阶级的出现，而理查德则研究了与国际经济的联系。

毛里求斯和南非国内对契约劳工及其后代高涨的政治意识产生了强烈而持久的兴趣。在毛里求斯，契约劳工后代在短短50年内就成了总理并担任了其他要职，而南非契约劳工及其后代的政治意识则受到了种族隔离法律和圣雄甘地作品的影响。在毛里求斯，在缺乏参与政治的相关政治团体和个人（包括主要领导人）相关资料的情况下②，拉姆苏伦（P. Ramsurrun）、巴克托瓦尔（L. Bucktowar）和阿米特·米什拉（Amit Mishra）试图追溯印度移民政治意识的历史。在南非，比尔·弗洛恩德（Bill Freund）考察了印度工人阶级和工会；理查德研究了中国契约矿工。最近，苏仁达·巴纳（Surendra Bhanna）和古兰姆·瓦希德研究了政治参与、身份认同和宗教的各个方面。瓦希德通过分析"穆哈拉姆节"（Muharram Festival），研究改革派运动的扩张如何导致南非境内印度伊斯

---

① Ballhatchet, Kenneth, "The structure of British official attitudes: colonial Mauritius, 1883 – 1968", *The Historical Journal*, 38, 4 (December 1995), pp. 989 – 1011, 其中参考了 Burton Benedict, "Caste in Mauritius", in Schwartz, Barton M., *Caste in Overseas Indian Communities*, San Francisco: Chandler Pub. Co., 1967.

② 难以置信的是，没有任何口头或书面材料记录毛里求斯第一任首相的思想和回忆录，该位首相是契约劳工的儿子。

兰教的变迁,认为其与毛里求斯有很多相似之处。①

留尼汪政府直到最近才承认契约劳工和奴隶制历史,它将保留"印度性"视为一个问题,政府继续实行同化政策,将奴隶制和契约劳工制度归于一个主题。之前有人预测留尼汪印度裔会经历"文化融合",前景黯淡,但由于当地文化团体活动十分活跃,留尼汪、毛里求斯和印度之间的互动日益增加,这一预言并没有成为现实。越来越多的留尼汪人开始参加每年11月2日举办的契约劳工登陆的纪念仪式。

维伦·谢泼德(Verene Shepherd)指出,印度人融入的程度并不取决于绝对人口数字,而是取决于在该国的分散程度。她把圭亚那和特立尼达的情况与牙买加进行了对比,圭亚那和特立尼达的契约劳工被限制在一个狭窄的地理空间中,他们能够聚集并保持文化传统,而牙买加的种植园分布非常广泛,契约劳工无法维持"文化存在感"。②对多元化的高度容忍缓和了潜在的紧张关系,人们认为展现族群身份的活动对主流文化并未构成威胁。③ 她认为,民族主义是一种"追求",而不是现实。

但是,地理上的分散并不意味着自动丧失了文化传承或族群身份。很多群体对外展现出"印度性"特征(即人类学术语中的"标示物"),例如积极使用印度语言、强烈的宗教信仰和种姓,对内则坚守自己的族群身份,不提倡与其他群体通婚和混居。毛里求斯的印度裔便是如此。来自安得拉(Andhra Pradesh)、马哈拉施特拉(Maharashtra)和马德拉斯(Madras)的不同语言族群重建了各自的社区,在契约到期后的数十年里仍保留其语言和特定地区传统,并鼓励在同一语言、文化社群内通婚。19世纪末,据英国人估计,印度社群克里奥尔化的速度约为6%。④ 最近没有进行过这样的评估,但现今的速度应该会更快。尽管不同区域和次种姓族群之间通婚,毛里求斯的种姓矛盾仍不断加剧。各族群仍坚守各自的传统,甘地研究中心不让研究者轻松获得印度移民档案,这就能证明如今毛里求斯的种姓问题仍然十分普遍。⑤

自玛丽娜·卡特的相关研究问世以来,鲜有研究关注毛里求斯的契约劳工家庭情况,但对契约劳工性别的研究却十分流行。乔·比尔发表的有关南非契约劳工妇女的论文被引率居高不下,但始终未见代表性的专著。比尔研究了纳塔尔地区妇女所发挥的作用。他认为,妇女在经济、生产和再生产方面都是非常重要的

---

① Vahed, Goolam, "Contested meanings and authenticity: Indian Islam and the Muharram performances in Durban 2002", Sephis Research Project.
② Shepherd, *From Transients to Settlers*, p. 16.
③ Ibid, pp. 251 – 253.
④ Census of Mauritius and its dependencies 1891, Port Louis 1911. 克里奥尔化指的是与其他非印度族群通婚,或者与说不同语言或种姓的印度族群通婚,甚至皈依基督教。20世纪40年代和50年代,为了获得政府机构和私营部门的就业机会,出现大规模皈依基督教和改名的现象。
⑤ 参见:*Mauritius Truth and Justice Commission Report. Volume 1*, Mauritius Government Printing, 2011.

劳动力,对推动资本积累产生了重要影响。但是,因受制于刻板印象,她们经历了家庭和社会内性别关系的"双重建构"。布理杰·拉尔在关于斐济的著作中表达了类似观点。他认为:"她们不是贞洁的女英雄,但也不是不道德的母兔。"①然而,比尔批评布理杰·拉尔的分析过于狭隘。诚如比尔所言,拉尔将研究局限于契约劳动对妇女产生的影响,而不是分析性别角色和两性关系。大多数历史学家在分析研究时都使用殖民地办公室发布的档案材料,即官方记录,在斐济也是如此。但是,此类分析研究需要更深入的信息,如大量的特定案例、事件和详细的家族史。只有对材料之间的关系有深入的了解,才能做出正确、公正的分析。在毛里求斯的档案资料中,大部分都是与刑事案件有关的官方文件。因此,有关研究可能无法获取所有的细节,导致做出错误的解释。比尔在分析布莱恩·摩尔(Brian Moore)的女性研究时指出,使用官方材料会存在一些问题。摩尔认为,与南非不同,圭亚那妇女人口的匮乏使她们拥有了更大的权力并"增强了她们的独立性"。②比尔批评他"运用材料不加批判,因此得出一些错误的结论,例如他认为服从不是因为严苛的契约条件,而是女性的天性"。

比尔对契约劳工妇女的独立性概念提出了质疑。她向特立尼达研究专家罗达·瑞道克(Rhoda Reddock)提出疑问:流动性是否意味着独立性?这些妇女决定移民以摆脱贫困的生活,是真正意义上的独立吗?如何将贫困生活解释为一种"独立"?瑞道克也表示,在契约结束后,印度裔重建家庭,父权制得以恢复,妇女就失去了这种"独立"。现今有大量的个人家族史微观研究可以反驳这种笼统的说法。在毛里求斯,如果几年后综合考虑这些问题,就能更清楚地解释为什么在契约束缚下的女性仍被赋予权利,提供比官方更为平衡的观点。因为目前的研究假定所有契约劳工家庭在契约结束后都恢复了父权制家庭制度,所有印度人都属于同一个族群,但事实并非如此。

比尔在研究南非时表示,社群的再创造在政治上既是一种进步力量,也是一种保守力量,"文化价值的持久效力……已经成为南非印度人社会凝聚力的来源"。③她还批评瑞道克的观点,认为:"不加批判地从西方女性主义角度出发,将印度家庭视为妇女压迫的中心地带。""契约制度并没有让女性得到暂时的喘息,她们还是一直在困难和压迫中挣扎,也没有成为独立的自由人,获得发展的机会。"④

研究奴隶制的有关学者已深入讨论过抵抗和适应的问题。但是,对契约劳工

---

① Lal, Brij, "Kunti's cry: indentured women on Fiji plantation", *Indian Economic and Social History Review*, 22 (1985), pp. 55 – 71.
② 转引自 Beall, Jo, "Women under indenture in colonial Natal, 1860 – 1911", in Clarke, et al., *South Asians Overseas*, pp. 57 – 74.
③ Beall, "Women under indenture", p. 73.
④ Beall, "Women under indenture", p. 73.

抵抗和适应的研究则很少，而且往往采用奴隶制研究的范式。采用同样的研究方式会导致同样的误区。研究印度洋的著作中，没有能够与道格·芒罗（Doug Munro）、布理杰·拉尔和爱德华·比彻特（Edward Beechert）研究太平洋的著作相提并论的。研究太平洋的学者就抵抗和适应提出十分多元的观点。芒罗对抵抗研究的批判对研究毛里求斯和印度洋是有帮助的，即它们不是对立的行动路线，而是同一硬币的两面，二者构成了一条连续的行动路线。契约劳工没有发生像奴隶制那样的大规模起义，这让历史学家百思不得其解。契约劳工和奴隶一样，都没有留下自己的资料，这就让解释动机变得困难重重。罗伊最近研究了承包商和萨达尔（sardar，亦称 kangani，maistry 或 sirdar）的作用。萨达尔负责监督蔗糖种植园的工人，该角色在印度出现，在殖民地得以延续。他们有较高的薪资，因此能让孩子接受教育，成为未来的领导者。如果缺乏详细信息，如何研究他们的想法？如果没有关于契约劳工、种植园主人及中间人关系的实证数据，如何研究他们的作用？因此有关抵抗和适应的文献很少是情有可原的。整合口述历史是契约劳工研究者必须做的，今天仍然可以在蔗糖种植园里收集和观察到一手口头资料。

具有讽刺意味的是，学术界认为契约劳工史中并没有类似全面叛乱的反抗，而更倾向于通过日常生活中"不接受"现状的形式来反抗。研究特立尼达的库萨·哈拉辛格（Kusha Haraksingh）、《斐济种植园的不抵抗》的作者布理杰·拉尔以及《麻烦的奴仆》（关于澳大利亚的作品）的作者凯·桑德斯（Kay Saunders）都为契约劳工的抵抗研究贡献良多。① 在毛里求斯，皮瑟姆父子（Peerthums）将类似于黑奴逃亡的流浪行为解释为抵抗。他们发表了许多关于契约移民中的奴隶逃亡和流浪行为的著作。还有很多历史研究围绕一处遗址展开，该遗址囚禁了成千上万的契约"流浪者"。②

在所有契约殖民地中，斐济的情况是最糟糕的。布理杰·拉尔指出："工作更加繁重，对劳工的迫害更为频繁，契约劳工的自杀率也是世界上最高的。简而言之，斐济的契约劳工体系是最糟糕的。"③ 殖民地社会试图改造劳工，以满足经济和社会需求。人们注意到，在抵制殖民地改造的过程中，文化能够发挥巨大作用。拒绝西化可以被视为一种抵抗。由于担心会改变宗教信仰，早期的契约移民父母拒绝将子女送入正规学校就学。一些人继续保持传统穿着，并改良了印度服饰。这可以解释为另一种形式的抵抗（甘地就是最典型的例子）。拒绝穿着欧

---

① Saunders, Kay, "Troublesome servants: the strategies employed by Melanesian indentured labourers on plantations in colonial Queensland", *Journal of Pacific History*, 14, 3 (1979).

② Teelock, V., et al., *The Vagrant Depot*, Port Louis, Maur.: AGTF, 2005.

③ Lal, Brij, "Non resistance on Fiji plantations: the Fiji Indian experience, 1879-1920", in Lal, Brij V., Doug Munro and Edward D. Beechert (eds.), *Plantation Workers: Resistance and Accommodation*, Honolulu: University of Hawaii Press, 1993.

洲服装的例子不胜枚举。但我们要明白，文化是一把双刃剑：雇主也可以利用文化来对付工人，将不提供厕所和洗漱区域等设施的行为合理化。这些问题都有很大的研究空间。布理杰·拉尔的"不抵抗"概念极具开创性，他使用了大量的实证证据，收集了移民的详细信息，移民来自于 250 个地区，具有多元的社会地位。酋长（Sirdar）在其中扮演了"鹰犬"角色——他们基本上是"契约劳工最大的敌人"。

几十年来，迁入国一直对社区发展有着强烈的兴趣。为了应对层出不穷的当代问题，身份认同、族群联系等议题应运而生。在斐济，军事政变引发了对印度契约劳工后裔影响力的再思考。留尼汪试图压制族群身份以支持国家认同，但结果却适得其反。毛里求斯与印度次大陆地理位置接近，因此除印度外，印度文化在该地最具活力，涌现出大量文学和历史作品。但支持印度文化的政治和社会力量过于强大，阻碍了毛里求斯文化的多元化发展。在南非，这些问题同样存在，契约移民后代不仅要在种族隔离政策影响下的多元文化环境中工作，还要思考作为南非公民的角色。但是，与深受印度影响的地区相比，如果该地文化存在感较低，位置偏僻，就更容易形成并保存地道的原有文化。例如，毛里求斯在地理上靠近印度，近 30 年来，毛里求斯人和印度人频繁穿梭在两国之间，许多毛里求斯人进行所谓的"印度教–印度人"仪式，拒绝"克里奥尔化"行为，以保持纯正的印度风格。如果一个学者自身没有受到身份认同和族群联系等议题的影响，他是否理解回应这些当代议题的必要性是个问题。若迁入国的历史学家提出与传统学术界不同的历史观点，他们通常会被贴上狭隘地方主义的标签。

因此，20 世纪 30 年代到 60 年代，印度洋学者通常会忽略理论范式的发展，更关注对契约劳工祖先文化的保护和政治影响力的攫取。① 以毛里求斯为例，这些后代本质上是追寻"既是印度人又是毛里求斯人"的意义，这与之前关于什么是真正的毛里求斯人的论述截然相反。这些学者不接受当代的观念，即要成为一个毛里求斯人，就必须从根本上西化并皈依基督教。他们的著作深受"文化战争"的影响。维兰吉尼·穆纳辛格（Viranjini Munasinghe）分析了特立尼达的情形后得出结论，认为特立尼达人拒绝接受殖民社会分配给他们的角色。更重要的是，这些学者选择用试图同化他们的人的语言，既显示了对其他文化的开放态度，又表明他们可以在吸收其他文化的同时不失去自己的文化特质。因此，尽管这些著作未必是严格意义上的历史作品，但当中有一些影响深远，表明受过教育

---

① 著作包括 Beejadhur, A., Les Indiens á l'île Maurice 1935；Le Centenaire de l'arrivée des Immigrants Célébré avec Enthousiasme, in *Mauritius Times*, 10 August 1990, pp. 3 – 4；Hazareesingh, K., *A History of Indians in Mauritius*, Port Louis：The General Printing and Stationery Co. Mauritius, 1950；Kondapi, C., *Indians Overseas*, *1838 – 1949*, Delhi：Indian Council of World Affairs, 1951；Hazareesingh, K., "The religion and culture of Indian immigrants in Mauritius and the effect of social change", *Comparative Studies in Society and History*, 4, 1 (1966), pp. 241 – 247.

的契约劳工后代对契约劳动和印度性的看法与观点。

20世纪70—80年代,毛里求斯涌现出一批历史学家,他们尝试宣传历史并创造"人民的历史"。他们的目的是唤起社会对毛里求斯历史的关注,并且能够公开讨论这段历史。因为奴隶制和契约劳工在当时的毛里求斯是禁忌话题,许多奴隶和契约劳工后代不愿与贫穷和压迫联系在一起。萨达·瑞迪(Sada Reddi)、乔斯林·陈·罗(Jocelyn Chan Low)和萨坦德·皮瑟姆(Sateeanand Peerthum)等历史学家在报纸上发表文章,并就奴隶制和契约劳工史发表演讲。这些作品强调逃亡黑奴的英雄主义精神,以及奴隶和契约劳工对经济的贡献。但是,他们均隶属于某个政党,政治目的较为明显。此前研究契约劳工的历史学家倾向于让著作更富文学性,但这些学者不同,他们受过专业训练,在研究中能够提供实证性证据。这一时期,人们做出了许多影响深远的决定,例如拯救已完全被遗弃的契约移民档案、举办首届印度移民国际会议(1984年)等。如此多的英美、印度和迁入地区的学者汇聚一堂,共同讨论契约劳工问题,这恐怕是历史上的第一次。论文集《海外印度人》收录了所有会议论文,并陆续出版了一系列作品①,如三卷本的《印度移民文章精选》和甘地研究中心出版的《劳务移民图片集》等。②

还有其他一些关注移民及移民经历的定期出版物。20世纪90年代,许多毛里求斯人远赴印度寻根,家族历史成为新的兴趣点。历史学家对个人历史产生兴趣,个人史和地方史的研究开始影响和引导学术方向。事实证明,这是一种有趣的方法论工具,我们可以将个人历史和抽象的契约劳工史结合起来:移民是活生生的面孔,有自己的名字,而且移民的后代正在参与重建历史。这种方法可行的原因是毛里求斯是一个小国,流动性不高,人口聚集。

有一些更具针对性的微观研究能够补充现有历史,由此诞生了一种新的历史编纂学。毛里求斯历史专业的大学一年级学生会被分配一项长期任务——重建一个家庭或村庄的历史。有一个案例:我的一名学生采访了她的祖母,她因此得知她的曾祖父是乘着一艘西班牙船来到毛里求斯的。我当时碰巧正在阅读玛丽娜·卡特的《最后的奴隶》,该书讲述被解放的非洲人来到毛里求斯的事迹。书中的一个非洲移民与我学生的姓是相同的。③ 学生的祖母讲述的与书中介绍的相差不远:她的曾祖父是一个非洲人,他从印度洋上一艘非法贩卖奴隶的船只中被解救

---

① Bissoondoyal, U. (ed.), *Indians Overseas: The Mauritian Experience*, Moka, Mauritius: Mahatma Gandhi Institute, 1984.

② Deerpalsingh, Saloni, J. Ng. Foong Kwong, V. Govinden and V. Teelock, *Labour Immigrants in Mauritius*, Mauritius: MGI, 2001; Deerpalsingh, S. and M. Carter, *Select Documents on Indian Immigration*, vols. 1 – 3, Moka: MGI, 1994 – 1996.

③ Carter, Marina, V. Govinden and S. Peerthum, *The Last Slaves: Liberated Africans in 19th Century*, Port Louis: Mauritius Centre for Research on Indian Ocean Societies, 2003, p. 52.

出来，然后被带到了毛里求斯。更令人兴奋的是，我们还发现了他的一张照片！通过这个故事，我想表达的是，个人史或家庭史有助于完善历史：我们永远不会从书面材料中了解他的故事，但我们可以从现存家庭中收集很多资料，重建他的故事。

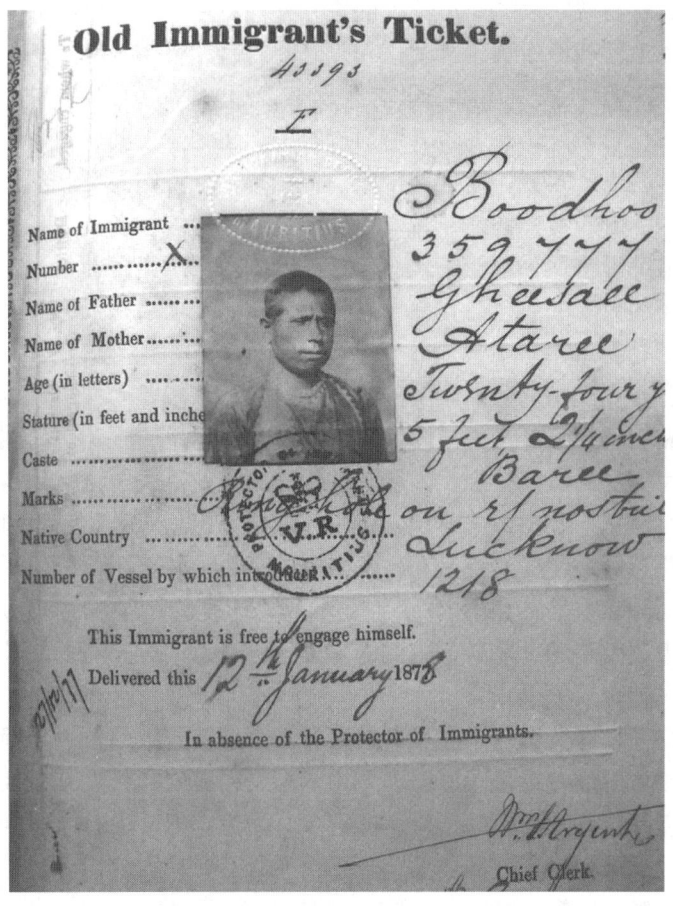

图6.1 一张老移民的船票

维多维克（Vertovec）确定了四种迁移类型，废奴之后的契约劳工移民是其中之一。其他迁移类型包括行政人员、商业群体和其他合同劳工。在对众多议题（包括移民过程、文化构成、社会结构和政治权力）研究调查时，这些国家本身具有的数量颇丰的文献却被忽略了。事实上，这些国家大量的研究、论文、专著和生活史资料有助于我们更好地了解契约劳工的思想和经历。另外，来自私人家庭文献的经验材料、口述历史以及学者一般无法获得的私人土地出让材料和私人家庭信息将推动更详细的综合研究。

6.4 研究评述

在毛里求斯关于成立真相与正义委员会（Truth and Justice Commission）的辩论中，有人建议将奴隶制和契约劳工的研究分开。毛里求斯学术界将两项研究割裂开来，令人遗憾。由于关于跨文化和跨时间的研究很少，导致历史学家或人类学家对"他者"知之甚少，而毛里求斯总是偏居一隅，所以未来需要进行更多与其他国家的比较研究。在毛里求斯举行的关于契约劳工的研讨会上，专家们的辩论令年轻学者大开眼界。这样的辩论多多益善，学者们需要就当代的情况进行更多交流互动。令人遗憾的是，目前还没有专门经费供学者实地考察契约劳工的迁移路线，但毛里求斯艺术与文化部部长提出了两项承诺，即毛里求斯每三年举办一次关于契约劳工的研讨会，并设立契约劳工路线项目秘书处。我们希望上述承诺能够真正兑现。

从印度洋，尤其是从西南印度洋的角度来看，许多关于奴隶制的文献、概念框架、归纳和结论都是基于大西洋模式，或更具体地说，是英美模式。关于法国和葡萄牙殖民历史的研究很少。因此，在传统的英美范式中，契约劳工移民基本上就是"印度移民"的另一种表达。按照这样的观点，19世纪的国际移民就是英国现象，是英国对印度的统治和殖民经济扩张的结果。因此，劳动力成为可以跨洲运输的商品。坎普斯顿于1956年发表了"印度移民"的调查报告，报告强调，废除奴隶制后劳动力短缺，因此需要大量劳动力；英国需要避免从仍然实行奴隶制的殖民地购买蔗糖。

这两种视角，即英国资本主义的扩张和因废奴而导致的劳动力短缺，为历史学家和其他领域的学者提供了概念和结构基础。在印度洋，尤其是西南印度洋的马斯克林群岛，这些观点模糊了研究的重点，因为它们并没有考虑到这些岛屿的特殊性：这些岛最初是无人居住的，直到今天所有劳动力都需要引进；包括英国在内的多个殖民大国轮番统治；它们与非洲和亚洲等廉价劳动力来源地地理位置相近。美洲距离很远，运输成本高，人们不愿意也没有能力在工作地和故土之间往返，这样维系文化和家庭关系会很困难。但西南印度洋群岛就不存在这些问题。马斯克林群岛，甚至整个西南印度洋都在亚洲和非洲之间建立了广泛的联系网络。18世纪初，印度劳工就开始迁往法国统治的马斯克林群岛，有奴隶也有自由劳工，他们参与建设港口、首都、道路基础设施、防御工事和大量的工厂。现存的建于18世纪的殖民建筑就是这段历史的见证，许多毛里求斯家族的历史可以追溯到第一批移民。

此外，印度移民和合同劳工早在废奴之前就已经存在了：早在1828年，法国就从印度殖民地将数千名劳工送往留尼汪岛，将东南亚和印度的劳工送往毛里求斯。① 毛里求斯劳动力短缺的原因是奴隶死亡率高,贩奴商无法继续维持奴隶贸易,导致有效奴隶劳动力逐渐减少。

许多学者也已经对所谓的劳动力问题进行了分析和评论。一般认为,废奴导致劳动力短缺,但很少有人去深究这一问题的本质和原因。为什么会有劳动力短缺问题:是真的缺乏劳动力?还是因为工作条件无法接受?还是城镇有吸引他们的其他工作机会?在加勒比海,多位学者就"劳动力问题"的原因提出自己的见解:威廉·格林(William Green)认为其原因在于不合理的土地与人口比率;奈杰尔·博兰德(Nigel Bolland)则认为是由于种植园主的控制;菲利普·科廷(Philip Curtin)讨论了土地与人口比率以外的其他因素;道格拉斯·霍尔(Douglas Hall)指出原因在于奴隶的解放。在加勒比海,被解放的奴隶只会继续跟随参与"合理劳动"并支付合理工资的前奴隶主工作。②

因此,劳工问题似乎更像是雇主的问题,高压政策、低工资和其他"推力"迫使被解放的奴隶离开种植园。种植园主发现他们已无法"控制"劳动力并支付低工资,便开始引进契约劳工。加勒比海和印度洋地区开始引进中国劳工,随后又引进非洲劳工。但这些劳工或是数量不足,或是成本太高。而印度劳工价格低廉,数量充足。在印度洋,尤其是留尼汪和毛里求斯,自由的劳工移民一直与奴隶劳工并存,奴隶和自由工匠共同建造了路易港。自1815年以来——此时距离废奴还有20年——引进了成千上万的印度囚犯,用以建造和修缮道路、运河和桥梁。随着奴隶劳动力的减少,劳动力短缺问题早在废奴之前就已浮现。

随着制糖业的快速发展,引进契约劳工不是为了替代奴隶,而是为了增加现有劳动力数量。1830年,甘蔗种植面积为27 000英亩。到了1840年(学徒制结束的第二年),甘蔗种植面积增加到42 000英亩。同时,英国不仅取消了奴隶贸易,还完全废除了奴隶制。随着奴隶人口的老龄化,许多技术熟练的奴隶获得解放,劳动力开始出现短缺。英国首任总督法夸尔(Farquhar)在1814年就尝试引入其他国家的劳动力,如来自爪哇的中国劳工和印度囚犯。他甚至允许开展一定数量范围内的非法奴隶交易,但这些举措只是杯水车薪。留尼汪岛到1848年才废除奴隶制,1827年12月6日,法国波旁王朝决定从法属印度的雅隆(现受当地治里市管辖)进口印度劳动力用于甘蔗种植园。③

---

① Peerthum, Satyendra, "A cheap reservoir of mankind for labour: the genesis of the indentured labour system, 1826 – 1843", in Angage: Explorations in the History, Culture and Economy of Indenture, vol. I, The Early Years, Port Louis: Aapravasi Ghat Trust Fund, 2012.
② Shepherd, From Transients to Settlers, p. 23.
③ Govinden, Sully-Santa, Les Engagés Indiens—Ile de La Réunion—XIXe siècle, Azalées Éditions St Denis, Réunion, 1994, p. 25.

6.5 结语

我是契约劳工的后代,同时也是历史学家。我主导的研究中心成功将毛里求斯移民入境站列入世界遗产名录,使其在世界范围内获得认可。我的结论仅关于毛里求斯。本文重点讨论了现有研究方法以及未来可能的研究趋势。契约劳工促进了制糖业的发展,而不仅仅是维持现有的生产水平。经济方面的考量——维持殖民种植园——是引进契约劳工的主要动机。此外,毛里求斯种植园引进劳工的成本低于雇佣被解放的奴隶。① 历史学家和其他学者将契约劳工的到来与奴隶制的废除联系在一起,这种观点误导了许多人,并在毛里求斯产生了一定的社会影响,我相信学者没有想到会出现这种结果。例如,把契约劳工刻画成制糖业"救星",把制糖业从因被解放奴隶拒绝工作而"崩溃"的边缘拯救出来。这种做法在毛里求斯引发了另一场辩论,直到今天仍在进行。尽管真相与正义委员会出具了报告,但政府将其束之高阁。被解放的奴隶和契约劳工在殖民地经济和社会中发挥了怎样的作用?公众对此仍充满了很多迷思和刻板印象。把契约劳工和合同劳工与"印度人"联系在一起,使讨论充满种族意味。诺斯鲁普和后来的研究表明,契约劳工和其他合同劳工并非都是印度人,还包括中国人、非洲人、马达加斯加人和科摩罗人。阿普拉瓦西·加特信托基金曾试图拓宽毛里求斯人对阿普拉瓦西·加特这一国家遗址的认识,许多毛里求斯人和其他国家的人仍坚定地认为,只有印度人才曾经走过这些象征性的阶梯。大多数毛里求斯年轻学者想要进入甘地研究中心调阅档案时,都面临着不为人知的困难。② 西方学者在进入同一档案馆时从来不会遇到这些

图6.2 阿普拉瓦西·加特文字遗产地著名的16级台阶,是契约劳工移民的标志

---

① 多数报告认为印度劳工的成本为每年8.90美元,而前奴隶劳工的成本为68.90美元,少数报告则估计印度劳工的成本为13.18~19.20美元。诺思鲁普的估计更接近现实。参见:Northrup. *Indentured Labour*, p.117.

② 我曾在真相和正义委员会担任副主席,目睹过这种情况。如果圣雄甘地研究所不向委员会提供公共资助的移民数据库资料,就会面临法庭传票。

刁难。显然，经常被称为"Chota Bharat"（小印度）的毛里求斯还有很多地方需要改善。

现在我们迫切需要对奴隶制到契约劳工制过渡时期的经济状况进行客观深入的分析，并与加勒比地区进行比较研究。已有一些开创性的著作面世，但是必须对此扩展和延伸。比如，理查德·艾伦通过分析被解放的奴隶和契约劳工购置财产的情况，探讨了毛里求斯的经济和社会结构调整。但是，毛里求斯国内很少有类似的研究。尽管毛里求斯国内土地压力大，小业主要求较大的蔗糖种植园归还其土地，除了左翼政党外，政治经济学研究似乎并不受欢迎。的确，道德败坏的土地测量师和公证人合谋剥夺了许多人从祖先那里继承的土地。为什么契约劳工成功地进行了资本积累，而被解放的奴隶直到20世纪才做到？学术界几乎没有对此问题进行探讨。虽然有大量可利用的土地，为什么那时候他们无法获得土地？今天，成千上万亩的优质农田和边角地都归外国所有，原因就显而易见了。随着契约劳工从印度到达殖民地，相应制度和模式的转移也值得研究。

在印度洋史学中，很少有文献讨论国家和其他机构如何影响被解放的奴隶与契约劳工之间的关系这一问题。除了纯粹的历史问题外，学术界同仁尤其是历史学研究者还需要关注诸如身份认同、政治边缘化等问题，并提出巩固民主民族国家措施。目前印度洋地区只有文学界在思考这些问题。历史学家尚未开始考虑离散群体意识、族群关系，及其对政治生活、其他族群、商业影响、外交关系和政策，甚至对个人经历和婚姻的影响（从各大洲蓬勃发展的婚姻网站数量来看）。需要进一步研究的问题包括种族主义的持续存在，以及自由民主与种族主义在毛里求斯的长期共存。弗雷德里克森（Frederickson）等比较历史学家的著作，也值得进一步探讨。

总体而言，无论是结构分析法还是更注重共情的重新建构法，极少有学者关注到被解放的奴隶如何适应新身份这一问题。在毛里求斯，我们仍然处于泛泛而谈的阶段：大量的警察记录、部门文件和分配登记册在等待历史学家的深入研究。被解放的奴隶、契约劳工与并没有摆脱奴隶制精神枷锁的新雇主之间的关系也颇值得研究。在毛里求斯，没有任何关于契约劳工的研究可以与列昂·里特瓦克（Leon Litwack）的《长处风暴之中》①比肩。被解放的奴隶、契约劳工以及其后代的口述史迄今也没有得到系统的记录。多年来，我们一直致力于为契约移

---

① Litwack, Leon F., *Been in the Storm So Long: The Aftermath of Slavery*, New York: Vintage Books, 1980.

民后代建立一个口述历史数据库,名为"从契约劳动到自愿退休计划"①。这个数据库未来会帮助学者研究契约劳工对现代经济的影响以及劳工后代群体的命运。

巴纳在关于南非的研究中指出,我们不能以官方文件中的"统计数字"来研究契约劳工,而应该让老年人讲述他们祖父母所流传下来的故事。这些故事讲述的也许并不是事实,但可以"纠正一些官方资料中的片面的描述,如在南非官方资料中,印度人是不受欢迎的"②。其次,历史编撰不应该只考据契约劳工到达的日期,还需要关注那些已经进入南非并被迫再次延长契约的劳工③,因为毛里求斯取消了自由返回通道。不过,统计数字的确很重要:入境人数与实际回程人数差异巨大,所以我们不知道移民的确切数量。在毛里求斯,实际人数并不确定,因为同一个人可能会有多次到达和离开,一个人被重复计数是很正常的,且这些数据从未被整理汇总。

所有社会都面临着一个棘手的问题:人们如何看待契约劳工移民以及移民的社会融合。阿普拉瓦西·加特世界文化遗产基金会的相关研究为我们提供了一个机会,去反思和探讨历史的意义及对未来愿景的影响。我们可以探讨:毛里求斯是流放之地还是契约移民的机会之地?是数十万人遭受无尽苦难之地,还是困难重重但能重获新生之地?关于契约劳工的公开讨论往往是极端情绪化的,但是有迹象表明我们可以进行更加客观的讨论。

我时常在想,170年前若通信技术网络存在的话,契约劳工的生活将会是一种什么状态?如果他们通过网络看到了毛里求斯、纳塔尔或斐济蔗糖种植园的真实面貌以及生活环境,他们还会决定移民吗?当今的现实给我了答案:今天,成千上万的外国工人涌入毛里求斯从事建筑业和其他项目,这些人的生活条件是大多数毛里求斯人无法接受的。他们的生活空间不见得比契约劳工或奴隶的生活空间大,来自毛里求斯各个族群的雇主做出的回应与170年前别无二致,"这里的环境总比他们家乡好得多"。在撰写本文时,毛里求斯人和印度外籍工人在一个住宅区附近发生冲突。许多报告中强调的外国劳工问题似乎与19世纪的劳动监察员的报告并不存在太大差异。

可能有一天,历史学家将这种新的合同劳工制度描述为一种新型奴隶制。就像19世纪的劳工和奴隶一样,大多数毛里求斯人不会讲他们的语言,我们对这些新的合同劳工的生活知之甚少。普通的毛里求斯人无法进入他们的生活或工作

---

① 自愿退休计划是制糖厂在机械化和集中化的过程中,为制糖工人制订的计划,旨在提供效率。该计划目前仍在实施。
② Bhana, S. (ed.). *Essays on Indentured Indians*, Leeds: Peepal Tree Press, 1991.
③ Beall, Women, p. 66.

空间，因此难以亲自考察其真实的生活条件。毛里求斯人蔑视他们，同时又同情他们。世界究竟发生了什么改变？我们似乎从来没有吸取过历史教训。19世纪，奴隶制被废止，契约劳工兴起。20世纪，契约劳工衰退，但我们又从全世界招募合同劳工。

我的结论是人的苦难不应也不能由学者来衡量和判断。我认为，只有那些真正经历了这段历史的人才有资格和权利做出判断。历史学家在研究过程中，应基于劳工对奴隶制、契约劳动和现代劳工体系的理解，而非基于由人权、不公正或剥削、自由或强制劳动等概念构成的理论开展研究。

第 2 部分

人口迁徙与社会创生

7

斯瓦希里文明的现状
——语言、社会、印度洋祖先及人类学研究

穆罕默德·巴卡利（Mohamed Bakari）

7.1 引言

自珍妮特·布贾拉（Janet Bujra）发表博士论文《斯瓦希里的政治活动》后，学术界才开始针对斯瓦希里社会进行系统的人类学研究。[①] 20 世纪 60 年代，伦敦大学亚非学院涌现出了一批研究人员，开始深入研究沿海文明。大卫·帕金（David Parkin）开始关注斯瓦希里临近的米吉肯达族群研究；卡罗尔·伊斯曼（Carol Eastman）与法鲁克·托潘（Farouk Topan）合作进行开创性的民族志研究，并发表了论文《思域人及其语言》；[②] 托潘开始研究斯瓦希里灵魂音乐（实际上这一研究领域直到现在仍未受到足够重视）。在理论语言学和文学批评领域，研究取得了重要进展，涌现出大量优秀成果。1967 年，埃德加·波罗姆（Edgar Polome）在华盛顿应用语言学中心的支持下，出版了专著《斯瓦希里语手册》；穆罕默德·哈桑·阿卜杜拉齐兹（Mohamed Hassan Abdulaziz）在怀特利（W. H. Whitely）指导下完成了硕士论文——研究 19 世纪斯瓦希里诗人姆亚喀·姆维尼·哈吉（Muyaka Mwinyi Haji）所作的流行诗歌[③]，后由肯尼亚文学出版社出版。在历史学研究领域，阿赫麦德·伊达·萨利姆（Ahmed Idha Salim）在伦敦大学亚非学院完成博士论文，并在此论文基础上出版了专著《1895—1965 年肯尼亚沿海地区的斯瓦希里语言社区》[④]，该研究受到普林斯（A. H. J. Prins）有

[①] Bujra, Janet, "Political action in a Bajuni village", PhD thesis, SOAS, 1968.

[②] Eastman, Carol and Farouk Topan, "The Siyu: the people and their language", *Journal of the Institute of Swahili Research*, 36, 1 (1968), pp. 24 – 48.

[③] Abdulaziz, Mohamed H., *Muyaka, 19th Century Popular Swahili Poetry*, Nairobi: East African Literature Bureau, 1972.

[④] Salim, Ahmed Idha, *The Swahili Speaking Communities of Kenya's Coast 1895 – 1965*, Nairobi: East African Publishing House, 1973.

关斯瓦希里相关著述的影响。①

  以上研究借鉴了克拉夫（Krapf）②、萨克利厄斯（Sacleaux）、斯蒂加德（Captain Stigand）③、泰勒（Bishop Taylor）和西汉斯（W. H. Hichen）等学术先驱的前期成果，进一步推动了斯瓦希里社会和语言研究的发展。产姆皮恩（Champion）在研究"尼卡人"（非洲东北部操班图语的少数民族，深受阿拉伯国家的影响——译者注）方面做出了重要贡献。在考古学领域，英国东非研究所的内维尔·奇蒂克（Neville Chittick）在肯尼亚和坦桑尼亚沿岸开展了许多重要的开创性工作。学者们为东非海岸的文化、语言和历史研究树立了标杆。这些研究清晰地向人们展示了斯瓦希里的社会风貌。尽管人们对斯瓦希里社会有一定了解，但对斯瓦希里身份认同等问题则莫衷一是。人们普遍认为，伊斯兰教信仰和斯瓦希里语是斯瓦希里文化的标签。因此，长期以来存在一个未解之问：究竟什么人可以被称为斯瓦希里人？人类学家对阿赫麦德·伊达·萨利姆的"难以捉摸的斯瓦希里人"这一表述表现出强烈兴趣。"难以捉摸的斯瓦希里人"一语双关，究其根本，这一表述是建立在早期传教士所述的刻板印象之上。人们认为，与欧洲人和基督徒塑造的诚实正直的形象相比，斯瓦希里人应归为土著亚种族，所有亚种族信奉的观念都与基督教相对立。在后殖民理论语境中，斯瓦希里人是穆斯林"他者"。人们对斯瓦希里人存在一种自相矛盾的看法，一方面认为斯瓦希里人并不存在，但同时又将其归为从巴纳迪尔海岸一直延伸到莫桑比克的沿海文明序列。当时，大量传教士信仰社会达尔文主义，他们将种族按等级顺序进行分类。但是他们认为斯瓦希里人"跨越"了种族界限，不适用于这种分类方法。这完全符合米歇尔·福柯（Michel Foucault）所说的"事物的秩序"。斯瓦希里人是跨种族通婚的后代，这令人不禁想起"双种族"。这个词在巴拉克·奥巴马当选美国总统后进入大众视野。由此产生了斯瓦希里人究竟是非洲人还是阿拉伯人的争论。当时，学术界急于给东非沿海文明贴上标签，导致争论愈发激烈。20世纪70年代，双方的观点更加针锋相对。在赞同"斯瓦希里人是非洲人"的阵营中，代表人物当属内罗毕大学历史学家詹姆斯·德维尔·艾伦（James de Vere Allen），他不遗余力地推广斯瓦希里历史，还出版了《斯瓦希里起源：斯瓦希里文化和 Shungway 现象》一书（Shungway：12 至 17 世纪期间，班图族进行了一系列迁徙，最终聚居在塔纳河北部——译者注）④。由于民族主义等因素，这种观点得到非洲大陆历史学家的青睐。但艾伦的观点并未成为主流，因为他的观点建

---

① Prins, A. H. J., *Swahili Speaking Peoples of Zanzibar and the East African Coast*, London: International African Institute, 1961.

② Krapf, J., *Swahili-English Dictionary*, London: Society for the Promotion of Christian Knowledge, 1925.

③ Stigand, Captain, *Dialect in Swahili*, London: Church Missionary Society, 1915.

④ Allen, James de V., *Swahili Origins: Swahili Culture and the Shungway Phenomenon*, Athens: Ohio University Press and London: James Currey, Ohio, 1982.

立在推测的基础上，缺乏考古或口头证据的支撑。有趣的是，不具备非洲历史或社会研究背景的作家同样赞同艾伦的观点。比如已经去世的希瓦·奈保尔（Shiva Naipaul）便是个典型的例子，他是诺贝尔奖获得者 V.S. 奈保尔（V. S. Naipaul）的弟弟。不过希瓦·奈保尔的观点比两个阵营更接近事实，他认为斯瓦希里人"不是阿拉伯人的翻版"①。

7.2　种族混合现象

斯瓦希里人可能既有非洲血统又有阿拉伯血统，甚至是更多民族通婚的后代。当下，人们对多重身份已达成共识，但在过去人们通常认为身份具有单一性。20世纪90年代，人们意识到对斯瓦希里人进行明确的界定是不现实的。耶鲁大学人类学家约翰·米德尔顿（John Middleton）认为，斯瓦希里人及其文化是种族交叉的产物，他们将东非与更广阔的印度洋世界联系在一起。在《斯瓦希里世界：一种非洲商业文明》②中，米德尔顿认为斯瓦希里人是可以被定义的，他们凭借自身所具备的某些文化特征，与临近族群区别开来。此外，他们身上还有一些特质能够体现出更广泛的区域性联系。

几乎没有人会质疑斯瓦希里语是一种非洲语言。几个世纪以来，斯瓦希里世界与伊斯兰教联系密切，因此斯瓦希里语中存在大量阿拉伯语派生词。19世纪，斯瓦希里语研究者认为其语法"基于班图语"，这意味着斯瓦希里语的词素结构与班图语极为相似。这些研究者最初认为斯瓦希里语是一种杂交语言，属于阿拉伯移民男子和非洲妇女结合的产物。1492年克里斯托弗·哥伦布发现新大陆之后，美洲和加勒比群岛成为欧洲人的殖民地。17世纪初克里奥尔化现象开始出现，但欧洲人并未注意到这一现象。例如，阿拉明·马祖瑞（Alamin Mazrui）和易卜拉欣·诺尔·谢里夫（Ibrahim Noor Shariff）③认为，斯瓦希里语最开始可能是一种混杂语，在某一群体将其作为母语使用时，它就会趋于稳定或定型，演变为克里奥尔语。这应该是一种合理的假设，所有语言的起源或许均是如此，这种观点在语言学界得到普遍认可。随后，阿拉伯词汇进入斯瓦希里语言体系中，反映出了斯瓦希里社会伊斯兰化的程度。

有证据表明，构成斯瓦希里语族的核心是从一个更大的语族中分离出来的，人们称之为原萨巴基族④。该语族囊括了大多数肯尼亚班图语族群。从斯瓦希里

---

① Naipaul, Shiva, North of South, Harmondsworth: Penguin, 1982.

② Middleton, John, *The World of the Swahili: An African Mercantile Civilisation*, New Haven and London: Yale University Press, 1992.

③ Mazrui, Alamin M. and Ibrahim Noor Shariff, *Swahili: Language and Idiom*, Newark, NJ: Africa World Press, 1996.

④ Hinnebusch, T., D. Nurse and G. Phillipson, *Swahili and Sabaki: A linguistic history*, Berkeley: University of California Press, 1993.

书面资料中可以看出，斯瓦希里语的阿拉伯化进程比最初假设的要慢得多。精通阿拉伯语的小部分精英人士将一些文学作品书面化。同一首诗歌，其口语版和书面版在主题和结构上存在较大差异，由此证实了平行文学文化的存在。此外，居住在塔纳河地区的波科莫族中也存在着类似的诗，这说明斯瓦希里人可能是波科莫族的分支。我的论证且以这两种语言的结构为基础。事实上，波科莫的语言结构与斯瓦希里语最为相近。现今，超过一半的波科莫人信奉穆斯林逊尼派沙斐仪派。在我们再次讨论语言结构问题之前，先来看看斯瓦希里古典文学的书面记载及其与阿拉伯语的关系。

7.3 文学作为映照语言的明镜

近来，部分知名斯瓦希里学者对利翁戈古典诗歌进行了文学和结构分析，其组织者是古德伦·米赫（Gudrun Miehe），他是一名研究班图的学者，现任德国拜罗伊特大学非洲语言系主任。其他成员包括：著名肯尼亚语言学家穆罕默德·哈桑·阿卜杜拉齐兹，主要从事20世纪前斯瓦希里文学研究，长期担任内罗毕大学语言学和非洲语言系主任；法鲁克·托潘，现任伦敦大学亚非学院非洲语言和文化系主任；萨义德·阿赫麦德·穆罕默德（Said Ahmed Mohamed），坦桑尼亚斯瓦希里语小说家、拜勒大学非洲语言文学教授；谢赫·艾哈迈德·谢赫·纳巴尼（Sheikh Ahmad Sheikh Nabhani），斯瓦希里词典编纂者、口述史学家和诗人；阿赫麦德·纳赛尔·巴洛（Ahmed Nassir Bhalo），诗人和传统治疗师；以及他的兄弟阿卜迪拉提夫·阿卜杜拉（Abdilatif Abdala），诗人、词典编纂者、莱比锡大学斯瓦希里语讲师。

我之所以特地介绍学者们的背景，是因为从中可以看出这个研究项目的跨学科特性与优势。例如，阿卜杜拉齐兹既是语言学家又是文体学家，他对文本的深入研究超越了肤浅的文学批评分析，让人联想到20世纪初欧洲早期的形式主义。他采用了一种前所未有的研究方法，将语言结构与文学分析结合起来，特别是与文体学相结合，关注历史背景，阐释了对19世纪斯瓦希里流行诗歌的理解。1957年，诺姆·乔姆斯基（Noam Chomsky）发表了《句法结构》[①]，理论语言学实现了巨大飞跃，阿卜杜拉齐兹也得益于此。阿卜杜拉齐兹属于英国语言学学派，该学派与韵律语言学和系统语法有关，由弗思（J. R. Firth）创立，当代最著名的代表人物当属韩礼德（M. A. K. Halliday）及其夫人韩茹凯（Ruqayia Hassan）。阿卜杜拉齐兹后在伦敦大学学院攻读博士，在韩礼德的指导下研究斯瓦希里语语法中的及物性。法鲁克·托潘博士是人类学家、剧作家，也是斯瓦希里文学批评领域的先驱。这些学者具有不同的学术背景，携手对现存最古老的斯瓦希

---

① Chomsky, Noam, *Syntactic Structures*, Cambridge, MA: MIT Press, 1957.

里手稿进行破译，研究成果必将对斯瓦希里语言、文学和社会产生重大影响。

在初步研究报告中，古德·鲁米耶（Gudrun Miehe）① 指出：

> 斯瓦希里学者、古诗研究者以及欧非研究学者共同撰写利翁戈诗歌的批评集，这种合作方式还是第一次。这些古老的文本最初是口头传播的，但第一批手抄本早在19世纪就已完成，记录了斯瓦希里最古老的诗歌。这些诗歌与伊斯兰玛加西和毛利迪文学传统中的叙事史诗，以及其他宣扬宗教教义的诗歌一起，都属于斯瓦希里古典文学。这些诗歌遵循几百年来的传统形式，有着严格的格律规则。所有的诗歌都在某一时期用阿拉伯文字抄写，现存最古老的手稿可追溯到17世纪。
>
> 需要特别注意的是，与这种体裁其他类型的文本相比，利翁戈诗歌似乎完全没有受到伊斯兰文化的影响。利翁戈诗歌讲述了英雄利翁戈的冒险故事，他唯一的弱点就是肚脐，如果被铜针戳伤就会死亡。故事的最后，他的敌人明瓦里（Mringwari）派人暗杀利翁戈，但最终杀死他的却是自己的族人。

古德·鲁米耶接着补充道：

> 虽然仍存在语言问题，一些文化历史资料也未能得以研究，我们仍取得了一些重要成果：
>
> 大多数诗歌都是乌图姆比佐风格——一种最古老的斯瓦希里诗歌形式……
>
> ①研究者在利翁戈诗歌中的确发现了一些古语语法和词汇，但阿拉伯外来词的数量很少。
>
> ②利翁戈诗歌不受宗教的影响，其特点包括：
>
> a. 自我赞扬。受伊斯兰教影响，其他斯瓦希里诗歌中很少有自我赞扬的内容。
>
> b. 对妇女和棕榈树的赞美。
>
> c. 对利翁戈的性格以及冒险旅程进行了描绘。

从文学角度来看，无论是古典文学还是现代文学，都可以展现斯瓦希里社会甚至整个斯瓦希里语言区的社会、政治、经济和文化状况。除文学外，语言学对于重塑斯瓦希里语语言学历史也同样重要。基于历史重建法和比较重建法，同时通过分析斯瓦希里语的词法、音位、句法和语义变化，我们便能够理解它在历史

---

① *Newsletter* of African Studies at Bayreuth University, 11, 2 (Fall 2003), pp. 3 - 4.

进程中经历的历时倾向性和发展变化。自19世纪中叶至今，学术界对斯瓦希里语语法开展了大量研究工作，但并未重建古斯瓦希里语，也没能系统地记述语言内部结构的变化。这需要扩大斯瓦希里语连续体的描述范围：从北部的齐米尼到坦桑尼亚海岸的南端，再到大科摩罗群岛的近海岛屿。这些区域共享同质的语言和文化，存在共同的生态、物质文化和历史经历，我们可以据此探究语言的发展与变迁，及其对斯瓦希里语连续体中方言词法和语音所产生的影响。

该研究的工作量巨大，任何个人都无法独立完成，需要语言学家的共同努力。该研究可以在特定地域内进行，在对可用数据进行分析后进行预测，由此我们便可以确定目前仍属于该连续体的方言数量。但我们还需要对各个方言区进行共时描写。如今，许多人仍然认为，对斯瓦希里方言的"权威"描述来自19世纪法国辞典学家萨克利厄斯。[1] 20世纪60年代，兰伯特（Lambert）和怀特利（Whiteley）等斯瓦希里方言学家以萨克利厄斯研究为基础，对肯尼亚南部斯瓦希里方言以及奔巴和桑给巴尔方言进行调查。这些研究已较为久远，萨克利厄斯的研究[2]是在20世纪早期完成的。方言和文化都是动态的，容易受到环境变化的影响。肯尼亚沿海地区的人口和环境已发生巨大变化，方言由此也发生了改变。萨克利厄斯编撰的斯瓦希里法语词典对赏析斯瓦希里古典文学大有助益。在词典收录的词条中，很多古斯瓦希里词语已经过时，不再通用，只属于古典语言学。在该词典中，萨克利厄斯并没有对方言进行区分，词条包括方言中的已经过时的用法。但是对于历史语言学家来说，这部词典能够显示出语言的发音变化，同时还可以区分出借用语等。

7.4 方言学作为重建语言连续体的基石

过去的20年，我们进行了大量学术研究，在广义理论模型（我们现称之为生成语法）的基础上，对一些方言进行科学性的描写。例如，穆罕默德·巴卡利（Mohamed Bakari）[3] 研究肯尼亚的斯瓦希里方言，马甘加（C. Maganga）[4] 研究桑给巴尔土著方言，萨义德·阿赫麦德·穆罕默德研究奔巴方言，罗姆比（M. F Rombi）[5] 和阿尔维亚·穆罕默德（Alwiya Mohamed）[6] 研究恩加齐贾方言（Shin-

---

[1] Sacleaux, C., *Grammaire des Dialects Swahilis*, Paris, 1909.

[2] Sacleaux, C., *Dictionnair Swahili-Francaise*, 2 vols, Paris: Institut d'Ethnologie, 1939.

[3] Bakari, Mohamed, *The Morphophonology of the Kenyan Swahili Dialects*, Berlin: Dietrich Reimer Verlag, 1985.

[4] Maganga, C., "The morphophonology of the Zanzibar rural dialects", PhD thesis, University of Dar Es Salaam, 1996.

[5] Rombi, M. F., *Maharais de la Langue Comorienne. System Phonique*, *Nomind et Verbal*, Paris: Institut des Langues Orientale, 1979.

[6] Mohamed, Alwiya, *Shingazija Phonology and Morphology*, MA thesis, University of Dar-Es-Salaam, 1988.

gazija)。穆罕默德·阿巴斯海克（Mohamed Abasheikh）① 详细描述了索马里巴拉瓦地区的斯瓦希里方言。截至目前，学术界仍未涉及莫桑比克边境的姆里玛海岸研究，这成为斯瓦希里方言研究领域的一个空白。以上研究的范围涵盖了整个东非斯瓦希里语连续体。恩加齐贾方言和巴拉瓦方言是主要的斯瓦希里方言。这两种方言之间存在显著差异，甚至被认为是不同的语言。因其相同的历史、文化和宗教背景，在结构上成为更大语言连续体中的组成部分。由于方言分布的区域不同，它们在体系上与其他方言存在较大差异。例如，巴拉瓦方言中有许多源自索马里语和意大利语的借用语，影响到本语的音位，甚至改变了语音系统。恩加齐贾方言同样如此，吸纳了许多来自法语的借用语。1968 年，诺姆·乔姆斯基和莫里斯·哈勒（Morris Halle）发表了《英语音系》②，提出了一个英语音系和形态的研究模型。在这一模型中，起源于盎格鲁 - 撒克逊的单词由适合该语言的形态规则处理，而起源于希腊和拉丁语的单词则由反映其起源的不同规则处理。当然，这些语言都属于印欧语系。乔姆斯基对英语音系学和形态学的研究具有重大意义，推翻了英语是统一的和无差别的假设。实际上，英语受到其他语言的影响，具有不同的形态层次。斯瓦希里语受到阿拉伯语、英语和其他语言的影响，同样存在多种形态层次。我们尤其需要对斯瓦希里语言连续体中的不同形态进行分析，其借用语主要来自阿拉伯语、古吉拉特语、波斯语、法语或意大利语，这些都与斯瓦希里语没有关联。乔姆斯基强调不同的语言在交流过程中会产生借用现象，不同语言的形态结合在一起会对结构的各个层次产生巨大影响，大量的词汇借用甚至可以改变整个音系结构。

若对班图语原型到现代方言的中间阶段进行重构，就可以发现斯瓦希里语的原型。研究斯瓦希里语原型，我们便能够系统地记述语音的变化，发现在建立方言边界时的准确音位发展过程。只有描绘出共时情况，才有可能做出历时性描述，即语言的发展过程。这就是历史语言学和比较语言学的方法论的特点。明白了语音变化，我们就可以阅读斯瓦希里经典文学。无论用哪一种方言写成，无论出自哪个历史时期，都会让我们更加了解斯瓦希里社会的文化、宗教和物质。我们可以从斯瓦希里的书面文学作品中发现语音变化的时间，印欧语系的文学作品便是如此。今天，我们可以解密绝大多数欧洲语言的历史文献，因为学术界已发现欧洲语言语音的变化规律。正是因为重构了英语元音和辅音的历史变化过程，我们才能准确解读贝奥武甫、乔叟和莎士比亚，这也有助于采用新的方式阅读这些文学著作。

1993 年，德里克·纽斯（Derek Nurse）和托马斯·辛尼布（Thomas Hinnebusch）出版了一部重要著作——《语言史——斯瓦希里语和萨巴基语》，试图重

---

① Abasheikh, Mohamed Imam, *Chi: Miini*, PhD thesis, University of Illinois, Champagne, 1984.
② Chomsky, Noam and Morris Halle, *The Sound Pattern of English*, Cambridge, MA: MIT Press, 1968.

建各种相关语言之间的历史联系。但我认为,这部著作的研究范围太大,无法清楚地看到某个连续体中方言的分化过程。纽斯和辛尼布认为,斯瓦希里语是由萨巴基语延伸而来的,并不是一个独立的语言连续体。在语言重构工作中,有必要系统地分析各方言的语音和形态系统,找出同层次方言在结构上的差异,范围覆盖一个语言组别的整个连续体。完成这个工作后,才能准确地重建斯瓦希里语原型及其更早期阶段的情形。

要研究斯瓦希里语连续体的形成过程,不仅需要观察整个连续体,还需要研究米吉肯达和波科莫语方言,因为这两种方言与斯瓦希里语最为接近。19世纪,卡普丁·史蒂冈(Captain Stigand)等学者在整理吉里阿马方言及其他方言与斯瓦希里语相同的习语和谚语时,已经能够看出米吉肯达方言和斯瓦希里语之间的联系。对斯瓦希里语和米吉肯达方言进行研究后,我认为斯瓦希里语可能曾是米吉肯达方言连续体的一部分。但后来斯瓦希里边缘地区受伊斯兰教的影响,发展成为伊斯兰宗教社区的核心地区,之后又分散在沿海地区,斯瓦希里语也因此变成了一种独立的语言,与米吉肯达方言完全不同了。这又带给我们另一个问题:如果不考虑相邻地区的影响,我们是否能真正理解斯瓦希里文明和文化?历史学家热衷于追溯阿拉伯和亚洲对斯瓦希里文化和文明的影响,而忽视了临近的非洲其他文化和社会的影响。因此,斯瓦希里方言研究必须与米吉肯达方言连续体联系起来。如果粗略观察20世纪前的斯瓦希里文学,可以发现其古典文学与现代米吉肯达方言的结构存在着巨大的相似性。我们无法完全理解 Utendi wa Liyongo 这样的文本,可能是因为研究没有与米吉肯达方言连续体联系起来,没有考虑这两种语言在结构和词汇上的相似性。斯瓦希里语的口语习惯可能更多地来自米吉肯达方言。

斯瓦希里文化和文明中有显著的伊斯兰特点,但也有许多文化元素来自非伊斯兰区。在这一点上,斯瓦希里文化和其他文化一样具有多元性。尽管有人常常固执地认为,斯瓦希里文明是纯粹的伊斯兰文明,未包含其他的文化元素,但这就像宣称阿拉伯文明是纯粹的伊斯兰文明而没有其他文化元素一样,是非常荒谬的说法。斯瓦希里人的身份多样,他们可以自行选择自己的身份,而不是外界强加的单一身份。如果承认这一点,我们的研究工作可能会更有成效。斯瓦希里实行宗教融合,这足以证明斯瓦希里文化受到了外界的影响。很少有研究者将米吉肯达文化与斯瓦希里联系在一起,但大卫·帕金(David Parkin)等学者看到了两种文化的相似之处,并证明了二者相互借鉴以丰富自己的文化。

因此,如果要深入了解斯瓦希里社会和文化,需要进行跨学科的研究,涉及语言、文学、历史和人类学等。我们可以将语言学研究成果应用于人类学领域。

例如，兰贝克（Lambek）① 在近期的研究中讨论了 shijabo，他认为这是马约特岛独有的现象。仔细研究发现，该词与肯尼亚沿海的 hijab 有关，它是词组"kutiwa hijabuni"的一部分，源自阿拉伯词语"hijab"。这个词语肯尼亚沿海地区也在使用。

斯瓦希里的语言和社会在形成过程中显然受到了外部影响，这些影响源于东非地区与印度洋临近地区的互动。若不充分考虑印度洋社会对斯瓦希里社会演变的影响，我们便无法深入研究斯瓦希里的饮食、装饰、语言、文学和信仰，阿卜杜拉齐兹·洛迪（Abdulaziz Lodhi）等学者已证明了这一点。这种影响不仅限于物质文化方面。19 世纪，阿拉伯人与斯瓦希里人融合，印度次大陆的人也开始向东非移民。印度洋人口带来的影响不仅局限于海岸地区，还通过斯瓦希里语在非洲内陆传播开来。来自印度洋彼岸的新观念和做事方式，通过借用斯瓦希里词汇传播到其他非洲社会。这种传播过程也将一些非洲社会斯瓦希里化，甚至伊斯兰化。从地理大发现时代起，欧洲的主要语言通过社会和文化接触，促进了新语言的产生，比如法属安的列斯群岛，海地和马提尼克等地使用的西印度群岛英语和克里奥尔法语。斯瓦希里语促进了中非内陆地区语言的洋泾浜化和克里奥尔化。刚果幅员辽阔，面积是西欧的两倍，主要语言是金瓦纳语，受到了斯瓦希里语的直接影响。

殖民者带来了不少东方经典的翻译作品，如《一千零一夜》，而欧洲文学只有《伊索寓言》和《所罗门王的宝藏》等寥寥几部。阿拉伯语的作品大都经过改编和诗意化，成为斯瓦希里史诗的一部分，而不是直接翻译出来。伟大的伊斯兰史诗和英雄文学经过再创造，融进斯瓦希里史诗，先知穆罕默德和同伴们的经典事迹形成了社会道德基础。《史诗是神的赐福》是现存最古老的斯瓦希里手稿，起源于 14 世纪，是典型的被改编的伊斯兰文本和主题。再加上后来引进的元素，还有本地最古老的口头文学，一起构成了斯瓦希里文学。

由此可知，要想通过观察和讨论对东非社会人类学进行充分的研究，必须利用多种学科的成果。尽管人们质疑古典人类学是帝国主义的产物，但它依旧具有可取之处，比如其研究者都具有跨学科背景。弗朗茨·博阿斯（Franz Boas）和爱德华·萨丕尔（Edward Sapir）等美国人类学家在语言学界同样负有盛名。他们熟练掌握了受研究地区的语言，对这些地区有着深刻的理解，从事的研究意义重大。但这只是一部分情况，不是所有人类学家都在斯瓦希里开展研究工作。

之前我没有提到阿卜杜勒哈米德·泽恩（Abdulhamid Zein）所著的《神圣草

---

① Lambek, M., *Knowledge and Practice in Mayotte: Local Discourses of Islam, Sorcery, and Spirit Possession*, Toronto: University of Toronto Press, 1993.

甸》①，特意留到这里进行说明。泽恩有伊斯兰教背景，是一名优秀的理论家和研究者，这些优势令他在研究中更具有洞察力。泽恩有自己的一套理论，他坚持让理论符合事实，而不是让事实证实理论，或者用波普里安的理论来说，证伪自己的假设。他的书中包含很多模糊和无意义的词语，应该是斯瓦希里语，他从这些词语入手分析结构和权力之间的关系。他显然并不是很懂斯瓦希里语，因此无法有效地与当地人进行交谈。拉穆群岛的方言与标准斯瓦希里语在结构和语义上都有些许不同，需要对诸如 kipate、kitikuu 和 kisiyu 等方言非常了解才能进行对话。研究过程中，泽恩不得不依赖于不专业的口译者，与他们用阿拉伯语交流。在阅读《神圣草甸》时，我们可以感受到泽恩的一丝沮丧和绝望。

我无意贬低这位思想家的工作，只是想强调，在超出自己语言能力的领域开展研究时，熟练掌握当地语言是非常重要的，是研究文化文明各方面的必要条件。斯瓦希里语在结构上发生了巨大变化，但现代文献视其为过去的模式。例如，基姆维塔（Kimvita）方言与标准的斯瓦希里语非常接近，但人们仍然认为它和阿赫麦德·纳赛尔·巴洛（Ahmed Nassir Bhallo）或阿卜迪拉提夫·阿卜杜拉的诗歌中的语言是一样的。方言研究需要像句法和语义研究一样不断更新。语言可以折射出当地文化的动态变化，基于方言的人类学研究可以加强我们对当地文化的理解。

一些人类学家完全掌握了当地语言，使研究工作摆脱了语言的限制，比如凯·克雷斯（Kai Kresse）②。谢赫·艾哈迈德·谢赫·纳巴尼、阿赫麦德·纳赛尔·巴洛（Ahmed Nassir Bhalo）和谢赫·阿卜杜拉·纳赛尔（Sheikh Abdillahi Nassir）则是一批本土的斯瓦希里知识分子。本地的知识生产被表达得如此充分，其价值不啻是原创性的哲学，哲学不是先进技术社会的特有产物，在任何人类社会中都可以产生。这些研究人员不是普通的说斯瓦希里语的人，而是把语言作为一种研究工具。他们的斯瓦希里语著作被翻译成英语，译著毫无瑕疵，清楚准确地表达了他们的观点。谢赫·穆罕默德·卡西姆（Sheikh Muhammad Kassim）的著作也被翻译成了英语，可读性很强。他们的研究是在严格的理论范式下进行的，有利于维护自己的学术地位。迈克尔·兰贝克（Michael Lambek）对马约特的研究，尤其是《马约特的知识和实践》以及帕金的文集③中收录的文章，也给人同样的感受。他把仪式看作是不同群体对正统观念的实践，即所谓的正统行

---

① El-Zein, A. H. M., *The Sacred Meadows, A Structural Analysis of Religious Symbolism in an East African Town*, Evanston: Northwestern University Press, 1974; El-Zein, "Beyond ideology and theology: the search for an anthropology of Islam", *Annual Review of Anthropology*, 6 (1977), pp. 227–254.

② Kresse, Kai, *Approaching Philosophical Discourse in the Swahili Context*, PhD thesis, SOAS, 2002. 也可参阅: "Swahili enlightenment? East African reformist discourse at the turning point: the example of Sheikh Muhammad Kassim Mazrui", in *Journal of Religion in Africa*, 33, 3 (2003), Special issue on Islamic thought in Africa.

③ Parkin, D., *Islamic Prayer across the Indian Ocean*, Richmond, Surrey: Curzon, 2000.

为。约翰·鲍恩在帕金的文集中也发表了文章，他认为伊斯兰规范在解释很多伊斯兰仪式时具有重要作用，他观察到：

"仪式即交流"理论并没有抓住礼拜或其他伊斯兰仪式中的关键特征，且仪式都不是围绕命题或语义为核心而建立的。汉弗莱（Humphrey）和莱德劳（Laidlaw）指出，人们对仪式的关注点在于："我做得对吗？"正确地进行礼拜仪式意味着要重复先知穆罕默德的做法，这些做法是穆斯林社群的指路灯。受神启发的行为和论述统称为逊奈，包括先知在敬拜和侍奉真主时的做法。因此，要信奉伊斯兰教，就要完全模仿穆罕默德的做法，不能有所增减（Bowen，1993，pp. 289 - 314）。传递链能够确保人的行为是先知穆罕默德的复制。传递链是经传播学专家验证的知识谱系，专家检验传递者是否相互直接接触，以及传递者的虔诚度和可靠性。可以说传递链或传述世系是伊斯兰仪式知识的支柱（比较 Graham，1993 年）。仪式的传述世系保证了其具有迭代和参考作用。同伴目睹或耳闻了先知的行为，讲述给其他人，代代相传，直到有人将哈迪斯如实地记载下来。

从这种角度来看，敬拜和侍奉真主的做法是传述世系中的一环，可追溯到最初的朝圣行为。它相当于索尔·克里普克（Saul Kripke）（1972）提出的"洗礼"概念的仪式化表达，这个概念引发了语义意义的传递链。（Bowen，2000，pp. 24 - 25）。

接下来我们要讨论伊斯兰教的问题，包括历史发展、知识传统和转变。如果要对穆斯林社会以及有大量穆斯林的社区进行研究，这种理论背景是必要的。无论是研究仪式、政治、原教旨主义还是其他方面，最终很多研究都会归结到伊斯兰教的某一节点，因为这些社区都建立在伊斯兰教世界观的基础之上。伊斯兰教的知识传统提供了伊斯兰教的行为模板，规定了哪些行为会偏离既定准则，约翰·鲍恩称之为"知识谱系"。这一"经专家认证的知识谱系"包括古兰经、哈迪斯和早期伊斯兰教历史，为我们提供了必要的知识背景，有助于我们了解和解释社会和文化现象。例如，如果研究当代欧洲社会的人类学，我们需要熟悉欧洲思想文化史上的重大事件，如希腊罗马思想遗产、文艺复兴、宗教改革、启蒙运动、工业革命和地理大发现等。出于同样的原因，我们还需要具备跨学科背景，如此才能够在研究过程中做到不偏不倚。如果想了解印度教文明，我们不需要成为印度教教徒；同样，若要了解伊斯兰教文明的发展，我们也不需要成为穆斯林。人类学和其他学科开展积极的互动与交流，对研究大有裨益。举一个大家熟悉的例子：列维-施特劳斯（Levi-Strauss）在纽约流亡时，他从罗曼·雅各布森（Roman Jacobson）等思想家那里学习了结构主义，罗曼·雅各布森引发了俄罗斯和欧洲结构主义语言学家的第一次移民浪潮。这些语言学家把费尔南德·索绪尔（Ferdinand de Saussure）《普通语言学教程》① 中的开创性思想带到了大西洋彼岸。在文学领域，他们被称为形式主义者，从形式或结构出发研究文学文本，而不考虑文本之外的因素。形式主义发展到极致的结果是关注文本细读的新批评主义的诞生。

7.5 标准化理论

在观察社会现象时，我们倾向于用一种理论来检验假设。但有时一些现象可能适合用某个理论来解释，其他现象就可能需要用其他理论或者创建新的理论来进行解释。人类学及其他很多学科都是如此。但也有例外，如果在研究过程中使用折中的研究方法，可能得不到预期的成果。例如，我认为，结构和权力的关系，或者是种族在创造新的社会力量中发挥的重要作用，都可以很好地解释瓦哈比教派及其与其他教派的紧张关系，至少在东非就是如此。马丁（B. G. Martin）所定义的东非"知识阶级"有自己家族的知识谱系，有的可追溯到几代人以前。但这并不是东非地区的特有现象。由于某些原因，只有少数的精英群体才有机会接受教育，导致这种现象普遍存在。随着教育范围的扩大，这种情况才有所改善。在东非，受过教育的伊斯兰精英大多来自赛义德家族，或者是一些有教育传统的家族。关于这点我们可以参考安妮·邦（Anne Bang）的著作，其中展示了一个由宗教精英形成的网络。邦通过苏美埃家族阿拉维·赛义德斯（Alawi Sayyids）的例子证明了学习的传统是如何代代相传的。这个网络与布贾拉（Bujra）② 所描述的哈达拉毛社会结构类似。接受宗教教育会受人尊敬，也会提高声望。相比于网络之外的人，网络内的人更有机会接受宗教教育。如果我们仔细观察一下瓦哈比思想的捍卫者就会发现，他们可能不在这个圈子中，可能是中东大学的第一代毕业生，或者是这些毕业生的学生。毕业后，他们受人轻视，被称作"野心家"。他们没有受到过传统意义上的教育，但他们掌握了阿拉伯语，因此人们给他们起了个绰号叫"乌力马"。他们中的许多人都是农民、渔民甚至是邪教领袖的儿子，这种背景很难让他们在新的职业领域有一个良好的开端。人们认为他们应该服从社会上层阶级。换言之，在结构严格的斯瓦希里社会，他们没有明确的位置。他们有时是外来者，本应能够凭借学历进入宗教精英阶层。当然，这与伊斯兰教经文无关，而是与社会阶层相关。新晋的乌力马认为他们有权成为领袖，但被精英阶层排除在外，于是他们想要将传统的乌力马政治化、思想

---

① de Saussure, Ferdinand, *A Course in General Linguistics*, La Salle, Illinois: Open Court Classics, 2008.

② Bujra, Abdalla S., *The Politics of Stratification: A Study of Political Change in a South Arabian Town*, Oxford: Clarendon Press, 1971.

化，变成纯粹的宗教和精神事务。也就是说，他们利用宗教夺取权力。艾莉森·普尔普拉（Allyson Purpura）在桑给巴尔的研究中解释过这一现象，她认为：

> 对于本质主义者来说，这些人及其相关的行为证明了伊斯兰教"在桑给巴尔穆斯林中变得十分陌生"，是时候让穆斯林回归真理了。在改革和复兴的进程中，本质主义者强调穆斯林的虔诚度和知识并不取决于血统，而取决于意识、决心和内心的良知。
>
> 在桑给巴尔，本质主义者在建立权威的过程中，创造了一个特殊的形象或对伊斯兰教进行批判，由此取代传统的血统观念，定义并证明自己的身份。创造的形象既要让桑给巴尔人感到非常熟悉，又要体现出对伊斯兰教进行重新评估和改革的必要性。因此，桑给巴尔的伊斯兰教被描绘成人类"创新"的不完美的产物，是由自相矛盾的信念和选择组成的混合体，由"未开化"的穆斯林不断进行复制……（Allyson Purpura，2000，p. 128）

我注意到，在桑给巴尔，农村谢赫（Masheikhe wa Shamba）和城镇谢赫（Masheikhe wa Mjini）的差异掩盖了传统乌力马和新兴乌力马之间的实质区别，即阿拉伯人和非洲人之间的种族差异。在肯尼亚也有同样的情况，传统乌力马集中居住在里亚达/曼布鲁，而最近的麦地那毕业生则大多来自帕特岛和迪戈兰的农村地区。有时，来自沿海的"阿拉伯"领导层和来自内地的穆斯林"瓦巴拉"之间也是如此。

7.6 跨学科研究前瞻

近期关于"伊斯兰人类学"或"人类伊斯兰学"的讨论异常激烈，穆斯林学者对人类学研究十分不满，认为人类学研究没有考虑到穆斯林社会和社区的历史背景、知识遗产和社会动态。我认为，许多人类学家在研究过程中都会有意识地考虑到伊斯兰的历史背景，但有些学者把当前的伊斯兰实践与伊斯兰正统之间的联系分割开来。其他的学科同样存在这个问题，比如伊斯兰社会科学。其荒谬之处在于，西方的一部分学术传统源于伊斯兰学术奠定的基础，当时的伊斯兰学术非常"世界化"，而很多穆斯林学者的研究也是西方知识传统的衍生物。有些学者非常积极地鼓吹学科伊斯兰化，其实他们正是因为沉浸于启蒙哲学带来的理性方法，才得以提高自己的学术能力。这些视角看似不同，其实只是一种表象，没有实质性的差异，因为所有学派都试图把握"现实"，每个人都从自己的背景出发来思考。在我看来，这些分歧并非不可调和，因为这些分歧只是风格层面的差异，并非实质性的不同。人们不能忽视历史的作用及其对社会未来的影响，认为过去困扰着现在。地理大发现后，欧洲与非西方社会进行广泛接触，对现代世界产生了深远的影响。来自发展中国家的学者提出要从不同视角来看待世界，这是可以理解的。他们认为，不考虑帝国主义、殖民主义和种族主义，就不可能理解现代世界。这种观点发展成为后殖民理论，哈罗德·布鲁姆（Harold Bloom）戏称之为"怨恨研究"。但这不仅仅是怨恨，这种观点试图从前殖民地的角度看待社会现象，从人们熟知的欧洲中心主义视角之外看待世界。后殖民主义的代表人物有：爱德华·萨义德（Edward Said）、佳亚特里·斯皮瓦克（Gayatri Spivak）、霍米·巴巴（Homi Bhabha）和恩古齐·瓦·提安哥（Ngugi Wa Thiong'o）。他们的侧重点不同，理论也有所差别。出于对后结构主义和后现代主义的失望，后殖民主义学者大多都是从文学批评的角度来进行研究的，但后殖民主义理论在历史研究、法律、政治和国际关系中也得到了应用。研究者跨越了种族、族裔和宗派的界限，一致认为当前的理论过多地使用西方的框架。

我认为，在描述和分析社会现象时倡导使用伊斯兰范式或话语的人与后殖民主义者存在相似之处。他们受到西方知识传统的影响，以伊斯兰教的创始文本为出发点，试图建立一种新的范式。许多非伊斯兰背景的研究人员对伊斯兰传统的认识存在不足，体现在他们对穆斯林社会的描述中。一些学者尝试在人类学研究中弥补这种不足，比如阿克巴·S. 阿赫麦德（Akbar S. Ahmed）。一些学者为此进行了不懈努力，如塔拉尔·阿萨德（Talal Asad）在1983年出版了《伊斯兰人类学观点》①。他指出："如果你想写一本伊斯兰人类学的书，你应该像穆斯林一样，从话语传统开始研究，包括古兰经和哈迪斯的创始文本。伊斯兰教不是一种独特的社会结构，也不是多种族信仰、文物、风俗和道德的混合体。它是一种传统。"他接着补充道：

> 传统本质上由话语组成，指导人们进行正确的实践，树立正确的目的。伊斯兰话语传统只是穆斯林话语的传统之一，涵盖伊斯兰过去和未来，参考了当代伊斯兰的特定惯例。不是所有穆斯林的话语和行为都属于伊斯兰传统。从这个意义上讲，伊斯兰传统也不一定是要对过去进行模仿。在人类学家看来，传统是对过去行为的模仿，但实际上，传统的关键在于实践者认为什么样的行为是合适的，以及如何看待过去与现在的联系。不能单纯将传统看作是旧形式的重复……对于伊斯兰人类学家而言，正确的理论始于制定的实践活动（设定特定的环境，以及被同化为穆斯林的特定历史）……某种行为是否具有伊斯兰性质是由伊斯兰话语传统授权的，之后教导给穆斯林，

---

① Asad, Talal, *The Idea of an Anthropology of Islam*, Center for the Study of the Middle East, Washington, D. C.: Georgetown University, 1983.

教导者可能是阿利姆、哈提卜和苏非谢赫,也可能是无师自通的父母。

当然,一名学者不一定要成为穆斯林才能从事伊斯兰人类学研究。但是,人们可以很容易地成为"解释界"的一员,按照斯坦利·费什(Stanley Fish)的说法,就是在充满伊斯兰折中主义的社会中解释社会现象的人。归根结底,研究的质量才是关键。我想起了克里斯托弗·奥基博(Christopher Okigbo)的一件轶事。1962 年,第一届非洲英语作家国际会议在坎帕拉举行。会议期间,有人问奥基博非洲文学是否存在。他带着特有的傲慢回道:"没有非洲文学,只有好的文学和不好的文学。"①

最后,我要重申,我们需要用更为宽阔的视角看待斯瓦希里文明。过去,我们对斯瓦希里文明的研究视野过于狭隘,只能接纳符合我们思想观念的社会形态,更准确地说,只接纳符合我们对斯瓦希里人含义预设的社会。例如,有些人选择斯瓦希里语作为文学表达工具,他们不一定是穆斯林,这些人难道不是斯瓦希里人吗?有些人致力于丰富斯瓦希里建筑传统、艺术和工艺,在吸收了世界其他文化的同时,又保留了明显的斯瓦希里风格,这些人难道不是斯瓦希里人吗?如果我们不开阔视野,便会违背文明包容性的本质。在世界其他地方也有类似的争论,这些争论应该围绕文化包容性这一议题展开,而不是围绕文化排斥或本质主义等议题展开。

---

① Wali, Obiajunwa, "The dead end of African literature", *Transition*, 75, 76 (1962), Anniversary issue, pp. 330 – 335.

8

世界主义还是排他主义？
——当代桑给巴尔表现性文化中的身份建构

鲍拉·伊万诺夫（Paola Ivanov）

绝对的种族划分是桑给巴尔近代史的重要特点。其划分标准源于殖民主义时期对人口的等级划分——"非洲人""阿拉伯人"和"亚洲人"（"印度人"）。在独立前的民族主义运动时期，种族政治化表现为本质主义的种族宣传，产生了"阿拉伯性"与"非洲性"二元对立的局面，最终导致"反阿拉伯主义"种族情绪高涨，并于1964年的暴力革命中推翻了所谓的阿拉伯苏丹国。[①] 这一种族化进程似乎与"斯瓦希里"东非沿海社会，尤其是桑给巴尔社会文化的开放性格格不入。印度洋贸易网络中人口迁徙频繁、观念交流活跃、商品流动性强，构成了斯瓦希里沿海社会和桑给巴尔社会开放性强的重要基础。过去20年间，斯瓦希里沿海社会的这种包容性也引起了研究人员的调查兴趣。最新研究成果表明，斯瓦希里沿海社会的主要特征是跨地方性、多族群性和多文化性，有些学者称之为世界主义。[②] 全球化背景下，人们开始关注世界主义，由此引发了研究者目前对西印度洋沿海社会的研究兴趣。在此关注基础上，他们通过识别更为复杂的世界主义思想谱系，具体而言，就是在后殖民主义基础上，通过识别非西方的"世界主义体系"，促进欧洲传统的本土化［迪佩什·查卡拉巴提（Dipesh

---

[①] 19世纪，由翁古迦岛（俗称桑给巴尔岛）和奔巴岛两个主要岛屿组成的桑给巴尔，是阿曼－布赛迪王朝统治的桑给巴尔苏丹国的商业中心。1890年，苏丹国成为英国的保护国；1963年12月，苏丹国重新获得独立。1964年1月爆发革命，推翻了苏丹的统治。此后不久，桑给巴尔与坦噶尼喀国合并，成立了坦桑尼亚联合共和国。

[②] 参见：Prestholdt, Jeremy, *Domesticating the World*: *African Consumerism and the Genealogies of Globalization*, Berkeley, Los Angeles, London: University of California Press, 2008, pp. 88 – 116; Loimeier, Roman, "La religion à Zanzibar: de la polyphonie à la contestation du cosmopolitisme religieux", in Bernardie-Tahir, Nathalie (ed.), *L'autre Zanzibar*: *Géographie d'une contre-insularité*, Paris: Karthala, 2008, pp. 319 – 337; Simpson, Edward and Kai Kresse (eds.), *Struggling with History*: *Islam and Cosmopolitanism in the Western Indian Ocean*, New York: Columbia University Press, 2008.

Chakrabarty)]①，以此来推翻西方启蒙运动的普世主义观点。斯瓦希里的社会特征符合世界主义概念，因此成为研究者的研究重点，正如史蒂芬·沃多维克（Steven Vertovec）和罗宾·科恩（Robin Cohen）所言，这是"一种政治文化多样性的管理模式"②。在该社会模式下，社会成员意识到自己是"广泛的社会项目的一部分"，这种联系超越了亲属关系、地域边界和民族界限，因此他们也认识到自己生活在"跨社群社会"③ 中，并"承认不同宗教信仰、社会习俗的存在"④。

种族或文化类别相互排斥，本质主义充满暴力特征，"世界主义"如何与其调和？深入分析桑给巴尔历史，或可初步理解本质主义与世界主义间的矛盾。限于篇幅，本文不再深入探讨1964年革命的种种细节和导致"阿拉伯性"与"非洲性"二元对立局面的种族宣传。然而，最新历史研究表明，1964年，无产阶级与乌玛党（UMMA）的城市青年知识分子联合抵制既有的政治和社会秩序，苏丹国在独立一个月后就被暴力推翻。事实上，冲突双方并不是种族划分中对立的两方。⑤ 关于"阿拉伯性"和"非洲性"的种族讨论，乔纳森·格拉斯曼

---

① Chakrabarty, Dipesh, *Provincializing Europe: Postcolonial Thought and Historical Difference*, Princeton: Princeton University Press, 2000. 关于世界主义的新争论，请参见：Cheah, Pheng and Bruce Robbins (eds.), *Cosmopolitics: Thinking and Feeling Beyond the Nation*, Minneapolis, London: University of Minnesota Press, 1998; Breckenridge, Carol A., Sheldon Pollock and Homi K. Bhabha (eds.), *Cosmopolitanism*, *Public Culture*, Durham: Duke University Press, 2000; Appiah, Kwame Anthony, *Cosmopolitanism: Ethics in a World of Strangers*, New York, London: W. W. Norton & Company, 2006; Beck, Ulrich, *The Cosmopolitan Vision*, Cambridge: Polity Press, 2006; Beck, Ulrich and Edgar Grande, *Cosmopolitan Europe*, Cambridge: Polity Press, 2007; Fine, Robert, *Cosmopolitanism*, London, New York: Routledge, 2007.

② Vertovec, Steven and Robin Cohen, "Introduction: conceiving cosmopolitanism", in Vertovec, Steven and Robin Cohen (eds.), *Conceiving Cosmopolitanism: Theory, Context, and Practice*, Oxford: Oxford University Press, 2002, p. 4.

③ 两处都引自：Simpson, Edward and Kai Kresse, "Introduction—cosmopolitanism contested: anthropology and history in the western Indian Ocean", in Simpson and Kresse (eds.), *Struggling with History*, pp. 2 – 3.

④ Lambek, Michael, "Foreword", in Simpson and Kresse (eds.), *Struggling with History*, p. xiv.

⑤ Bakari, Mohammed Ali, *The Democratisation Process in Zanzibar: A Retarded Transition*, Hamburg: Institut für Afrika-Kunde, 2001, pp. 51 – 53; Wimmelbücker, Ludger, "Aspekte eines gesellschaftlichen Umbruchs: die sansibarische Revolution von 1964", in al-Barwani, S., R. Feindt, L. Gerhardt, L. Harding and L. Wimmelbücker (eds.), *Unser Leben vor der Revolution und danach—Maisha Yetu Kabla ya Mapinduzi na Baadaye*, Köln: Köppe, 2003, pp. 469 – 492; Burgess, Thomas, "An imaged generation: Umma youth in nationalist Zanzibar". In Maddox, Gregory H. und James L. Giblin (eds.), *In Search of a Nation: Histories of Authority & Dissidence in Tanzania*, Oxford: James Currey, 2005, pp. 216 – 249; Sheriff, Abdul, "Race and class in the politics of Zanzibar", *Afrika Spectrum*, 36 (2001), pp. 301 – 318, and "La construction des identités politiques à Zanzibar", in Bernardie-Tahir, Nathalie (ed.), *L'autre Zanzibar. Géographie d'une contre-insularité*, Paris: Karthala, 2008, pp. 293 – 317; Loimeier, Roman, "Memories of revolution. Zur Deutungsgeschichte einer Revolution (Sansibar 1964)", *Afrika Spectrum*, 41, 2 (2006), pp. 175 – 196.

(Jonathon Glassman)在其新作中①提出了一个颇具说服力的观点：本土知识分子借鉴多种话语来阐释桑给巴尔特有的、互不相容的"种族"身份。这些话语不仅源于欧洲殖民体系中的不同种族，还源于亲苏丹的桑给巴尔民族主义党（ZNP）所倡导的泛阿拉伯主义，以及非洲人协会（African Association）[后非洲设拉子党（ASP）]②倡导的泛非民族主义等。桑给巴尔民族主义党发表言论，拒绝赋予新移民选举权，进而否定其公民身份。该党还重新阐释了被格拉斯曼称为"沿海特殊论"③的传统本土观念：几百年来以沿海城市为中心的穆斯林群体将自己标榜为"文明"典范，而将来自内陆的非穆斯林群体视为"野蛮人"（washenzi）。19 世纪阿曼统治时期，这种理想文明被视作"阿拉伯性"组成要素，一并归入"文明"（ustaarabu）的范畴中。④ ustaarabu 是一种文化理想，字面意思为"成为阿拉伯人，或像阿拉伯人一样行事"。但根据文明与非文明的二元对立，在斯瓦希里城镇的架构中，高雅文化或多或少与血统有关，这种"血统"可能是现实存在的，也可能只是出于主观推测。格拉斯曼指出，这种对立逐渐与殖民时期欧洲种族观念相融合，结果导致桑给巴尔精英知识分子在重新阐释身份问题时，秉持排他的思维方式，将种族和文化本质化。他们认为阿拉伯人给非洲"野蛮人"带来了文明，并将大陆人"自动排除在基于 ustaarabu 价值观的社区之外"⑤。甚至连桑给巴尔岛的"土著"居民⑥"设拉子人"都因"粗鄙习俗"和"宗教愚昧"而遭到泛阿拉伯现代主义者的抨击。设拉子人认为这种论调在某种程度上剥夺了他们的"文明"身份。他们声称自己具有中东血统，几个世纪以来都以"文明人"自居。他们鄙视大陆人和奴隶，甚至鄙视从阿拉伯半岛迁入的新移民。⑦ 在格拉斯曼的历史重构中，非洲人协会的宣传者对这种精英历史叙

---

① Glassman, Jonathon, "Sorting out the tribes: the creation of racial identities in colonial Zanzibar's newspaper wars", *Journal of African History*, 41 (2000), pp. 395 – 428; "Slower than a massacre: the multiple sources of racial thought in colonial Africa", *The American Historical Review*, 109 (2004), pp. 720 – 754; 以及他最新的著作 *War of Words*, *War of Stones*: *Racial Thought and Violence in Colonial Zanzibar*, Bloomington: Indiana University Press, 2011. 之后的历史重建基于道格拉斯的阐释。

② 格拉斯曼在其新作《文字战争》中指出，对土地、职位、教育以及政府和贵族的赞助等资源的争夺引起了很多争论。与把民族性解释为纯粹的工具主义不同（认为种族主义言论的起源为欧洲），格拉斯曼强调桑给巴尔领导者的代理和含义的多层次性（包括本地和跨地域）融合为一种特征，同时形成一种不断变化的话语。

③ Glassman, "Slower than a massacre", p. 736.

④ Pouwels, Randall L., *Horn and Crescent: Cultural Change and Traditional Islam on the East African Coast, 800 – 1900*, Cambridge: Cambridge University Press, 1987, pp. 128 – 130.

⑤ Glassman, "Slower than a massacre", p. 746.

⑥ 这些"土著非洲人"主要生活在首都之外的"乡镇"，他们的政治组织和社会组织大多支持平等主义（参见 Middleton, John, *The World of the Swahili: An African Mercantile Civilization*, New Haven, CT: Yale University Press, 1992, pp. 69 – 74.）。

⑦ 在殖民时代，翁古迦岛和奔巴岛的"土著"居民声称自己是定居于设拉子镇的波斯人的后裔，相传这些波斯人建立了东非海岸的早期城邦。但其身份诉求在历史的进程中发生了变化（关于殖民时期的身份变化，请参见 Glassman's overview in *War of Words*, pp. 49 – 58）。

事中的种族主义色彩做出了回应,明确表示必须构建一段"阿拉伯人"奴役、压迫、剥削"非洲人"的历史,号召人民反抗,以结束这段屈辱史。设拉子活动家们欣然接受了这种说法,并在 1957 年与非洲人协会携手创立了非洲设拉子联盟(后改名为非洲设拉子党),此后一直为革命辩护。

阿拉伯人和非洲人的对立一直困扰着桑给巴尔政界,部分原因在于非洲设拉子党领导的革命党政府所提出的"非洲化"政策,虽然官方禁止公开讨论关于种族分类、归属和桑给巴尔身份和文化定义的问题,但这个问题始终存在。人们对革命及其影响有着不同的记忆,这种差别造成的紧张局面时至今日仍然存在。① 20 世纪 90 年代初,伴随着政治自由化思潮的出现,这种紧张局势和沉寂已久的言论开始浮出水面,导致如今的桑给巴尔社会呈现出尖锐的两极对立局面:一部分人支持长期执政的革命党(CCM),另一部分人则支持政治自由后形成的反对党公民联合阵线(CUF)。② 这一新的政治格局在某种程度上也是沿着桑给巴尔民族主义党和非洲设拉子党的论调发展的,即"阿拉伯性"和"非洲性"相对立。双方互相猜忌,展开争论:在公民联合阵线看来,革命党③是一个大陆政党,他们要将桑给巴尔"非洲化"(即"重新野蛮化"),歧视阿拉伯裔和亚裔的桑给巴尔民众(包括奔巴岛居民),效仿过去,剥夺他们的经济资源,破坏他们的生意,甚至对他们进行驱逐和杀戮。反过来,革命党人单方面认为公民联合阵线支持阿拉伯主义、"苏丹主义"、"奔巴主义",甚至伊斯兰原教旨主义和恐怖主义。

上文只是双方争论的简单化描述,实际上,"阿拉伯性"和"非洲性"的对立在政治上仍被利用,并构成种族主义排他性话语的一部分。尽管这种话语在一定程度上被压制了,但其影响仍然存在。"文明"的文化价值观根深蒂固,与该争论交织在一起。④

但是,身份建构的实践基础是什么呢?相对于抽象的话语分类范畴,身份实践能否证明桑给巴尔社会具有"世界主义"的属性?正如前文所述,革命前的论述将文化本质化,并将其等同于僵化的、相互排斥的种族分类。历史研究表明,事实恰恰相反,殖民时期前沿海社会的身份构建具有"开放性"、灵活性和渗透性。通过展示从着装到宗教学习等方面的"文明的"文化,种族界限是可以跨越的。过去,沿海人民会利用文化术语来彰显或获得"文明人"的社会地位,甚至构建民族身份。人们通过文化实践建构多重身份,这些流动、灵活的方

---

① Loimeier 对此进行了重构,参见"Memories of revolution"。
② 下文涉及民族团结政府成立前的时期。该政府于 2010 年 10 月大选后成立,是两党达成和解协议的结果。
③ 1977 年,桑给巴尔和坦噶尼喀的执政党非洲设拉子党与坦噶尼喀非洲民族联盟合并,革命党成立。
④ 我们可以看到,在反对党的指责中,新话语与旧话语相融合。公民联合阵线主要使用了善治和人权的全球话语去批评革命党的统治。

式手段是否已经消失？或者说，通过分析当代身份实践，我们是否能加深对他们特性的了解，是否能就桑给巴尔的身份建构得出一个整体的结论？2006年，我在桑给巴尔石头城进行了人格与身份的关系的相关调研，基于此，我将对现今不同文化表达的身份构建实践进行对比分析。通过这种分析，可以对当代研究中常用的概念框架的适用性得出初步结论。这些概念框架常用于研究跨地方空间、流动性和桑给巴尔社会及沿海社会之间的联系，也用于分析动摇社群生活根基的矛盾的本质。

首先，我们来看看在桑给巴尔博物馆或文化节日期间的公共自我表现形式，尤其是针对游客的。若要进行深入分析，需另文专述。但值得注意的是，如今研究者对"桑给巴尔文化"的研究兴趣日益浓厚，文化复兴和文化保护风潮也日益兴起。对广大民众而言，"传统"（asili）文化这一概念也变得更有意义。在此背景下，桑给巴尔文化与"传统"和"文化遗产"等全球话语紧密相连①，并与旅游业相关经济利益挂钩。过去20年间，温古贾岛上建起了两座博物馆：位于原苏丹皇宫内的皇宫博物馆（the Palace Museum）和珍奇宫（the House of Wonders），还举办了桑给巴尔国际电影节和智慧之声音乐节（Sauti za Busara），创立了独桅帆船国家音乐学院（Dhow Countries Music Academy）。当地很多艺术家的主要收入来源不再限于为游客表演，他们开始创作迎合世界音乐市场的作品，获得了可观的收益。宾馆里摆放着"桑给巴尔风格"的家具，很多商店售卖"象征桑给巴尔"的物品。这些文化产品看起来互不相干，但它们有一个共同特点：再次强化了桑给巴尔社会和海岸社会蕴含的海洋性和"世界主义"性质（当地人常常直接用英语"cosmopolitan"来表述），以及与印度洋世界的联系。学术界和全球流行话语对跨地方互联互通、

图8.1 在一家酒店的露台中，"印度"桑给巴尔风格的床与纪念面具相融合（Paola Ivanov 摄）

---

① 石头城（Mji Mkongwe）是桑给巴尔市的老城区，2000年被列为联合国教科文组织世界遗产。

世界主义性和融合性（在音乐世界中指"跨界"）重燃研究兴趣，这与上述现象是一致的。此外，还满足了游客对桑给巴尔"阿拉伯之夜"的浪漫想象。20世纪80年代末，桑给巴尔自由化浪潮兴起，旅游业作为最重要的经济部门得到了大规模的发展。温古贾"香料岛"成为最富东方情调的旅游目的地；将阿拉伯、印度和非洲风情融于一体，成为游客们想象中的"苏丹之梦"。然而，因旅游业发展出来的"文化融合"范式未能压制"阿拉伯性"和"非洲性"的本质主义：人们仍然认为"阿拉伯性"和"非洲性"存在本质性差异，二者相互对立，主要强调在"阿拉伯""东方"方面的差异性。想象中的"非洲"旅游是基于同质化的东方或泛非文化元素，但很多桑给巴尔人认为这与他们的岛屿毫无关联，甚至代表着大陆的文化殖民现象。泛非洲的旅游艺术品，例如人像、面具、神像尤能说明此点。此外，岛上还有很多穿着"马赛传统服饰"的大陆旅游纪念品商人，也透露出大陆文化殖民的痕迹。①

但从另一方面来看，针对游客的自我表达也与当地的话语和关注点相关。行为人关心自己的过去，尤其关注殖民和后殖民时期对桑给巴尔文化的定义。一些桑给巴尔人认为革命党政权将桑给巴尔"非洲化"。对他们来说，呼吁"印度洋文化传统"是一种对政府的批判，他们认为政府压制了这种文化传统，并想借此远离"非洲"大陆。

图8.2 反对党公民联合阵线（CUF）在石头城的会议地点（Klaus Raab 摄）

图8.2 展示的是公民联合阵线在石头城的一处重要会议场所：墙上挂着为游客创作的水彩画，画中有独桅帆船、石头城的典型街道和桑给巴尔木门。有趣的是，在复兴"桑给巴尔文化"以促进旅游业发展的同时，人们也开始对桑给巴尔文化产生怀旧情绪，尤其是那些出于政治原因离开桑岛的人。桑给巴尔自由化后，这些人重新建立起与该岛的联系，或返回岛上，希望获得代表他们"失去的

---

① 我参加的一次婚礼上，主人雇了两个马赛纪念品小贩做门卫。他们手持盾牌，新娘进入接待大厅时，他们就守在入口两侧。但这一创新并没有得到很好的评价。

文化"的纪念品。桑给巴尔当地人民和旅居于此的侨民受到政治影响，产生了一种怀旧情绪。在这种情绪和旅游市场的相互作用下，在物质和视觉文化层面形成了一种典型的"桑给巴尔风格"：除了无处不在的独桅帆船，还有革命前苏丹统治时期的文化元素，其中最典型的要数精雕细琢的桑给巴尔木门和木箱，以及阿拉伯的黄铜器皿。

现在，这些元素融入了许多中高产阶级的家庭装饰中。遗留的历史问题和"桑给巴尔文化"复兴之间的相互联系，在一些移民家庭或反对派人士的婚礼中表现得尤为明显。在他们的婚礼舞台上装点着典型的"桑给巴尔风格"元素，刻意模仿"纯正的"（即革命前就存在的）桑给巴尔文化或海岸文化。在最近的一场婚礼上，新娘出场时甚至坐着人力车。人力车被视为"封建"剥削的象征，革命后就责令废止。

图 8.3　纪念品商店里的"阿拉伯"铜器和"桑给巴尔"箱子（Klaus Raab 摄）

在当地文化实践中，还有其他与政治无关（至少关联不强）的传统风尚。我将通过研究婚礼仪式和服装风格，探讨更为本地化的文化表征。乍看之下，阿拉伯时尚流传甚广。以婚礼上赞颂先知穆罕默德诞辰的仪式（maulidi）为例，城中最受欢迎的婚礼庆典商通常会搭建阿拉伯风格的舞台，他们的灵感部分来自酒店、纪念品商店和皇宫博物馆中的"桑给巴尔风格"建筑和家具元素。新郎一般穿着有金色刺绣的罩袍（joho），围腰带，佩戴装饰性的阿拉伯匕首（jambia），戴阿曼式的头巾（kilemba）。革命后，这种装束曾被视作阿拉伯男性贵族的服装，此后的一段时间内不再使用。

就日常生活的装束风格而言，自 20 世纪 80 年代以来，越来越多的女性采用阿拉伯式的遮罩风格：她们用盖头（hijab）或头巾（mtandio）遮住头颈，身着及地黑色罩袍（buibui la koti）。旧式的遮罩风格是配有面纱的宽松黑色罩袍，如今被称为"斯瓦希里式"（buibui la kiswahili），只有年长或极度贫困的女性才会穿着。自由化后，桑给巴尔重新与阿曼以及阿拉伯半岛国家建立了经济关系，相互通婚，特别是印度洋地区欣欣向荣的经济中心迪拜，新郎的新装束风格和头巾时尚体现了相互之间的紧密联系。许多桑给巴尔人都因为政治、经济原因移民到了这些国家。桑给巴尔人认为，在阿拉伯国家生活或工作的亲戚和熟人进行的定期走访与联姻，给桑给巴尔带来了时尚潮流：他们有的人带来一些阿拉伯物品，有的人在旅行期间尝试阿拉伯风格，于是在新的社会环境中实现了外形的转变。我们要注意桑给巴尔商品分类的一个核心要素，即文化产品的概念内嵌于社会关系之中，之后我们还会对此进行讨论。

图 8.4　阿拉伯人身着仪式服装，前往接待处，途经高级法院
（图片来源：*A Guide to Zanzibar*, Zanzibar：Government Press，1952）

此外，戴面纱穿罩袍的风格也与伊斯兰改良主义有关。20 世纪 80 年代末，伊斯兰改良主义在沿海地区产生了巨大影响。人们认为这种着装风格比旧式罩袍（buibui）更加虔诚，旧式罩袍是敞开的（wazi），女性的上身乃至头发会暴露在外。我访谈过的一些女性认为，戴面罩穿罩袍意味着她们与革命后宗教信仰淡漠的政府保持距离。但政治因素并不是推动这股风潮的关键所在。阿拉伯式穿着风格初引入时，主要受古兰经学院或大学的女孩和年轻女性以及中产阶级的职业女性青睐。而现在，只要财力允许，几乎所有女性都会购置这种风格的服饰。这一穿着风格构成了"现代"受过教育、谨守教规的女性群体的一大特征，提升了她们的流动性和存在感。① 因此，这种新风尚只在宗教元素上蕴含了阿拉伯性，而其政治因素微乎其微。所有桑给巴尔女性从而形成统一的整体，不论出身，成为受人尊敬的穆斯林女性，与非洲大陆的女性区分开来——受访者都强调这一点。这种着装同时也将她们与穿着"不雅"的游客区分开来。同样，桑给巴尔（及沿海地区的）男性也通过穿"桑给巴尔"传统（asili）的白色长罩袍（kanzu）、戴刺绣小圆帽（kofia）来彰显他们的宗教特质。② 伊斯兰改良主义风潮渐劲，尽管受访者看法不一，男性的白色长罩袍和女性的面纱一样变得越来越重要。

但新的面纱时尚并非毫无争议，它的出现也没有消除社会等级制度。很多批评者指责说，这种新式罩袍凸显女性身材，上面的刺绣图案和闪亮宝石会吸引男性的目光；且这种罩袍材质清透，可以敞开来穿，让人看见里面的西式服饰，年轻女性尤为热衷这种着装方式。因此，一些批评者指出，虽然这些新式服装来自阿拉伯地区，但并非真正的阿拉伯服装，而是西方主导的全球化过程中文化混淆的产物。此外，女性还会互相攀比，炫耀自己身上迪拜或阿曼进口的最新款罩袍，以彰显自己的眼光、能力和社会地位。这与沿海城市中心历来的等级地位建构方式不谋而合。老式罩袍的材质也彰显了穿着者的社会地位——能力（uwezo）不同，可负担的价位也不同——这里的能力指的是穿着者在经济上、社会上的能力，竞争和排斥愈演愈烈。每到斋月，时尚风潮发生变化，很多女性，更准确地说是她们的家庭和丈夫，实际上并没有财力添置进口的罩袍。（但职业女性可以用自己的收入购买罩袍，这强化了新风潮和"现代"女性之间的联系。）

上文的分析也适用于婚礼仪式和阿拉伯化的时尚。桑给巴尔人认为，服装和装饰中有阿拉伯元素，是因为桑给巴尔文化本身就是不同文化形式的"融合"（mchanganyiko），也是不同民族的"融合"。因此，阿拉伯的时尚也就是桑给巴尔的时尚。不过多数情况与上文所提到的反革命政治思想并无关联。据我所知，一些人声称自己有阿曼血统（不论关系亲疏），他们穿长袍（joho），围阿曼头巾，以表达自己的种族身份。而对其他人而言，这种着装方式表达的是对革命前的怀旧情绪，具有政治含义。不过，对于大多数桑给巴尔人来说，尤其是年轻人，这种服饰既成了所有人渴望的阿拉伯富裕的物化表现，也是一种与"传统"桑给巴尔小圆帽、白色长罩袍和外套（koti）相比更加"现代"的婚礼服饰。不过，"传统"服饰仍是男性在宗教场合，例如一年一度先知穆罕默德诞辰的圣纪节的正式服装。

---

① 在肯尼亚，情况也非常相似。参见：Hirsch, Susan F., *Pronouncing and Persevering: Gender and the Discourses of Disputing in an African Islamic Court*, Chicago: University of Chicago Press, 1998, pp. 53 – 54.

② 虽然普遍认为 kanzu 源自阿曼，但仍是桑给巴尔的传统服饰。kanzu 一词可追溯至公元 1000 年波斯人或阿拉伯人对古斯瓦希里语的影响，远早于阿曼人对沿海地区的影响。参见：Nurse, Derek and Thomas J. Hinnebush, *Swahili and Sabaki: A Linguistic History*, Berkeley: University of California Press, 1993, p. 317. 在阿曼，长袍被称作 dishdasha。

8　世界主义还是排他主义？——当代桑给巴尔表现性文化中的身份建构

图8.5　在一则大米广告中，一名男子身着"传统"桑给巴尔服装（Klaus Raab 摄）

这种服饰体现了伊斯兰风格，在革命之后仍广为流行，而现今的婚礼仪式则成为炫耀社会地位的竞技场。除了阿拉伯化的圣纪节，高档婚礼仪式中都要有"西洋化"（kizungu）的内容。桑给巴尔人把这部分称为欢迎女方宾客（有时也有男方宾客）的"招待会"（reception），其间播放"现代的"塔拉布音乐（rusharoho taarab）——古典塔拉布海岸音乐的新商业版本。在这一庆典活动中，新娘穿西式白色婚纱，新郎着正式西服打领带，女宾则穿长款晚礼服。桑给巴尔经济自由化后，新现金流涌入，这种攀比性质的极端化婚礼形式由此产生，突破民族界限，蔓延至桑给巴尔平民区恩安博地区（Ng'ambo）。通过举办一场"摩登"和昂贵的婚礼，那些不属于城市精英阶层的人也可自称为高雅的城市人——前提是他们能通过某种方式积累一定的资产，无论是在私企工作、做"生意"，还是通过移民等。

同过去一样，表现型文化中的大众表达和实践比本质主义言论和政客对文化、种族概念的操控更为微妙："阿拉伯性"仍代表着文明高雅的文化理想，是所有桑给巴尔人身份建构的基础，也可视作"尊严"（heshima）和"修养"（adabu）这两个普遍概念的构成基础。理论上，这一文化理想包括得体的着装、文雅的用语、礼貌、热心、自律和宗教道德。至少在经济繁荣的内涵中，它融合了欧洲元素。不过，这些欧洲元素也颇具争议，许多人认为这是全球化进程中的新风潮。但这一点经不起历史检验。一些"欧洲"时尚，比如白色婚纱和男性的"传统"外套，早在殖民时期就已出现。此外，早在19世纪，受阿曼商业统治的影响，印度、阿拉伯和欧美货物共存并销的独特消费模式就已经在桑给巴尔及沿海地区兴起。在当时高度发达的商业体系中，人们若要做好生意，提升社会地位，就需要与外界建立联系。这种联系主要通过购置进口物件得以物化。① 这种态度仍是现在身份构建的重要支柱，也是桑给巴尔文化中所有"外来"（不仅是"阿拉伯"，还包括"西方"）元素存在的原因。这反映出人们不仅热衷于追逐时尚，还偏爱那些能显示出自己与外界的联系的物品，无论这种联系是真实的还是臆想的。它在政治辩论中同样扮演着重要角色。在对革命后成立的社会主义政府的批评声浪中，最突出的一点就是该政府使桑给巴尔闭关自锁，处于孤立状态，丧失了在外界影响下形成的多元化特征。

这里，我们触及了"世界主义"的核心——在研究桑给巴尔

图8.6 西式风格的婚礼（Paola Ivanov 摄）

和沿海社会时我们常用这个词。正如上文所述，桑给巴尔人相信，社会和文化的包容性和相互联系是当地社会的基石：根据大众对历史的一般理解，桑给巴尔文化和社会是一个"混合体"（mchanganyiko），是不同的种族和文化形式融合的结果。这种融合不仅来自整个印度洋地区，在19世纪桑给巴尔融入世界经济后，也随之拓展到了世界各地。沿海社会的居民生活在跨区域关系网络之中，这一网络覆盖整个印度洋地区，并在近几十年间由于移民而延伸到了欧洲和北美地区。人口流动和建立跨地域联系是首选的社会策略，也是地方价值体系中最受推崇的策略。人口流动方式包括贸易旅行和普通旅行，比如探亲（此处"亲人"的定义很广），以及在某地短期或长期旅居。同时，这些人也会与原籍地保持密切联系，往往在原籍地举行家族仪式（其中最重要的是婚礼）。根据移民原籍社会中特有的"移民文化"的概念②，我建议在讨论斯瓦希里社会时暂且不谈世界主

---

① Prestholdt, *Domesticating the World*, pp. 88 – 116; Glassman, Jonathon, Feasts and Riot: *Revelry, Rebellion, and Popular Consciousness on the Swahili Coast, 1856 – 1888*, Portsmouth: Heinemann, 1995.

② Cohen, Jeffrey Harris, *The Culture of Migration in Southern Mexico*, Austin: University of Texas Press, 2004; Massey, Douglas S. et al., *Worlds in Motion: Understanding International Migration at the End of the Millenium*, Oxford: Clarendon Press, 1998; Hahn, Hans Peter and Georg Klute (eds.), *Cultures of Migration: African Perspectives*, Berlin: Lit, 2007.

义，而改用"跨地域文化"一词。①

对文化实践的分析表明，桑给巴尔的跨地域文化是基于跨地域"社会景观"②的构建之上的。当地人在物质和审美上借鉴了"外国"（geni）元素，构建起这种"社会景观"。在斯瓦希里语中，"geni"一词也有"宾客"的意思。在日常互动和表演性质的活动中，尤其是在盛大奢侈的婚礼上，人们展示和消费"外来"（nje）物品，从而实现了对"外国"元素的借鉴。③阿帕杜赖（Appadurai）认为这种豪奢仪式可以解读为一种"价值竞赛"，安妮·梅内利（Anne Meneley）在也门也做了类似的研究。阿帕杜赖将其定义为"以某种文化上明确界定的方式脱离经济生活常规的复杂的周期性事件"。在这种情况下，协商对象不仅包括社会地位，还包括"相关社会中最核心的价值取向"④，即沿海社会中的"文明"与尊严（heshima）。更明确地说：原则上，在桑给巴尔的文化分级体系中，任何一个民族或社会群体（不论是"本地的"还是"非本地的"）都有特定的"风格"（即斯瓦希里语中的"mtindo"，但人们更常使用英语中的"style"来表述）。这种风格从物质和审美角度进行定义，主要包括服装、装饰、食物、饮料、熏香、香水、音乐和舞蹈。通过消费和展示这些借鉴的物品和"风格"（根据当地的定义，它们主要源自"欧洲"或"阿拉伯"地区⑤），这种跨地域关系也体现在个体或群体间的互动过程中。在这一过程中，行为人通过社会经济手段获得备受推崇的"风格"和物品，并转化为一种审美和道德价值：转化为意识和精神上的美与高尚，转化成"文明"。在转化过程中，人们通过高尚、文明的互动创造出了"尊严"（heshima）的最高价值（约翰·米德尔顿认为主要采用交换礼物的形式）⑥，他们的地位也随之提升。地位的竞争也是该实践的一部分，参与者必须不断借鉴最新的物品和风格。

从这种创造关系的方式到身份认同，融合了"外国"审美，可以追溯到历史上进口货物在印度洋贸易网络中的作用。在私营经济中，这些来自"外国"的货物体现出个人或家族的贸易关系。贵重物品的交换和对文化形式的借鉴提供

---

① 这样我就不会把文化看作一种稳定结构。文化实践是社会互动的结果，是不断变化的。参见：Klute, Georg, and Hans Peter Hahn, "Cultures of migration: introduction", in Hahn and Klute (eds.), *Cultures of Migration*, pp. 9 – 27. 关于跨地域性的概念，参见：Freitag, Ulrike and Achim von Oppen, "Introduction: 'Translocality', an approach to connection and transfer in area studies", in Freitag, Ulrike and Achim von Oppen (eds.), *Translocality: The Study of Globalising Processes from a Southern Perspective*, Leiden: Brill, pp. 1 – 21.

② Appadurai, Arjun, *Modernity at Large: Cultural Dimensions of Globalization*, Minneapolis: University of Minnesota Press, 1996, pp. 34 – 37.

③ 这里的消费应从非具象角度来理解，它是一种由社会塑造的实践，同时也在塑造着社会。

④ Appadurai, Arjun, "Introduction: commodities and the politics of value", in Appadurai, Arjun (ed.), *The Social Life of Things: Commodities in Cultural Perspective*, Cambridge: Cambridge University Press, 1986, p. 21; Meneley, Anne, *Tournaments of Value: Sociability and Hierarchy in a Yemeni Town*, Toronto: University of Toronto Press, 1996.

⑤ 事实上，很多"欧洲"和"阿拉伯"商品都产自中国和东南亚。

⑥ Middleton, *World of the Swahili*, p. 194.

了一个互动平台，在这一平台上，可以建立由亲属、赞助者、客户组成的跨地域贸易网络和联盟。① 但是，正如上文所述，除了贸易，外国时尚流行和商品的获取也与桑给巴尔家庭的跨地域关系网有关，这种关系网可能是实际的联系也可能是概念上的联系。即使没有实际的人际关系，也可以通过市场交换获得外来商品，从而建立一种审美联系。因此，展示阿拉伯时尚通常象征着商人和潜在贸易商等与阿拉伯半岛及其经济可能性的关系。桑给巴尔人也采用同样的模式改造西方商品。通过给予尊重、声望和地位，采用当地社会认可的审美，让人们对自身所在的社会和外部世界产生新的想象和定位。因此，这种审美和物质社会景观在某种意义上是想象出来的，尤其在商品交易繁荣发展的19世纪末期更是如此。

因此，桑给巴尔（甚至东非沿海地区）的跨地域性文化以物质、审美、现实和想象方面的社会文化拓展过程为基础，通过模仿（更具体地说，是模仿式消费）融入外部世界。这是一种植根于历史的、特殊的外向型互联模式。当代针对互联历史和跨地域联系和经历的研究中有一些常用的理论框架，如果将这种互联模式与之相比较，会发现一些矛盾之处。第一，上述关系在物质-审美方面的体现与传统分析概念有所不同。在传统分析概念里，模仿性是一大突出特点。在研究非洲人对外国（尤其是西方国家和全球）商品的借鉴时，研究者常用模仿概念进行分析。与弗里茨·克雷默（Fritz Kramer）、迈克尔·陶西格（Michael Taussig）的解读不同，上述关系在物质-审美方面的体现并不是要以颠覆性的手段消除"外国"（即"西方"）的影响②；也不符合霍米·巴巴（Homi Bhabha）的殖民模仿理论所定义的对复制的（霸权的）象征秩序的破坏或掩饰③。所谓颠覆，只是发生在"西方"社会的后殖民研究者的个人看法。第二，本文描述的消费主义形式并不是西方影响的结果，也不是民族通婚、克里奥尔化或文化融合的表现形式，而是创造性地对（源于西方的）"全球消费文化"进行改良，使之融入当地的社会文化环境。本文所指的消费主义形式是一种独立的文化形式。对外界新事物渴求的原因在于当地社会构建，而不是因为物质商品尤其是新的全球消费商品产生了某种"致命吸引力"。④ 在研究非西方消费时，全球消费商品通常被视为（西方）"现代性"的物质隐喻（可能有所争议），可推动当地社会走

---

① Horton, Mark and John Middleton, *The Swahili: The Social Landscape of a Mercantile Society*, Oxford: Blackwell Publishers, 2000, pp. 110 – 114, 196 – 197; Lambek, "Foreword", in Simpson and Kresse (eds.), *Struggling with History*.

② Kramer, Fritz, *The Red Fez: Art and Spirit Possession in Africa*, London: Verso, 1993; Taussig, Michael, *Mimesis and Alterity: A Particular History of the Senses*, New York, London: Routledge, 1993.

③ Bhabha, Homi K., *The Location of Culture*, New York, London: Routledge, 2004 (2nd rev. edition), pp. 121 – 131.

④ Hahn, Hans Peter, "Appropriation, alienation and syncretization: lessons from the field", in Adogame, Afe, Magnus Echtler and Ulf Vierke (eds.), *Unpacking the New: Critical Perspectives on Cultural Syncretization in Africa and Beyond*, Münster: LIT, 2008, p. 71.

向"现代"(或倒退)。① 我们必须把斯瓦希里沿海社会独特的消费模式放在"同时期的"② 世界历史中进行研究。但是,这种消费模式既不属于"西方"消费类型,也没有"西方现代性"的特征。这意味着,如果观点中有(适应当地社会的)"多重现代性"这种表述③,那么该观点还是沿用了之前的"西方"模型,无法揭示当地的真实情况。这种情况下,世界范围内互联互通的过程促进了独立文化形式的产生。④ 这些方法并没有抛弃欧洲中心历史观下的单向性特征,因为相关学者不愿意相信现代历史其实是多元的、无方向性的,他们也没有考虑到现代历史中的某些现象与西方定义的"现代性"概念是矛盾的,例如东非沿海社会模仿性、想象性的消费和审美实践。

最后,有些学者认为,使用消费主义这一特定形式来借鉴改造其他地方的物资,是桑给巴尔"世界主义"的重要特征。⑤ 这种解读符合后殖民时代对世界主义的定义,与卡罗·布雷肯里奇(Carol Breckenridge)、谢尔登·波洛克(Sheldon Pollock)、霍米·巴巴(Homi Bhabha)和迪佩什·查卡拉巴提(Dipesh Chakrabarty)在《公共文化》(*Public Culture*)中发表的观点相一致,即世界主义是"超越本地的思考能力和行动能力"。⑥ 在此暂且不去讨论该定义是否过于宽泛。重要的是,在本文所描述的跨地域扩张和融合的过程中,等级制度得以建

---

① 非洲的情况可参见: de Boeck, Filip, "Domesticating diamonds and dollars: identity, expenditure and sharing in southwestern Zaire (1984 – 1997)", in Meyer, Birgit and Peter Geschiere (eds.), *Globalization and Identity: Dialectics of Flow and Closure*, Oxford: Blackwell, 1999, pp. 177 – 209; Hansen, Karen Tranberg, *Salaula: The World of Secondhand Clothing and Zambia*, Chicago: University of Chicago Press, 2000; Lambert, Michael C., *Longing for Exile: Migration and the Making of a Translocal Community in Senegal, West Africa*, Portsmouth: Heinemann, 2002; Meyer, Birgit, "Commodities and the power of prayer: pentecostalist attitudes towards consumption in contemporary Ghana", in Inda, Jonathan Xavier and Renato Rosaldo (eds.), *The Anthropology of Globalization: A Reader*, Malden: Blackwell, 2002, pp. 247 – 269; Newell, Sasha, "Migratory modernity and the cosmology of consumption in Côte d'Ivoire", in Trager, Lillian (ed.), *Migration and Economy: Global and Local Dynamics*, Walnut Creek, CA: Altamira Press, 2005, pp. 163 – 190. 关于斯瓦希里和桑给巴尔的情况可参见: Fuglesang, Minou, *Veils and Videos: Female Youth Culture on the Kenyan Coast*, Stockholm: Dept. of Social Anthropology Stockholm University, 1994; Burgess, Thomas, "Cinema, bell bottoms, and miniskirts: struggles over youth and citizenship in revolutionary Zanzibar", *International Journal of African Historical Studies*, 35, 2 – 3 (2002), pp. 287 – 313.

② 参见 Fabian, Johannes, *Time and the Other: How Anthropology Makes Its Object*, New York: Columbia University Press, 1983.

③ 关于非洲"现代性"的理论立场综述,请参见: Geschiere, Peter, Birgit Meyer and Peter Pels (eds.), *Readings in Modernity in Africa*, Oxford: James Currey, 2008.

④ Mitchell, Timothy, "Introduction" and "The stage of modernity", both in Mitchell, Timothy (ed.), *Questions of Modernity*, Minneapolis, London: University of Minnesota Press, 2000, pp. xi-xxvii, 1 – 34.

⑤ Prestholdt, *Domesticating the World*, p. 91; Bang, Anne, "Cosmopolitanism colonised? Three cases from Zanzibar, 1890 – 1920", in Simpson and Kresse (eds.), *Struggling with History*, pp. 167 – 188.

⑥ Breckenridge, Carol A., Sheldon Pollock, Homi K. Bhabha and Dipesh Chakrabarty, "Cosmopolitanisms", in Breckenridge, Carol A., Sheldon Pollock and Homi K. Bhabha (eds.), *Cosmopolitanism. Public Culture*, 12/3, Durham: Duke University Press, 2000, pp. 586 – 587.

立，随之而来的还有排他性——排斥跨地域网络之外（或被视为在该网络之外）的个人和群体，排斥被诬蔑为缺乏"尊严"和"文明"的个人和群体。在把社会经济价值转化为美、文明和尊严的过程中，人们处于审美 - 阶级的社会两极之间，一极是"文明的"、有尊严的，另一极是不（完全）"文明的"、没有（或缺乏）尊严的。如今，这些"非对称反义词"①中最重要的还是"阿拉伯的"（即地位高、文明、美丽、充满尊严）和"非洲的"（即地位低、不文明、不美丽、缺乏尊严），还有"城市的"（地位高、精致的）和"农村的"（地位低、粗鄙的）。和过去一样，凡是没有尊严的人，也就是那些"野蛮人"（mshenzi）、"混混"（mhuni）以及来自农村的"乡巴佬"（mshamba）都会遭到"文明"群体的排斥，这引发了人们对什么"值得尊敬"、什么"不值得尊敬"的持续争论。②从概念上看，当地人将自己社会中的人民和文化定义为"混合体"（mchanganyiko），这就已经将所谓"纯正的"、没有参与到跨地域关系网中的非洲人排除在外了。他们还将这些纯种非洲人贬低为"（内陆的）野蛮人"，与"沿海地区的文明人"构成一组非对称反义词。这种排他机制针对的不仅是被鄙视的内陆瓦巴拉人（wabara），还可能影响农村人甚至将其边缘化，尤其是温古贾岛的农村人，他们被称为（纯正的）"非洲土著"。被排斥的还有所有被蔑视为缺乏审美的农村"土包子"（washamba）。也就是说，所有没有能力自行构建跨地域网络的农村人和城镇人都被排除在外，本文末尾我们会再讨论这一点。我们面对的不是全球化社会学家乌尔里希·贝克（Ulrich Beck）所定义的世界主义的"包容性差异逻辑"③，而是一种阶级性、排他性的"混合"身份。这种身份否定了目前认为跨地域或跨文化身份是平等包容的概念。这一发现与乌尔里克·弗赖塔格（Ulrike Freitag）和阿齐姆·冯·奥彭（Achim von Oppen）的观点是一致的。他们认为，与理想情况相反，跨地域性总是包含区别化、排斥性和多重边界。④

与此同时，西方的二分术语并不能充分地表达非二元身份的形成。非二元身份并不是基于单一的、本质化的分类标准，而是基于流动性、转化性和多样性的文化实践，包括在桑给巴尔身份中融入"阿拉伯性"和"欧洲性"。对物质和表现性身份实践的分析表明，"阿拉伯性"和"非洲性"、"文明"和"野蛮"、"城市"和"农村"的二元对立并不能反映出绝对的社会分类。⑤ 它们并非互斥，而

---

① 这些词源自：Koselleck, Reinhart, "Zur historisch-politischen Semantik asymmetrischer Gegenbegriffe", in Koselleck, Reinhart, *Vergangene Zukunft: Zur Semantik geschichtlicher Zeiten*, Frankfurt a. M.: Suhrkamp, 1979, pp. 65 – 104.

② 例如，关于面纱问题可参见：Ivanov, Paola, "Verschleierung als Praxis: Gedanken zur Beziehung zwischen Person, Gesellschaft und materieller Welt in Sansibar", in Tietmeyer, Elisabeth, Claudia Hirschberger, Karoline Noack and Jane Redlin (eds.), *Die Sprache der Dinge—Kulturwissenschaftliche Perspektiven auf die materielle Kultur*, Münster: Waxmann, 2010, pp. 135 – 148.

③ Beck, *Cosmopolitan Vision*, p. 4.

④ Freitag and Oppen, "Introduction: 'Translocality'".

⑤ Pouwels, *Horn and Crescent*, p. 28.

是互补的两极。在这两极之间，人们通过（表演性的）实践来构建自己的社会地位。在此过程中，不同文化形式的起源并不能反映历史现实，而是遵循一种以意识形态为基础的文明形态。① 人们默认一切高等事物都与"阿拉伯性"（偶尔与"欧洲性"）、文明和城市有关。例如，头巾等装束其实并不是阿曼阿拉伯人引进的，而是"设拉子"统治时期的重要着装特征；② 相反，人们将一切低等事物都贬低为"非洲的"或"本地的"，即"斯瓦希里的"。例如，旧式罩袍（buibui）风靡时，人们认为它源自阿曼人或哈达拉毛人。

最后，我认为应当反思，目前跨文化和跨社会互联性研究中常用的概念框架，例如"杂合"概念（以及其他表示"混合"和"间隙"的术语）和"世界主义"的概念，是否具有合理的理论和认知范围。研究者提出这些术语，尝试打破以国家主体和二元对立为基础的、以欧洲为中心的、单一的社会文化模型。这些术语仍然不断将"文化""身份"和"差异"等概念本质化，实际上先构建出了这些术语间有待弥合的分歧之处。不管是过去还是现在，非西方（可能也包括西方）社会中的身份构建具有灵活性和多重性。人类学研究有责任指出，上述概念并不能反映出身份构建的特点，这不仅可以证明上文所述的多样"历史"确实存在，还有助于将欧洲中心主义概念真正本土化。无论如何，这些概念框架都不适用于解释"跨地域文化"，因为这些文化实践的目的就是建立跨地域的关系网络；这些概念框架也不适用于解释将"外国"特质融入"本土"社会，从而在社会、概念、审美和物质层面都超出本土层次。在撒哈拉以南地区，斯瓦希里人和桑给巴尔人展现出高度的包容性，这并非个例。以融入大西洋贸易体系的众多西非政体为例，它们同样会借鉴"外来"文化和社会风尚。③ 因此，为避免术语不统一，应转而探讨社会文化联系在转化过程中的不同形态，包括基于民族国家概念的西方形态，和试图超越这一西方形态的尝试。

回到对桑给巴尔实践的分析中来，应当补充一点，和殖民前一样，如今的身份认同仍然与跨地域的和本地的各种话语和关注点紧密相关。这不仅源于对过往经历的思考，比如至今仍在讨论的革命时期的种族对立以及相关暴力活动，还与当前全球化进程所引发的问题密切相关，比如对女性社会地位、移民问题、伊斯兰改良主义、旅游业和西方文化的巨大影响的看法等。从始至今，桑给巴尔人一直在进行自我定义。他们所处的关系网络和话语有新有旧，有时是本地的，有时是跨地域的，他们正是从这众多层面上构建了不断变化，又具有特定结构的生活

---

① 人类起源也是如此，但是此处无法详细阐述这一点。
② Pouwels, *Horn and Crescent*, p. 28.
③ Friedman, Jonathan, *Cultural Identity and Global Process*, London: Sage, 1994, pp. 105 – 116; Barber, Karin and Christopher Waterman, "Traversing the global and the local: Fújì music and praise poetry in the production of contemporary Yorùbá popular culture", in Miller, Daniel (ed.), *Worlds Apart: Modernity through the Prism of the Local*, London, New York: Routledge, 1995, pp. 240 – 262; Ben-Amos, Paula, *Art, Innovation, and Politics in Eighteenth-Century Benin*, Bloomington: Indiana University Press, 1999.

环境。在这一背景下，全球化、西方影响和电视普及所带来的文化混乱感弥漫在整个桑给巴尔城市之中。在桑给巴尔人眼中，穆斯林主导的桑给巴尔社会的核心价值观——"尊严"（heshima）正在消失。所有这些问题都可能在意识形态上与旧有的种族二元对立联系在一起，尽管二者并不一定相关。虽然沿海社会的特殊主义依然存在，与大陆的对比依然鲜明，但也有可能把灵活可变的文化理想本质化，从而造成社会分裂。但是，本文的分析可能也有助于我们更好地理解这种分裂，它可能比构建种族或文化对立的分裂更具破坏性，也可能是桑给巴尔人对现代生活普遍感到不适的根源。

在此，我想简单分析一下由斯瓦希里艺术团（Swahili Arts Group）的两名成员创作的一首嘻哈歌曲的歌词和 MV。斯瓦希里艺术团是一个来自平民聚居的加翁贝区（Jang'ombe）的年轻的音乐表演团体，他们在 2006 年桑给巴尔音乐颁奖典礼上获得了"最佳新人奖"。很多桑给巴尔嘻哈歌曲（Zenj flava）都喜欢走"高端"的阿拉伯和欧美路线，展示富足的城市生活，比如 MV 中的装有精美桑给巴尔大门的别墅，以及带有刺绣的罩袍和头巾。但歌曲《驴的报恩》（Fadhila ya Punda，歌名出自斯瓦希里谚语——"驴报恩的方式是蹬你一脚"）展现的却是一段乡村爱情故事。歌曲 MV 中的女主角着肯加女服，现在这种装束被视作"传统"服装，只有穷人或乡下女人才会穿着出门。在故事的结尾，一个富商（身着西式服装，开着豪车）为这个女孩打开了通往城市的大门：在 MV 的一连串场景里，富商陪女孩去逛时装店和超市，为她买了时尚的牛仔裤和许多食物。在西方人眼中，这首歌是在批判把爱情商品化的行为，但若仔细品味，便能意识到其中别有深意。到商店和超市为女孩买衣服和食物的情节正体现出了桑给巴尔的社会关系：在桑给巴尔的婚姻和家庭关系中，买东西、送礼物是常见的一种代表亲密关系的方式。因此，西方人眼中的爱情商品化，在桑给巴尔讲究互惠的道德经济中反而体现了真爱，体现了对女性的尊敬；正如 MV 中的女孩在独白中所说的那样①，这个富人是"懂得爱情"、能给予爱情的人。尽管这首歌的歌名所蕴含的意思是"被抛弃的爱人"，但歌词中并没有责怪这个女孩，而是在感慨这个男子不应因"谣言"而经历"悲惨遭遇"。桑给巴尔社会以尊严为基础，遭受羞辱是桑给巴尔男人最悲惨的命运。如果一个男人没有成家，他便得不到尊重，也不会被成人社会所接纳。

由此我们可以看出，上述排他机制产生了十分深远的影响。正如阿帕杜赖所说的那样，在"价值竞赛"中（在桑给巴尔，竞赛形式就是在节日消费进口商品，互换"外来"的高雅物品），社会核心价值的"倾向性"引起争论，争论的结果不是接纳就是排斥，也就是将一个人视为社会存在还是社会死亡。这首歌的

---

① 她说："他是我的挚爱，他懂得爱情，而不（只）会在芒果树下互喂芒果。"（在农村爱情中，女孩和穷小子就是如此。）

MV 或许能帮助我们理解现在的情况：在对乡村爱情故事的描绘中，拍摄者运用了很多关于爱的意象，如鲜花和水果（吃水果是性关系的隐喻），这些意象来源于经典塔拉布（taarab）音乐歌词。桑给巴尔自由化后，现代商业塔拉布音乐取代了经典塔拉布，在攀比性质的婚礼上被广泛运用。经济自由化前，社会推崇关于爱、"阿拉伯性"、尊严与礼仪（heshima na adabu）的崇高理想，而现在已渐渐淡出人们的视野。现在，桑给巴尔人把所谓"阿拉伯的"或"欧洲的""现代"文化形式，拿来攀比炫耀，加深了社会分歧。一部分人从自由化的新经济中获利（哪怕是通过不道德的途径），或者通过海外的亲戚或移居海外获利；一部分人被剥夺了金钱、"尊严"和"身份地位"，面临着被社会排斥的威胁。自由化泛滥的后果之一，是道德在某种程度与行为人的社会经济地位无关。行为人以另一种方式创造了物质美、道德美，以及"文明"和"尊严"。抛开道德，他们仍然能构建尊严、文明，甚至道德观。这种悖论不是来源于话语类型分类（尽管这种分类是本质主义性质的，甚至是种族主义性质的），而是来源于桑给巴尔人社会身份构建的实践。这种悖论与生俱来、无法调和。除已经讨论过的原因之外，我们或许可以把这种矛盾视为现今桑给巴尔人的不适感和道德文化断裂感的深层原因。桑给巴尔人通过攀比消费"外来"（阿拉伯地区和欧洲地区）商品来构建尊严、"文明"，而这种特殊的身份建构很好地解释了这一过程中固有的残酷性和破坏力，也是人与人之间关系紧张的根源。一旦经济状况恶化，一部分人将一无所有，需要通过激烈的竞争来赢得尊重，因此，人与人之间的紧张竞争关系将会加剧。桑给巴尔和斯瓦希里社会特有的身份构建实践迫使人在受尊重和遭羞辱之间做出选择，影响个人的社会存在。和革命前夕一样，贫富差距、获得尊重和"文明"的机会以及社会包容性及排他性等问题依然困扰着桑给巴尔。在当今更广阔的经济、社会和政治背景下，这些问题威胁着桑给巴尔社会的基本价值观念。

9

桑给巴尔科摩罗人的身份认同及公民权（1886—1963）

伊恩·沃克（Iain Walker）

2009年8月，桑给巴尔移民局专员明丘姆·哈桑·萨鲁姆（Mwinchum Hassan Salum）宣布，因桑给巴尔的科摩罗人没有遵照桑给巴尔首任总统阿贝德·阿曼尼·卡鲁姆（Abeid Amani Karume）于1968年发布的指示，归化为坦桑尼亚公民，桑给巴尔移民局将收缴此类桑给巴尔科摩罗人的护照。[①] 在此之前，移民局就已拒绝向一些桑给巴尔科摩罗人签发护照。该新规与卡鲁姆1968年11月的指令内容基本保持一致，"除非桑给巴尔的科摩罗人放弃其法国公民身份，正式成为坦桑尼亚公民，否则科摩罗人自昨日起不再是坦桑尼亚公民。"[②] 2009年的新规在桑给巴尔的科摩罗人社群之外或许并不为人所知，但1968年的总统指令引发了由执政党非洲设拉子党组织的反科摩罗人示威。这些示威是由革命政府支持的、有组织的反社群主义活动。在革命期间及之后，他们谋害、驱逐"阿拉伯人"（主要针对阿拉伯人，但也包括其他亚洲人）；关闭与种族相关的机构（包括法国-科摩罗学校和科摩罗人协会）；1970年，出台了臭名昭著的强制婚姻和种族同化政策。[③] 虽然这些政策针对多个族群，但多年来桑给巴尔的科摩罗人多次遭到攻击。同时，鉴于科摩罗社群规模小、缺乏经济和政治权力，有必要专门对其进行背景分析。

---

① *The Guardian*（Dar es Salaam），27 August 2009, p.1. 为了避免歧义，除非另有说明，在本文语境下的"科摩罗人"既指来自科摩罗恩加济贾岛（大科摩罗岛）的人，也指其祖先来自科摩罗群岛之一并定居在桑给巴尔的科摩罗人。这些科摩罗人的祖先绝大多数也来自恩加济贾岛；祖先来自其他岛屿的科摩罗人要么被同化为这一类人，要么还具有其他身份。

② *The Standard Tanzania*, 16 November 1968, p.1.

③ 1970年，为了消除设拉子身份，个人必须签署一份废除种族的声明，桑给巴尔国家档案中有七卷这样的个人声明（Zanzibar National Archives (ZNA) DJ4/1-7, *Hati ya Kujulisha Ufutaji wa ukabila*）。1966年的婚姻法修改令允许强制婚姻，目的也是消除种族身份，参见：Maoulidi, S., "Between law and culture", in Hodgson, D., *Gender and Culture at the Limit of Rights*, Philadelphia: University of Pennsylvania Press, 2011. 1970年的声明特别鼓励亚洲人和阿拉伯人与非洲人联姻。这通常被视为允许执政的精英阶层娶亚洲女孩为妻。参见：Martin, E., *Zanzibar: Tradition and Revolution*, London: Hamilton, 1978.

许多桑给巴尔的科摩罗人依然对这种迫害心存恐惧,尽管其他社群(如也门人)已逐渐开始重拾身份并恢复社群活动,但科摩罗人仍然抱着审慎的态度。这种心理上的抗拒/排斥,还有其他桑给巴尔人长期以来对待他们的矛盾心理,很大程度上是由于在殖民时期科摩罗人致力于维护他们特有的社群特征/身份。桑给巴尔的科摩罗人坚持认为,其族群具有独特性。虽然他们曾试图融入桑给巴尔的阿拉伯人社群,但英国殖民当局并没有接受这种主张。鉴于此,他们又将自己视为法国人。① 与此同时,科摩罗人还必须保持其与故乡恩加济贾岛(Ngazidja,即大科摩罗岛——译者注)的联系。很多人认为这种联系是高度矛盾的,既在科摩罗人社群的形成过程中推波助澜,同时又引发了许多社群内部冲突。恩加济贾是科摩罗妇女的重要来源地,科摩罗人的母系继嗣制度进一步增强了他们与故乡的联系,这对推动身份认同至关重要。桑给巴尔的科摩罗人与故乡的联系在传统仪式之中体现得尤为明显,特别是恩加济贾岛繁琐的 aada 婚礼习俗。桑给巴尔的科摩罗人会在亲属的劝告下回到故乡举办婚礼,这种婚礼仪式有助于桑给巴尔科摩罗人确认其社会及空间意义上的归属感。

身份认同问题,无论是真实存在还是主观想象,都是桑给巴尔研究所关注的议题②:科摩罗作为法国的保护地期间确立(和引起争议)的身份认同,在革命浪潮的涌动下愈加尖锐,进一步加剧了阿拉伯人与非洲人之间的对立。本文讨论的并非革命时期科摩罗人的身份认同问题,而是根据口述材料和档案资料,追溯科摩罗人在保护地期间确立身份认同的历史,旨在描述他们在社群内部如何产生分歧,如何在战略冲突日趋尖锐的情况下,主张拥有正式界定的法国公民身份,从而获得权利、特权和社会资源。他们基于这种更主观的身份认同,表达社会空间的归属感、参与仪式。在 20 世纪上半叶,科摩罗人社群内两个派别的战略意图通常是一致的,一派认为他们不仅是普通的桑给巴尔人,同时也是精英阶层,在桑给巴尔岛上享有特殊地位;另一派则希望基于与恩加济贾的联系继续保持科摩罗人身份,两派都在寻求作为法国公民的优势。然而,在战后桑给巴尔民族主义情绪日益高涨的背景下,科摩罗人发现越来越难以调和因身份问题引发的差异

---

① 科摩罗人特别坚持自己的阿拉伯身份,现在科摩罗是阿拉伯联盟的成员。因篇幅有限,有关科摩罗阿拉伯人身份的问题,请参阅 Walker, I., *Becoming the Other, Being Oneself: Constructing Identities in a Connected World*, Newcastle: Cambridge Scholars Publishing, 2010.

② 以下是几个例子: Bissell, W., "Casting a long shadow: colonial categories, cultural identities, and cosmopolitan spaces in globalizing Africa", *African Identities*, 5, 2 (2007), pp. 181 – 197; Fair, L., *Pastimes and Politics: Culture, Community and Identity in Post-abolition Urban Zanzibar, 1890 – 1945*, Ohio: Ohio University Press, 2001; Glassman, J., *War of Words, War of Stones: Racial Thought and Violence in Colonial Zanzibar*, Bloomington: Indiana University Press, 2011; Larsen, K., "Change, continuity and contestation: the politics of modern identities in Zanzibar", in Caplan, P. and F. Topan (eds.), *Swahili Modernities*, Trenton NJ: Africa World Press, 2004.

甚至冲突，最终被迫在保持法国公民身份或归化为桑给巴尔人之间做出选择。

科摩罗人的战略是在确定法国公民身份的前提下，尽可能地在桑给巴尔和恩加济贾保持社群的凝聚力并主张权利。个人所做的选择既反映了目标（集体目标和个人目标）的相对重要性，也反映了对目标的可实现性的现实评估。我们可以借用斯皮瓦克（Spivak）① 的"战略本质主义"理论来理解社群身份的巩固：社群身份的巩固是一个对不断变化的条件和机会做出应对的过程，社群中的不同成员在不同文化背景的影响下，根据采取行动时所处的宏观背景，不同程度地参与到身份的战略选择之中。科摩罗人的身份具有流动性特质，他们可以利用不同层次的身份特征，在协调群体身份认同的同时，也被群体身份所塑造。70 余年来，他们在身份建构方面取得成功，一方面说明他们具备了维持身份定位的能力，另一方面也说明了"科摩罗人"这一称谓所涵盖的身份范围之广。

9.1 科摩罗人和桑给巴尔社群的建立

桑给巴尔社会的世界主义特征不言而喻。② 1840 年，马斯喀特的伊玛目苏丹赛义德·萨义德·本（Sayyid Said bin Sultan）将行政机构迁往桑给巴尔城。桑给巴尔城逐渐发展成为东非海岸主要的商业中心，吸引了阿曼人、哈达拉毛人、不同背景和信仰的印度人、果阿人（被认为完全不同于印度人）、索马里人、科摩罗人和欧洲人前来定居。大量奴隶从大陆被引进到桑给巴尔，其中大多数在奴隶制废除之后留在了桑给巴尔。随后，自由人也从大陆来到桑给巴尔。桑给巴尔本身还拥有"土著"居民：通巴图人（Watumbatu）、哈迪姆人（Wahadimu）和设拉子人（Shirazi）。后来，殖民政府将这些多元异质族群进行分类，以立法的形式正式确定了等级制度，欧洲人居最高地位，其次是亚洲人（包括阿拉伯人），最底层为非洲人（"原住民"）。此外，在这一等级体系中还存在不同的次等级认定，身份认同模棱两可的族群采取了许多策略以获得优势地位，科摩罗人便是其

---

① Spivak, G. C., "Criticism, feminism, and the institution", in Harasym, S. (ed.), *The Post-Colonial Critic*: *Interviews*, *Strategies*, Dialogues, London: Routledge, 1990.

② Prestholdt, J., "Mirroring modernity: on consumerism in cosmopolitan Zanzibar", *Transforming Cultures eJournal*, 4, 2 (2009), pp. 165 – 204. 关于19 世纪桑给巴尔的发展，参见：Sheriff, A., *Slaves*, *Spices & Ivory in Zanzibar*: *Integration of an East African Commercial Empire into the World Economy*, *1770 – 1873*, London: James Currey, 1987.

中最具代表性的族群之一。①

科摩罗群岛和桑给巴尔群岛都是斯瓦希里社会文化连续体的组成部分。早在19世纪，桑给巴尔群岛和科摩罗群岛，尤其是和恩加济贾岛之间的贸易往来已经非常活跃。在赛义德·萨义德·本迁都时，一小批科摩罗人早已定居在桑给巴尔，并在当地发挥着重要作用。19世纪60年代中期②，据理查德·伯顿（Richard Burton）估算，这批科摩罗人大约有2000人。1862年，英国驻恩兹瓦尼（Ndzuani，现称昂儒昂岛——译者注）领事威廉·桑利（William Sunley）则认为人数在3000～4000之间。19世纪70年代末和80年代初，1000余名科摩罗人迁居桑给巴尔，据1882年法国驻桑给巴尔领事报告："满载科摩罗人的帆船不断抵达。"③ 科摩罗人在桑给巴尔担任了各种社会角色：苏丹王宫的大臣、士兵和译员，还有部分人从事极为琐碎的工作。④ 科摩罗人，特别是具有哈达拉毛血统的科摩罗人，在这里成为宗教领袖。其中最著名的是20世纪初担任桑给巴尔首席法官的阿赫麦德·本·阿布巴卡尔·本·苏梅特（Ahmed bin Abubakar bin Sumeit）。苏丹马吉德·本·萨义德（Majid bin Said）在19世纪60年代任命了科

---

① 关于桑吉巴尔的科摩罗人，请参阅：Saleh, I., *A Short History of the Comorians in Zanzibar*, Dar-es-Salaam: The Tanganyika Standard, 1936; Saleh, M., "Les Comoriens de Zanzibar et le culte des esprits kibuki malgaches", in Nativel, D. and F. Rajaonah (eds.), *Madagascar et l'Afrique. Des Liens et des Appartenances Historiques*, Paris: Karthala, 2007; Saleh, M. Ahmed, "L'enjeu des traditions dans la communauté comorienne de Zanzibar", in Le Guennec-Coppens, F. and D. Parkin (eds.), *Autorité et Pouvoir Chez les Swahili*, Paris: Karthala, 1998; Saleh, M., "La communauté zanzibari d'origine comorienne. Premiers jalons d'une recherche en cours", *Islam et Sociétés au Sud du Sahara*, 9 (1995), pp. 203 – 210. 还可参阅：Toibibu, Ali Mohamed, "Les Comoriens de Zanzibar durant la 'Révolution Okello' (1964 –1972): la xénophobie de la république", *Journal des Africanistes*, 76, 2 (2006), pp. 137 –154; Walker, I., "The Comorians, the British, the French and the Arabs: struggle for status in the Protectorate of Zanzibar", *ZIFF Journal*, 4 (2007), pp. 89 –98. 关于科摩罗人，请参阅：Fair, *Pastimes*, passim.

② Saleh, *A Short History*, p. 6. 威廉·莱利厄（William Lelieur）说，恩加济贾的贸易比其他岛屿都多：尽管战争不断，但该岛显然是一个繁荣的地方。参见：Lelieur, W., "Relation de la campagne de la goélette de S. M. le Lys, commandé par M. Lelieur de la Ville-sur-Arce pendant les mois d'août, septembre, octobre et novembre 1819; description des îles Comores, Anjouan, Mohéli et Mayotte", *Annales Maritimes et Coloniales*, 2 (1821), pp. 652 –664. 恩加济贾岛位于桑给巴尔东南约700公里处。

③ Burton, R., *Zanzibar: City, Island, and Coast*, London: Tinsley, 1872, vol. I, p 340; William Sunley to Lord Russell, 24 February 1862, ZNA AA1/5, *Correspondence Outgoing from Johanna Consulate*, 1848 –1866. 1857年，桑利（Sunley）写道，"食物短缺促使人们在过去十年里三次移居桑给巴尔"。(Sunley给Cdr. Trotter写的信, 7 February 1857, ZNA AA1/5, *Correspondence Outgoing From Johanna Consulate*, 1848 – 1866); Ministère des Affaires Etrangères, Centre des Archives diplomatiques de Nantes. Archives rapatriées du consulat de France à Zanzibar (CADN Zanzibar), 748PO/B/3, *Successions et Renseignements Divers*, 1893 – 1913; Archives nationales d'outre-mer, Fonds ministériels, série géographique (FMSG), Madagascar, c265 d591, *Comores. Organisation Politique*. "千人"似乎有些夸张，尽管在过去十年里，科摩罗人的净入境人数可能会达到四位数。

④ 参阅：Burton, *Zanzibar*; Holman, J., *A Voyage Round the World*, London: Smith, Elder and Co., 1835; Kersten, O. (ed.), *Baron Carl Claus von der Decken's Reisen in Ost Afrika in den Jahren 1859 bis 1865*, Leipzig, Heidelberg: C. F. Winter, 1871.

摩罗人社群的首领，证明那时候已经有相当数量的科摩罗人定居桑给巴尔，他们具有清晰的身份认同。① 尽管在19世纪，科摩罗群岛的各个岛屿都向桑给巴尔输出移民②，但由于19世纪中叶战争频繁，19世纪末和20世纪初殖民化过程中产生了社会动荡，加上与桑给巴尔社会文化相通、地理位置相近，大多数桑给巴尔科摩罗人都来自恩加济贾岛。

1886年，法国宣布科摩罗群岛的其他三个岛屿成为法国殖民地。反抗法国殖民统治的运动风起云涌，桑给巴尔积极参与了恩加济贾岛的抵抗运动。这一举动存在争议：1886年1月6日班博（Bambao）统治者萨义德·阿里·本·萨义德·奥马尔（Said Ali bin Said Omar）与法国签订条约，将整个岛屿割让给法国，但班博只是恩加济贾岛上众多苏丹国之一。③ 班博苏丹国以北的伊桑德拉苏丹国（Itsandra）与桑给巴尔联盟抵抗尤为激烈。伊桑德拉与桑给巴尔苏丹巴尔加什（Sultan Barghash）的关系还牵涉法国驻桑给巴尔领事。法国人的处境十分艰难，一方面桑给巴尔与伊桑德拉结成历史同盟，苏丹巴尔加什众多亲信支持伊桑德拉，在此影响下，巴尔加什与法国傀儡萨义德·阿里（Said Ali）之间相互敌视；另一方面，巴尔加什与英国人的关系日益密切（这一情况不是完全合乎逻辑），因此他采取了反法的立场。法国领事向巴尔加什施加压力，要求他不干预恩加济贾岛的局势。此外，科摩罗沦为法国保护国已成为事实，英国对法国在科摩罗的势力范围表示认可，在这种情况下，巴尔加什除了默许外别无选择。

尽管如此，在反抗法国占领恩加济贾的运动中，桑给巴尔仍然是中心。一小批流亡者继续煽动民众的反法情绪，而法国则想方设法地策反科摩罗抵抗人士。④ 据称，巴尔加什对待科摩罗人的态度反复无常，法国在一宗土地继承案中找到了机会。一个名为穆罕默德·本·苏丹（Mohamed bin Sultan）的科摩罗人

---

① （CADN Zanzibar, 748PO/B/3, *Successions et Renseignements Divers*, 1893 – 1913）. 关于宗教领袖，请参阅：Bang, A., *Sufis and Scholars of the Sea. Family Networks in East Africa*, 1860 – 1925, London：Routledge, 2003；al-Farsy, A., *Tarehe ya Imam Shafi na Wanyavyuoni wakubwa wa Mashariki ya Afrika*, Zanzibar, 1944；Abd al-Qadir b. Abd al-Rahman b. Umar al-Junayd, *Al-'Uqūd al-Jāhiza wal-wu'ūd al-Nājiza. Fi tarājim bā'dd al-shakhsiyāt al-bāriza*, India, nd；Martin, B. G., "Notes on some members of the learned classes of Zanzibar and East Africa in the nineteenth century", *African Historical Studies*, 4, 3 (1971), pp. 525 – 545.

② 在19世纪60年代，桑给巴尔有足够数量的恩组亚尼人，大卫·利文斯通（David Livingstone）几乎完全从他们的队伍中招募搬运工。参见：Clendennen, G., Nottingham, P., *William Sunley and David Livingstone：A Tale of Two Consuls*, Madison：University of Wisconsin, 2000；British Library, India Office Archives, L/PS/9/48, *Secret Letters Received from Zanzibar*, 1867 – 1869. 法国领事馆档案中的科摩罗人登记册显示有一些来自马约特、姆瓦利和恩组亚尼。

③ 参见：Martin, J., *Comores：Quatre Iles entre Pirates et Planteurs*, Paris：Harmattan, 1983；CADN Zanzibar, 748PO/A/137, *Affaires des Comores*, 1846 – 1910, and 748PO/A/150, *Mayotte Corresp.*, 1850 – 1909.

④ 巴格哈什的警察局长是一个特别反法的科摩罗人，来自伊桑德拉，名叫卡里·哈吉。他于1887年去世，这对法国来说或许是个好消息。参见：CADN Zanzibar, 748PO/A/65, *Registre. Correspondance avec le Cabinet du Ministre*, 1886 – 1887.

提请巴尔加什的法庭裁决一宗位于拉穆的土地继承案。当时的拉穆属于苏丹的统治范围，苏丹的法庭做出了不利于穆罕默德的裁决。作为法国殖民地的原住民，穆罕默德向法国领事埃米尔·皮亚特（Emile Piat）提出申诉。皮亚特援引1844年法国与马斯喀特签署的条约，最终裁决穆罕默德胜诉，因为该条约免除了地方法院对法国臣民的管辖权。① 1887年初的这一事件促使皮亚特向所有在领事馆登记的科摩罗人提供领事保护，同时向桑给巴尔的科摩罗人社群清楚表明了他们的核心利益所在。领事和巴黎之间的通信显示，这一事件证明了法国在桑给巴尔的势力，法国的强势地位进一步增强了法属科摩罗群岛殖民政府的声誉。此后，法国开始向所有提出要求的科摩罗人提供保护。

最初的登记速度极为缓慢：1887—1890年间，只有5名科摩罗人在法国领事馆登记。1890年11月，桑给巴尔被宣布为英国保护国。或许源于巧合，同年12月23日，有19名科摩罗人进行登记，在1891年1月—1896年11月之间又增加了82名科摩罗人。② 与科摩罗人在桑给巴尔的规模相比，登记人数自然不足为道，但科摩罗人开始意识到向法国领事馆寻求协助的重要意义。具有讽刺意味的是，其中许多科摩罗人是为了避免法国的殖民统治才逃离了恩加济贾。

9.2 法国人地位的巩固

1893年，哈马德·本·杜威尼（Hamad bin Thuwaini）继承了桑给巴尔的王位。他对科摩罗人的态度并不是十分友好，上任之后的首要举措之一就是反对法国领事馆对一名科摩罗妇女指控其科摩罗丈夫殴打她的案件具有管辖权，反对的理由是她的丈夫为桑给巴尔人。哈马德寻求英国领事伦内尔·罗德（Rennell Rodd）的支持，罗德站在了哈马德苏丹一边，告知法国领事，英国秉持的政策是，凡在1886年恩加济贾沦为法国殖民地之前已抵达桑给巴尔的科摩罗人（如本案被告）不属于法国的领事管辖范围。虽然皮亚特显然已于1887年确立了法国在此地的管辖权，但后来英国建立了保护地，插手了这一问题，法国管辖权不得不被重新考虑。

皮亚特从法国政府得到的指示是，出于对英国的尊重，任何受雇于苏丹的科

---

① CADN Zanzibar 748PO/A/65, *Registre*：748PO/A/143, *Correspondance avec le Sultan de Zanzibar et Autres Autorités Locales*, 1883 – 1892. 1844年条约请参阅：FMSG Océan Indien c15 d59, *Mascate et Zanzibar*, 1842 – 1844. 还可参阅：Bennett, N., "France and Zanzibar", in McCall, D., N. Bennett and J. Butler (eds.), *Eastern African History*, New York：Praeger, 1969, 该文记载了最终导致签署条约的事件。条约的英语翻译参阅：Thomas, R. H., *Selections from the Records of the Bombay Government*, XXIV, *New Series*, Bombay：Bombay Education Society Press, 1856, pp. 266 – 271. 领事法院由桑给巴尔的几个西方列强管理，对自己的臣民拥有管辖权，直到20世纪初与英国政府达成协议关闭。

② CADN Zanzibar 748PO/A/114, *Affaires de Chancellerie*, 1849 – 1911.

摩罗人均无权获得法国的领事保护,即使他们已经离职。① 法国确实主张对1886年之前已抵达桑给巴尔的科摩罗人拥有管辖权,但领事管辖的前提是科摩罗人必须在法国领事馆登记,而且仅向提出保护请求的科摩罗人提供保护。法国希望这一让步能够安抚英国,但遭到英国拒绝。因为若同意所有在科摩罗出生的人登记后归属法国的领事管辖,科摩罗人便可以根据1844年的条约主张权利。英国不希望看到法国公民特权扩展至桑给巴尔的大批科摩罗人。

法国的对策很可能是想让此事不了了之,但遭受到来自两方面的压力。法国殖民部希望外交部争取对桑给巴尔的科摩罗人的管辖权,劝说他们回科摩罗本岛,以便缓解科摩罗其他岛屿劳动力短缺的问题,或通过纳税缓解恩加济贾每况愈下的财政②,但前提是这些科摩罗人必须是法国公民。同时,当地的科摩罗人社群也坚持认为自己是法国人。1898年,80名居住在桑给巴尔的科摩罗人向法国外交部部长提交了一份签名请愿书(以阿拉伯语书写),抱怨法国领事拒绝为他们登记,但他们坚持认为自己是科摩罗的居民,"我们的家庭、孩子、房屋和财产都在那里(科摩罗)……我们生活在桑给巴尔只是为了谋生,而无意将其变成我们的家园……没有什么能将我们与法国政府分开。"③显然,桑给巴尔的科摩罗人并不认为自己是桑给巴尔人。

英国仍然不妥协,英法两国政府为此交换了意见。问题的主要障碍似乎在于,法国要求英国承认1886年之前就在法国领事馆登记的一小部分科摩罗人(具体人数有争议,但不超过105人)为法国公民,但英国甚至连这一小小的让步都不愿做出。④ 随着英法两国政府就《友好协定》(The Entente Cordiale)进行谈判,这一问题很明显不值得再争论。1904年,英国突然宣布,他们准备接受"所有在科摩罗出生的人,无论其何时开始在桑给巴尔定居,以及所有在科摩罗沦为法国殖民地后离开科摩罗本岛的科摩罗人的男性直系后裔,均为法国的保护对象"⑤。后来,这一保护范围进一步扩大至任何具有科摩罗血统的人,无论是

---

① 9 FMSG Madagascar c269 d603, *Recrutement d'immigrants. Comores*, 1893–1896.
② 两者都有最好。恩加济贾行政当局的预算非常少,不仅继承了前苏丹萨义德·阿里(Said Ali)欠莱昂·亨布洛特(Léon Humblot)的大量个人债务,而且还必须支付新喀里多尼亚政府费用,供养一群1891年被驱逐的科摩罗政治犯。参见:GGM 7B/29 *Mayotte. Enregistrement de la Correspondance avec les Résidents des Iles Anjouan, Mohéli et Grande Comore (départ)*, 1901–1902; and GGM 6 (8) D5, *Mayotte et Dépendances*, 1904–1912; GGM 7B/56 *Mayotte. Registre A. Correspondance Divers (départ)*, Nov 1909–Juin 1910.
③ "Pétition adressée au Ministre des Affaires Etrangères par un groupe d'indigènes originaires des Comores et résidant à Zanzibar", CADN Zanzibar 748PO/A/6, *Nationalité*: *Dossiers Individuels*, 1907–1929.
④ 谈判有些复杂,因为其中有几个人不仅不是科摩罗人(许多人是在马约特注册了独桅帆船的阿曼人),而且要求法国保护的理由非常牵强。有个人的说法似乎是基于他哥哥在法国邮局工作的事实。参见:CADN Zanzibar 748PO/A/2, *Abolition des Juridictions Etrangères dans le Sultanat (1904–1905)*; 748PO/A/6, *Nationalité*.
⑤ 英国总领事巴兹尔·凯夫(Basil Cave)致法国领事保罗·奥塔维(Paul Ottavi),1905年5月23日,ZNA AB 27/40, *Treaties between Zanzibar and Foreign Powers*, emphasis in original.

父系是母系，无论其祖先何时离开科摩罗。

直到1952年，只要自己主张权利，科摩罗人便可以依据这一政策享有某些优待。在法国领事馆登记不再被视作是否为法国公民的先决条件，至少在英国人看来是这样。科摩罗人免于接受苏丹的管辖权，受益良多：特别是在法国领事（或其代表之一）缺席的情况下，警察不得进入科摩罗人的住宅；涉及科摩罗人的案件由英国领事馆审理；① 法国领事还负责管理已故科摩罗人的遗产。科摩罗人可以持法国证件旅行，能够相对自由地往返于桑给巴尔和恩加济贾之间。早年，科摩罗人还免于那些适用于非洲人的若干规定，例如，科摩罗人可以购买酒类，一些人就利用这一特权将酒售卖给无权购买的人。因此，法国公民身份使科摩罗人能够形成一种集体身份认同，由此成为一个与本岛保持紧密联系的独特社群。

9.3 故乡和郡县之间

在恩加济贾日益艰难的环境和桑给巴尔吸引力的双重作用下，科摩罗社群在19世纪末和20世纪初迅速发展壮大。在恩加济贾岛的就业机会寥寥无几，劳动力市场供过于求，唯一的殖民公司——莱昂·汉布洛大科摩罗岛股份有限公司（Léon Humblot's Société Anonyme de la Grande Comore）支付的月薪只有3～5法郎，明显低于其他岛屿，如诺西贝岛（Nosy Be）的月薪为20法郎，桑给巴尔则为15～35法郎不等。20世纪初，恩加济贾的人头税从5法郎提高到了15法郎，因此这样的工资水平是极低的。② 对于许多科摩罗人来说，除了经济需要和负担外，他们还必须承担社会责任，移民成为唯一的出路。桑给巴尔苏丹国经济繁荣，比马约特岛上毫无生气的种植园更具吸引力。

尽管有大量移民涌入，但桑给巴尔的科摩罗人数似乎保持相对稳定，上文提到的数字（约2000人）与1910年的人口普查数据的2313人相吻合。③ 其中只有一小部分人在领事馆进行了登记注册。毫无疑问，移动是双向的：口述证据和船舶登记册都表明，这一时期人口与货物均为定期的循环流动。但是，几十年来，社区规模的相对稳定也导致了身份认同问题的出现，并非所有科摩罗血统的桑给

---

① "英国法院在桑给巴尔和彭巴有权管辖不列颠国王陛下的臣民、领事法庭已经或将要关闭的友好国家的臣民和公民，以及所有没有在桑给巴尔由领事代表的基督教国家的臣民。"——1908年第3（1）号管辖令。除少数例外情况外，所有其他案件都受桑给巴尔苏丹法院的管辖。

② Archives nationales d'outre-mer, Gouvernement général de Madagascar, fonds local. Politique et administration générale (hereafter GGM) 6 (8) D5, *Mayotte et Dépendances*, 1904 - 1912. 桑给巴尔 1911—1913 年的数字，来自 Fair, Pastimes, p. 33。1907 年，1 卢比等于 1.67 法郎，因此桑给巴尔的工资明显高于法国属地，相当于 25～60 法郎，是莱昂汉布洛大科摩罗岛公司的20倍。

③ 参见1910年11月1日爱德华·克拉克写给外交部的信：ZNA AC 1/137, *Foreign Office Correspondence Outward Telegrams* (July 1910 - Nov 1910).

巴尔人都想投入法国的怀抱。随着时间的推移,许多人已经认可了桑给巴尔岛上的其他身份。"科摩罗人"这一身份类别是具有变化性的,因为科摩罗人和桑给巴尔之间的特殊关系,许多人把桑给巴尔当作了"故乡"。一般来说,科摩罗人社团有着良好的组织性,其中一部分人十分富裕,拥有房屋、土地和奴隶。然而,还有许多科摩罗人的生活非常贫困。相关研究报告显示,这些人虽不起眼,但占了科摩罗社群的大多数。①

科摩罗人的身份认同与恩加济贾的重大人生仪式息息相关,如出生礼、割礼、婚礼和葬礼。上文提到的 aada 婚礼是一种鼓励和增进归属感的有效机制。②这种婚礼不仅意味着男性成员在年龄上的跨越,更是一种赋予其社会、经济和政治的权利和责任的仪式,这些权利和责任不仅限于他所在的村庄,而是涵盖整个岛屿。没有举办 aada 婚礼的男人很少,因为未举办过 aada 婚礼的男性成员意味着其在社会意义上仍是不成熟的,会让自己和整个家族蒙羞。仪式的完成为其带来地位和荣誉,确保了经济安全。这种仪式也蕴含着非常重要的空间意义:来自同一村庄的两人结合是理想的 aada 婚姻。村内通婚不仅有利于联盟,若两个家庭不是来自同一村庄或附近,那么为新郎同侪提供食物的仪式义务就很难实现,如果他们不在岛上,这几乎不可能做到。这就要求移民必须返回恩加济贾,尤其是返回家乡村庄举行婚礼,这也就促进了移民人际关系的空间化。③

即使在今天,大多数科摩罗人都知道他们祖先从哪个村庄移居而来。这种联系对于许多人,尤其是妇女仍然至关重要。尽管在桑给巴尔,这些村庄的现代意义已被削弱和淡化,但在科摩罗人定居初期,这些联系就通过以 miji 或"郡县"为单位的等级制度正规化了。④ 在桑给巴尔,人口数量达到一定标准的科摩罗村庄或地区都会正式组成郡县组织,设有男子和女子两部分,有多个助手协助村长谢赫(shehe)工作。这些郡县是从恩加济贾来的新移民的第一联络点,尤其是那些在桑给巴尔没有家人的移民。对于妇女而言,这个组织则是轮转信贷协会。但其主要作用是举行婚姻和葬礼仪式。在此期间,家庭的责任等同于他们郡县的

---

① *Successions*, CADN Zanzibar, *passim*:"La Communauté Comorienne est en grande majorité composée de gens de condition très modeste, souvent même misérable", André Bertrand to ministère des affaires étrangères, 14 August 1935 (CADN Zanzibar 748PO/A/11, *Communauté Française. Immatriculation*, (1931 – 1940).

② aada 婚礼的细节,请参阅:Chouzour, S., *Le Pouvoir de l'Honneur: Tradition et Contestation en Grande Comore*, Paris:L'Harmattan, 1994; Shepherd, G., "Two marriage forms in the Comoro Islands: an investigation", *Africa*, 47, 4 (1977), pp. 344 – 359; Walker, *Becoming the Other.*

③ 关于科摩罗的社会结构、空间归属和婚姻习俗,请参阅:Walker, *Becoming the Other*, and Blanchy, S., *Maisons des Femmes, Cités des Hommes. Filiation, Age et Pouvoir à Ngazidja (Comores)*, Nanterre:Société d'Ethnologie, 2011.

④ "村庄",单数是 *mji*:本文将使用"郡县"一词来强调这些群体的去空间化和特殊的桑给巴尔特征;并不是所有的郡县都指村庄:瓦西里、姆万库和汉布都是土地或地区(ntsi)。共有十六七个郡县,在征求其意见时,由其中级别最高的五个(有时是七个)代表。最早的关于科摩罗郡县的介绍之一来自领事 Paul Ottavi, ca. 1907("Note sur les Comoriens", CADN Zanzibar 748PO/B/3, *Successions et Renseignements Divers*, 1893 – 1913);关于郡县的具体功能,请参阅 Saleh, "L'enjeu des traditions".

责任。这些职责包括管理花销，从郡县成员那里收取捐款，一如在故乡恩加济贾时，收集村民的捐款来承担费用。这些费用通常是繁重的，例如1933年去世的阿罗斯·本·阿里（Aroussi binti Ali）的葬礼费用为200卢比①，而婚姻费用甚至会更高。但是，对于婚姻而言，事前准备会使负担有所减轻，而葬礼需要立即获取资金，在家庭无法负担费用的情况下，郡县成员必须承担这些义务。

这种互惠义务不仅存在于经济层面，还使个人成为团体的成员，从而赋予他们权利和责任。在恩加济贾，这些团体在空间上和社会意义上都有明确的定义：他们是同一村庄的居民。在桑给巴尔，他们在空间上远离了故乡。他们的身份在社会意义上是真实的，但在空间层面上则很大程度地需要依靠想象。为了维持对郡县空间意义的想象，男人在自己的村庄里寻找结婚对象，在桑给巴尔，则是同一个郡县内通婚，科摩罗人偏爱同一社会空间的内婚制以增强归属感。但是，科摩罗人的婚姻通常是下嫁婚：妇女与地位较低的男子结婚。这就意味着在桑给巴尔，科摩罗妇女可以自由地嫁给非科摩罗裔的桑给巴尔人，因为从科摩罗人的角度来看，科摩罗人和桑给巴尔人实际上都是没有地位的，但在更广泛的桑给巴尔社会中，科摩罗人往往具有较高的地位。这就解释了为什么科摩罗妇女普遍和阿拉伯男性通婚，有些是阿曼人，更多的是哈达拉毛人。从功能主义的角度来看，科摩罗妇女外嫁到其他社群会导致科摩罗男子的结婚对象减少，反过来要求科摩罗人加强与本岛之间的联系。因此，桑给巴尔的科摩罗男性必须返回恩加济贾的故乡寻找新娘，举行aada婚礼，维持与故乡的联系；或者间接地对桑给巴尔的科摩罗郡县组织进行社会投资。

9.4 亚米尼派和什玛利派

并非所有桑给巴尔的科摩罗人都有意愿继续与家乡保持联系，或对家乡持续进行社会和经济投资。从20世纪初开始，科摩罗社群就因分歧而分裂为两个派别。各类科摩罗文化协会由来已久，最早的科摩罗社区历史可以追溯到1911年。② 社群内部为是否需要维持耗费颇大的传统活动激烈争论，在此背景下，1924年6月11日科摩罗协会正式成立，该协会明确拒绝接纳不放弃传统活动的人作为成员。具体来说，该协会规章指出，成员"不得加入其父母所属的任何科摩罗郡县组织，在任何情况下，均不得向郡县支付传统的"婚姻税"（kata）或"生命税"（muongoleo）。成立于1925年6月9日的科摩罗自由党协会（Hizbu-el-

---

① CADN Zanzibar 748PO/A/171, *Successions Comoriennes 1933*. 在这200卢比中，111卢比用于为哀悼者提供食物。1933年，桑给巴尔当地熟练工人的最低日工资为1卢比（Ferguson, E., "The formation of a colonial economy, 1915–1945", in Sheriff, A. and E. Ferguson (eds.), *Zanzibar under Colonial Rule*, London: James Currey, 1991, p. 66.）。

② ZNA HD 5/87, *Comorian Association*, *Waqf*, 1952–1985.

Ahrar）则是前者的竞争对手，该协会对其成员没有施加任何限制，实际上为郡县组织提供了保护伞。①

　　有些学者认为，这种分歧产生的部分原因在于代际差异：作为"传统主义者"的自由党主要由老一辈的桑给巴尔居民组成，其中大部分人出生在恩加济贾。他们希望通过传统活动维持流散在外的科摩罗人的身份认同以及其与祖国的联系。通过与祖国联姻强化桑给巴尔的科摩罗人的身份认同，而且举办 aada 婚礼能赋予他们必要的地位和经济实力，让他们在最后返回恩加济贾。② 另一方面，1924 年成立的科摩罗协会通常由社区中的年轻成员组成，他们把现代桑给巴尔当作自己的家乡，不愿受源自父母故乡"老旧"习俗的束缚。不过，这种拒绝并不意味着要否定科摩罗人的身份，至少不是否定这个身份的桑给巴尔变体。科摩罗自由党协会的大多数领导人，包括伊本尼·萨利赫（Ibuni Saleh）、姆戈尼·阿里（Mgeni Ali）、萨利赫·亚赫亚（Saleh Yahya）以及姆巴耶（Mbaye）兄弟——希米迪（Himidi）和萨义德（Said）后来都成了科摩罗社群的杰出成员。他们一方面强调科摩罗文化习俗，另一方面建构更广泛的身份认同，包括体制层面和社会文化层面。这两个团体都争相博取新抵达桑给巴尔的科摩罗人的支持：前者招募的成员认为桑给巴尔只是一个临时目的地，希望与家园保持传统联系，而后者则是招募支持抵抗论调的人，特别是反对法国统治和 aada 婚礼的虔诚伊斯兰教徒。③

　　从档案资料记录中可以看到这种对抗长期存在。1926 年，在一次袭击事件发生后，法国领事卢西安·考梅（Lucien Caumeau）向这两个团体发出严厉警告——屡教不改者将被驱逐出境。④ 1929 年，他告知巴黎两个团体已经和解。但 1933 年，萨利赫·雅亚写信给考梅的继任者路易斯·拉莫尔（Louis Lamour），坚持只有一个科摩罗协会，要求他居间调解。但情况一直没有得到改善，直到战争期间发生了更严重的分裂时（戴高乐派和维希派之间产生了分裂，一位十分腐败的领事官员使得事态进一步复杂）才有所缓解。尽管战后领事馆重新开放，和

---

① CADN Zanzibar 748PO/A/13, *Association Comorienne. Ecole Comorienne*; CADN Zanzibar 748PO/A/107, *Archives de la Délégation du GPRF (1943)*.

② 保持 aada 婚礼的传统是退休回到恩加济贾的先决条件，当代法国科摩罗社区还保持这一策略。参见：Le Houerou, F., "Grand mariage et exil", *Hommes et Migrations*, 1215 (1998), pp. 32–39; Vivier, G., *Les Migrations Comores-France. Logiques Familiales et Coutumières à Ngazidja*, PhD thesis, Université de Paris X, 1999.

③ 恩加济贾的伊斯兰和殖民主义，请参阅：Ahmed, A. C., *Islam et Politique aux Comores*, Paris: Harmattan, 1999; 伊斯兰对 aada 婚礼的反对，请参阅：Walker, *Becoming the Other*; Blanchy, S., "Les 'Darwesh' aux Comores (île de Ngazidja). Système de valeurs et strategies: de l'idéal Islamique à la réalité sociale", in Allibert, C. and N. Rajaonarimanana (eds.), *L'extraordinaire et le Quotidien. Variations Anthropologiques. Hommage au Professeur Pierre Vérin*, Paris: Karthala, 2000.

④ "Notice addressed to all Comorians in Zanzibar", 9 September 1926, CADN Zanzibar 748PO/A/14, *Communauté Comorienne*.

解再次达成，但1952年，领事再次收到抗议表示，一个反对科摩罗协会的"科摩罗社群"开始逐步壮大。

无论两个协会的正式名称如何，科摩罗社群主要分为两个派别，即亚米尼派（Yaminis）和什玛利派（Shimalis）。亚米尼派反对铺张浪费的传统活动：

> 在过去，葬礼必须伴随着盛大的宴席和大笔花费，人们往往无力负担。当某人死亡时，家人会把尸体藏起来，并封锁消息。他们会试图筹集资金，尸体往往不能在7天内下葬。这是不符合伊斯兰教义的……所以一群科摩罗人决定废止葬礼铺张浪费的习俗。他们成立了一个名为阿萨布·亚明（Ahsab Yamin）的团体。① 葬礼花销通常很大，因为必须为整个郡县举办宴席。如果母亲和父亲来自不同的城镇，那必须在两个地方都举办宴席。

亚米尼派的成员受过良好的教育，多数为成功人士，而什玛利派则社会地位较低，但不同家庭内部情况有时也会有所不同。另一位报告人回忆道：

> 亚米尼派教育水平较高，通常身居高位，支持戴高乐。而什玛利派则反对戴高乐……在战争发生之前，他们早已经分裂。我的祖母于1934年去世，当时亚米尼派和什玛利派之间已经存在分歧，家人就是否应该支付生命税争论不休。我的父亲是什玛利派，他的兄弟是亚米尼派。最后我的叔叔赢了，他们没有付款。

我们不应低估这种分裂的严重性：一位知名亚米尼派人士禁止他的孩子前往恩加济贾，以免受到不良影响或被迫举行 aada 婚礼，如今仍然有人不愿前往科摩罗群岛。但是，值得注意的变化是，战后的科摩罗裔年轻人支持什玛利派，而老一辈则更倾向于支持亚米尼派。在恩加济贾，随着个人逐渐意识到自己的权利和责任，对 aada 婚礼的抵制会随着年龄的增长而消失。但桑给巴尔则不同，父辈支持的科摩罗文化习俗（集体认同的象征和社群的凝聚助力）不再受到本地出生的科摩罗人欢迎，他们对自己在桑给巴尔社会中的地位和身份感到满意，具有扎根本土的科摩罗裔桑给巴尔人的身份认同。相比之下，新移民总体上希望保留祖国的文化习俗和社会网络。许多新来者不会讲斯瓦希里语，无法和本地出生的科摩罗人一样追求桑给巴尔人的身份认同。战后他们在桑给巴尔的地位和身份具有不确定性，因此希望与祖国保持社会、仪式以及法律上的联系，以在必要时返回恩加济贾。

---

① 来自阿拉伯语 *ahzab al yamin*，字面意思是"右派的党"。

9.5 科摩罗学校

20世纪上半叶，法国在科摩罗和桑给巴尔的政策一直都旨在维持在桑给巴尔的科摩罗人的法国公民地位。20世纪初，从法国的角度来看，该策略是为了应对恩加济贾人口不断减少的状况，希望科摩罗人即使不返回本岛，也保持和法国政府合作的态度。1902年，为了给留尼汪种植园招募劳动力，法国对科摩罗的对外移民实行了管制①，该法律也限制了科摩罗人前往桑给巴尔。但是，离散社群对科摩罗经济的贡献是毋庸置疑的，这一政策阻止了许多人从恩加济贾移民到桑给巴尔，但桑给巴尔的科摩罗人和故乡仍保持着利益往来，两个岛屿之间的联系从没有间断。

举行aada婚姻以及进行随之而来的社会投资都需要人们在岛屿之间自由流动，但是法国政府有意对此进行管理。从恩加济贾到桑给巴尔的旅行许可必须通过官方渠道申请：在桑给巴尔的科摩罗人如果想要申请科摩罗家人来桑岛团聚，必须向领事提交请求，领事通常会批准并向位于马约特（Mayotte）的殖民当局提供建议。由在科摩罗的家人直接提出的申请通常不会得到批准，而在桑给巴尔没有家人的科摩罗人的申请也同样不会得到批准。该战略意图明确：与已经移民的科摩罗人维持关系，鼓励他们继续合作，但不允许进一步人口外流。② 但是，执行这一政策是困难的，因为尽管法国殖民政府对进出科摩罗的人流进行了严格的控制，但根据1844年的条约，法国公民可以随意进出桑给巴尔。结果，这两个岛屿之间存在着大量的所谓地下流动，因为成功离开科摩罗的科摩罗人不必担心被拒绝入境桑给巴尔。

伴随着科摩罗局势的持续恶化，恩加济贾岛持续不断的人口外流贯穿整个殖民时期。在早期，粮食短缺、殖民种植园主非法抢占土地、人头税和失业促进人口外流。而在战争期间，科摩罗人则把殖民者未能开发该群岛、法国对伊斯兰教进行攻击（真实存在或想象的）、缺乏教育等作为移民的原因。③ 桑给巴尔的一个特别吸引之处就是学校。科摩罗作为法国殖民地，教育情况非常糟糕，缺乏投资是原因之一：1912年，恩加济贾只有三所小学，仅能容纳120名学生就读，不

---

① "Décret du le février 1902 portant réglementation de l'émigration des indigènes à Mayotte et dans l'archipel des Comores", *Journal Officiel de la République Française*, 34e année, 37 (le 7 février 1902), p. 844.

② 伊斯兰婚姻惯例允许一对夫妇通过代理人结婚，因此，妇女可以在恩加济贾结婚，然后申请在桑给巴尔与丈夫团聚，成为家庭成员。

③ 科摩罗是作为马达加斯加的一个省份单独管理的。马达加斯加是一个繁荣的殖民地，与科摩罗毫无共同之处。这导致了诸如任命讲马达加斯加语的公务员以及用法语和马达加斯加语（而不是科摩罗语）发布官方通告等反常现象。

足以满足需求；到了1920年，仍然只有200名学生在学校接受教育。① 1925年的《解释和通则（修正案）法令》扬言将桑给巴尔的科摩罗人重新归类为"非洲人"，在该社群内引起了极大的恐慌：1925年2月他们向法国领事呈上请愿书（这次是用法文书写的），要求他反对该立法，并声称科摩罗人是阿拉伯人，在任何意义上都不能与非洲"土著"混为一谈。该法令会对科摩罗人造成许多不利影响，但其主要关切的是子女无法继续在政府的学校上学，剥夺了他们学习阿拉伯语的机会，而阿拉伯语及其承载的知识是他们集体身份认同不可或缺的一部分。② 尽管表达了抗议，科摩罗人最终还是被重新分类。结果，在年轻的伊本尼·萨利赫的带领下，科摩罗人决定建立自己的学校，让孩子不仅可以学习阿拉伯语，还可以学习英语、法语和斯瓦希里语。

1930年科摩罗学校正式成立，并从马达加斯加殖民当局获得了一笔小额补贴。然而，这只是杯水车薪，1936年，学校因财务问题面临关闭的窘境。领事安德烈·伯特兰（André Bertrand）去信马达加斯加，认为法国的荣誉危在旦夕：如果学校关闭，作为法国公民的科摩罗人将失去地位，法国无力保护自己公民的消息将很快传遍桑给巴尔。领事指出，这是唯一一所没有得到政府支持的学校，虽然办学质量一直十分优异。③ 作为回应，马达加斯加政府承担了该所学校的全部预算。也许出于偶然，1937年7月29日关于放弃在摩洛哥和桑给巴尔的治外法权的法英协定保证："法国学校应继续在桑给巴尔苏丹的领土上享有与过去相同的自由，尤其是教授法语。"④ 尽管该学校仍然无法获得桑给巴尔政府的资助，但维护了学校的独立性，摆脱了关闭的命运。1938年，法国外交部承认这所学校对法国的重要性，并同意将马达加斯加政府每年提供的资金增加到2.5万卢比。

科摩罗学校逐渐发展为社群的中心，科摩罗人为此感到自豪。这所学校培养了文化意义上的科摩罗人。此外，来自恩加济贾岛的部分学生有助于加强与本岛的联系。社群的所有成员都可以使用图书馆，学校还建立了童子军和体育俱乐部。尽管桑给巴尔政府报告中表现出矛盾的态度，但该校的许多学生进入政府中学继续求学，后来开启了成功的职业生涯，特别是在公共服务领域。

---

① Damir, Ben Ali, "Les tentatives de fusion de deux systèmes éducatifs Comoriens: l'enseignement religieux en langues Comorienne et Arabe et l'enseignement laïc en langue Française", paper presented at the 8th European Swahili Workshop, Oxford, September 2010.

② Public Record Office (PRO) CO 618/47/13, *The Native Administration and Authority Decree*, 1930. 请愿书由16位社区领袖签名，其中包括Haji Amir, Mansab bin Abubacar, Ali Mfaume, Turkey Mbalia and Burhan Mkelle；另可参见：CADN Zanzibar 748PO/B/5, *Colonie Française: Protection Consulaire, 1915 – 1934*.

③ 桑给巴尔政府的政策是，小学不应该教欧洲语言，也不支持任何这样做的学校。

④ Article 21 of the *Franco-British Convention on the Abolition of Capitulation in Morocco and Zanzibar*, 29 July 1937, in *The American Journal of International Law*, 34, 4, Supplement: Official Documents (1940), pp. 225 – 239.

9.6 桑给巴尔移民

尽管英国人一再尝试降低科摩罗人在桑给巴尔的地位,但也重视科摩罗人社群,认为他们受过良好教育,十分勤奋。社群中受过良好教育的成员组成了社会的精英阶层,许多人担任公职。颇具讽刺意味的是,伯汉·姆凯勒(Burhan Mkelle)在政府学校教授阿拉伯语;伊本尼·萨利赫、阿里·福姆(Ali Foum)和姆戈尼·阿里(Mgeni Ali)是具有科摩罗血统的警官,而艾哈迈德·穆罕默德·莫洛里(Ahmad Muhammad Mlomry)和奥马尔·本·苏梅特(Omar bin Sumeit)等则是当地具有重要影响力的宗教领袖。因此,若这些忠于苏丹政府的公务员成为法国公民,并在法国学校接受教育的话,对于法国来说将是巨大的优势。科摩罗学校也吸引了大量来自恩加济贾的学生。1933年,该校半数以上的学生出生在恩加济贾,两个岛屿之间的联系由此进一步加强。① 这所学校在恩加济贾享有极高的声誉,教授包括阿拉伯语、英语、法语在内的语言和宗教,课本和笔均免费提供。宗教教学产生了巨大的吸引力。法国的世俗教育制度禁止在学校教授宗教;但在桑给巴尔,宗教是课程体系的一部分,每个星期五学童们都会被送到清真寺参加礼拜。

尽管政府严格限制民众离开恩加济贾,但绕开这些限制并非难事。直到1923年,政府都没有采取有效措施控制移民进入桑给巴尔。② 1923年,桑给巴尔政府通过了《移民法规和限制法令》,该法令的主要目的在于禁止不受欢迎的移民入境。除了要求"穷人"支付押金外,这一法令并未限制大多数移民的权利。科摩罗人并不受该法令限制,只要能够得到法国领事签署的保证书,便可以自由进入桑给巴尔,但领事无权无条件地签署这些保证书。尽管如此,还是有大量科摩罗人乘坐法国邮轮公司的蒸汽船偷渡出境。抵达桑给巴尔后,法国领事要求没有获得科摩罗离境许可的人须在八天后乘同一艘船返航。许多贫民在交了押金后入境,但这一规定的效果差强人意,因为大多数等待被遣返的科摩罗人在八天内都已逃之夭夭。领事要求桑给巴尔政府在他们被驱逐出境之前监禁他们,但由于他们已经支付押金,合法进入桑给巴尔,且并没有犯罪行为,因此无法监禁。③

当时,法国人也在重新考虑否决向桑给巴尔移民的政策,因为科摩罗人已经无法在马达加斯加找到工作。"尽管曾经严格禁止对外移民",省长写道:

---

① CADN Zanzibar 748PO/B/9, *Ecoles*, 1941–1971.
② 1906年的《移民限制条例》法令中止,原因是法国抱怨该法令侵犯了其条约权利(CADN Zanzibar 748PO/A/2 *Jurisdiction*, *Muscat Treaty*: *Immigration 1904–1920*, passim.)。
③ CADN Zanzibar 748PO/B/4, *Correspondence Générale*, 1916–1934. 20世纪20年代,邮递公司通过海运公司支付押金,但押金频频"失踪"(还带来押金损失),于是该公司迅速放弃了这种做法。此后,如果科摩罗人找不到家人付押金,则由科摩罗协会支付。

9　桑给巴尔科摩罗人的身份认同及公民权（1886—1963）

（但是）我认为，在一定程度上促进年轻科摩罗人前往桑给巴尔或非洲海岸寻找工作是明智的选择。经验表明，由于传统习俗，科摩罗人总是会返回自己的国家，并带回积蓄。我知道像米萨米乎里（Mitsamihuli）这样的地区，整个家庭都依靠住在英国或葡萄牙殖民地的亲戚的慷慨救济过活。①

尽管未正式放松管制，人口的流动一直相对顺畅。直到第二次世界大战爆发，各种战时限令及船运中断等因素极大地影响到人口流动，但随着敌对行为的结束，人口流动的规模于1946年得以恢复，且几乎未受到1947年颁布的新法规影响。新法规要求，所有入境者必须拥有护照和事先获得的入境许可。② 对于科摩罗人来说，这意味着向马达加斯加安塔那那利佛的英国领事馆申请签证，申请过程可能持续六个月，许多科摩罗人可能因此会放弃申请。1951年，非官方的政策是允许（"非常不愿遵守移民法"）③ 的科摩罗人入境桑给巴尔，不需要出示任何旅行证件。

许多移民没有满足定居条件，因此不能申请成为桑给巴尔公民，也不能免于移民限制④，但桑给巴尔的科摩罗人显然是能够满足定居条件的。但是，直到战后时期，他们普遍认为，保留法国公民身份利大于弊，因为他们仍然有权享有桑给巴尔人拥有的大部分权利。的确，前往大陆变得更加困难，法国公民需要签证才能前往坦噶尼喀或者肯尼亚，但是无论对亚米尼派，还是什玛利派而言，自由进出法国领土的权利都更为重要，即使是亚米尼派都与恩加济贾岛保持着一定的联系。那些贵族家庭和宗教精英更是如此，尽管他们回避了 aada 婚礼铺张浪费的一面，但仍与恩加济贾的宗教权威保持联系，恩加济贾在当时仍然是东非伊斯兰知识的重要传播中心之一。

这种情况在第二次世界大战后发生了变化，高涨的民族主义情绪（在独立时达到高潮）最终导致作为非公民的科摩罗人日益被边缘化。只有苏丹国的臣民才有权利获得政府学校的教育资源、马凯雷大学的奖学金、免费医疗和公共部门的就业机会等。科摩罗裔的桑给巴尔人逐渐意识到自己正在被边缘化，他们开始申请归化入籍。

---

① "Archipel des Comores. Rapport économique pour l'année 1925", GGM 2D75, *Archipel des Comores. Rapports Périodiques des Circonscriptions 1925 – 1940*.

② "Immigration (Control) Decree 1947", *Legal Supplement to Official Gazette*, *The Zanzibar Government*, 56 (3097), 30 December 1947. 这项法令不适用于英属东非土著人（不包括索马里人）。

③ Immigration Officer to Chief Secretary, 6 February 1953, ZNA AB 26/30, *Passport and Visa Regulations France and Comoro*.

④ 申请提出前的十二个月在桑给巴尔居住，且在该十二个月之前的七年内，合计居住时间不少于四年。First Schedule, *Nationality Decree 1952*, *Legal Supplement to Official Gazette*, *The Zanzibar Government*, 61 (3456), 27 December 1952.

9.7 归化为桑给巴尔人

最初，英国人和法国人都不愿意科摩罗人归化为桑给巴尔人。对于法国来说，由于担心失去影响力和在英属东非唯一的立足点，因此拒绝科摩罗人归化。当时所用的表述是"改变国籍"。人们错误地以为，归化的科摩罗人将失去法国国籍。法国对科摩罗移民的政策再一次逆转，希望受过教育的科摩罗人返回本国（此时，桑给巴尔即使不能独立，也将迎来自治）。法国认为桑给巴尔是泛阿拉伯思想宣传的中心，他们借助学校教育这一手段，让科摩罗裔桑给巴尔人学习法语，以对抗泛阿拉伯思想。这一计划试图控制效忠和亲法国的流散群体，希望有朝一日将所有人遣返家园。法国殖民者认为，如果在法国学校接受教育的科摩罗人能够在科摩罗、马达加斯加或其他法国殖民地成为公务员，他们便不会尝试归化为桑给巴尔人。

对于英国人而言，尽管对科摩罗社群怀有敬意，但似乎更加不情愿他们归化入籍。在战时，法国领事馆关闭，一些科摩罗人被授予了桑给巴尔人身份，但在1945年法国领事馆重新开放时，英国首席秘书告知科摩罗人，所有申请都必须转交给法国领事，法国领事当然拒绝这些申请。沮丧的科摩罗人萨义德·姆巴耶（Said Mbaye）本打算在桑给巴尔法院提起诉讼，但被告知因英国专员并未签署1911年的《国籍和归化法令》，受1924年《桑给巴尔市政会法律》管辖的人，包括法国人在内，都不适用这一法律，他的案件必将败诉。①

当然，并不是所有科摩罗人都想归化，他们对法国施加了一些压力。1948年，科摩罗人协会主席图尔其·姆巴利亚（Turkey Mbalia）去信给法国驻桑给巴尔副领事，要求法国为进入英国教育体系的科摩罗学生提供经济支持，或者允许科摩罗人归化入籍。他说道：

> 在这种情况下，我必须指出，作为本地法国科摩罗社区的领袖，我实在难以接受第二种选择，因为很明显，如果归化持续下去，在一代人的时间内，桑给巴尔的法国知识分子将消失殆尽。但是，在目前的情况下，科摩罗青年无法获得高等教育机会，这让他们别无选择。②

然而，法国并没有提供支持。相反，鉴于大量科摩罗人表达了归化意愿，法

---

① Chief Secretary to Attorney General, 3 November 1951, ZNA AB 26/68, *Applications for Naturalization from Subjects of European Foreign Powers*. 未经会签的法令只适用于桑给巴尔。1912年，法国抱怨这侵犯了他们的条约权利，于是撤销了会签（PRO CO 618/79/11, *Effect of the Nationality and Naturalization Decree: non-counter signature*）。

② CADN Zanzibar 748PO/B/9, *Ecoles*, 1941–1971. 图尔其的儿子曾在1944年试图放弃法国国籍。

国的政策似乎也在发生转变。1952年,《桑给巴尔国籍法》颁布后,法国和英国都改变了主意。英国决定,在1912年科摩罗成为法国殖民地之前抵达桑给巴尔的科摩罗人或其祖先均不予认定为法国公民。至此,英国放弃了坚持半个世纪的政策。从此以后,归入此类别的科摩罗人不需要通过法国领事就可以归化为桑给巴尔人。同时,法国领事显然意识到,法国公民获得桑给巴尔身份并不意味着丧失法国国籍。[①] 然而,入籍桑给巴尔的科摩罗人会将法国身份证件交还给领事馆,作为回应,领事馆代表向他们签发了无异议信,其中包括以下声明:"根据《法国国籍法》第87条和第88条的规定,上述个人获得桑给巴尔国籍的行为并不会导致其法国国籍的丧失,新身份并不妨碍其效忠法国。"[②] 正如引言中所提到的,这为后来的一系列问题埋下了伏笔。但在20世纪50年代和60年代初,独立迫在眉睫,成百上千的科摩罗人利用国籍政策入籍桑给巴尔。对于这些人而言,效忠的对象是显而易见的,因为他们是桑给巴尔人。

9.8 结语

在半个多世纪里,科摩罗人奉行的身份认同策略有两个目的:第一,巩固在桑给巴尔的地位,从而享有一定的优势和保存其某些特质;第二,与恩加济贾保持密切的关系,并在故乡进行社会投资。在20世纪初,亚米尼派和什玛利派达成一致,认为巩固在桑给巴尔的地位与维持故乡的联系实际上并行不悖。但是,在战后,当桑给巴尔走向独立时,亚米尼派逐渐意识到,与法国的密切关系对科摩罗社群来说利大于弊。时至20世纪50年代,亚米尼派满足于自己的桑给巴尔人身份——本地出生、操斯瓦希里语(和英语),很少有人还想在退休后回到恩加济贾。他们一般能够在社区中找到自己的配偶。然而,什玛利派的社会地位较低,人脉资源较为有限,因此仍然需要回到家乡娶妻,对自己在桑给巴尔的地位感到颇为矛盾。他们在恩加济贾岛维持了社会投资,希望有朝一日能返回家乡。

不管最终做出什么决定,他们在桑给巴尔的身份构建努力是成功的。"科摩罗人"作为一个"战略本质主义"的集体身份不断得到巩固,这种身份认同有其独特性:以精致复杂的婚礼闻名,偏爱内婚制以及以母亲为中心的亲属制度,但同时也被赋予了其他特征,有些特征的想象成分居多。这些特征包括没有把桑给巴尔当作家乡,但是这种态度在很大程度上是虚幻的。殖民时期,科摩罗人不断巩固在这个世界主义社会中的地位,这一成功的策略令他们受益匪浅。

---

① 放弃法国国籍非常困难,因为任何在法国境外放弃法国国籍的行为都必须在法国领事面前做出。自1936年桑给巴尔领事馆降级为领事机构,到1963年期间,法国在桑给巴尔没有开设领事馆,导致科摩罗人很难放弃法国国籍,一例成功的案例都没有。参见 Articles 23–26 of the *Code Civil*.

② CADN Zanzibar 748PO/B/7, *Nationalité*, 1944–1959.

10

马六甲海峡的慈善与信托：民间和全球处理国家问题的差异性

瓦齐尔·贾汉·卡里姆（Wazir Jahan Karim）

10.1 导言

19世纪至20世纪初，定居在马六甲海峡的阿拉伯和印度移民对欧洲"占领和统治"的霸权体系开始形成挑战。① 早期移民在海洋文化、语言、宗教和政治方面均具有优势，完全可以要求拥有主权，但在与当地族群的贸易往来中，他们并未主张这些权利。早在18世纪欧洲发现远东的香料贸易之前，移民就控制了印度洋的航线和航运。② 他们积累了财富，在马六甲海峡和大部分马来群岛取得公民权，并得到当地社区的庇护。③ 马来人希望移民能够慷慨解囊作为回报，通过信托体系进行机制化捐助，以支持清真寺、学校和社会福利的发展。清真寺是象征穆斯林文明的灯塔，学校是伊斯兰和本地教育的中心，而社会福利的主要形式则是仪礼与宴会。"信托社区"建立在分配公平和互惠的价值观之上，在东南

---

① 葡萄牙、荷兰和英国受利益驱使，采用武力吞并了其他地区，壮大了其实力。
② Rougeulle 提到需要香料来防腐、制药和制作木乃伊。Rougeulle, A., "Medieval trade networks in the western Indian Ocean (eighth to fourteenth century): some reflections from the distribution patterns of Chinese imports in the Islamic world", in Ray, H. P. and J. F. Salles (eds.), *Tradition and Archaeology*, New Delhi: State Publishers, 1996, pp. 159–180. 关于印度洋和中国南海的早期贸易，请参考：Hourani, G. F., *Arab Seafaring in the Indian Ocean in Ancient and Early Medieval Times*, Princeton: Princeton University Press, 1995. 他认为印度洋到中国的史前贸易网络是存在的。
③ Clarence-Smith 认为，20世纪初，马六甲海峡的土生阿拉伯人是欧洲贸易和商业利益的主要竞争者。参见："Hadramawt and the Hadrami diaspora in the modern colonial era: an introductory survey", in Freitag, U. and W. G. Clarence-Smith (eds.), *Hadrami Traders, Scholars and Statesmen in the Indian Ocean 1750's to 1960's*, Social Economic and Political Studies of the Middle-East and Asia, vol. 57, Leiden: Brill, 1997. 还可参阅 "Middle-eastern entrepreneurs in southeast Asia (1750 c. to 1940)" in Mc Cabe, Baghdiantz, G. Harlaftis and I. P. Minoglou (eds.), *Diaspora, Entrepreneurial Networks, Four Centuries of History*, Oxford, New York: Berg, 2004, pp. 217–244.

亚地区较为常见，满足了当地人对战略资助的需求。① 在殖民统治之前，商业资本主义与慈善行为形影不离，有力地推动了慈善机制的发展，提高了移民的社会地位。移民可以通过慈善事业提升自身的社会地位，扩宽人际关系，扩大贸易网络，当地马来人对此欣然接受。随着世俗教育和朝圣风气的盛行，妇女在农业劳动和粮食生产中获得的相对平等的福利制度逐渐衰退。

本研究聚焦东南亚地区的哈达拉毛族和印度穆斯林移民族群②。他们大多数居住在槟城、马六甲、新加坡、亚奇等马六甲海峡的港口城市，以及苏门答腊岛东部较小的胡椒贸易港口，如陂堤里（Pedir）、冷吉（Langkat）、德里（Deli）、实丹角（Serdang）、巴都巴拉（Batu Bara）、亚沙汉（Asahan）等。伊斯兰教诞生后的一个世纪（约公元 8 世纪），移民族群以商人和传教士的身份陆续抵达，从 15 世纪开始定居于此。其中，来自印度南部穆斯林聚居区的泰米尔语族群数量多于阿拉伯语族群。他们与印度村庄的亲属联系密切，除娶当地穆斯林女性为妻外，还会再与来自故土的女性结婚。20 世纪初叶，定居在马来亚、新加坡和爪哇的说阿拉伯语的族群人数已超过 20 万，其中大部分是来自也门南部港口的哈达拉毛人。③ 少数来自伊拉克、阿曼、叙利亚、黎巴嫩、巴勒斯坦和约旦。在宗教信仰方面，他们大多是逊尼派穆斯林，属沙斐仪教法学派，只有少数黎巴嫩人信奉马龙派、希腊东正教和德鲁兹派。东方犹太人或巴比伦犹太人形成了一个重要的少数族群。塞法迪犹太人有一个分支，大多数都来自巴格达（巴格达犹太人）、叙利亚北部和埃及，与德系犹太人并无明显区别。该族群在新加坡的人数约为 1000 人，在巴达维亚还有数千人。④ 在世纪之交（19 世纪末 20 世纪初），有一个只有数百人的小族群定居在槟城。

18 世纪末，来自中东和印度南部的商人成为东南亚地区最富有的群体之一。他们广泛开展贸易活动，商品涉及香料、木材、纺织品、黄金、香水和易储存的

---

① 参见：Clarence-Smith, "Middle-eastern entrepreneurs"; Karim, W. J., *Women and Culture: Between Malay Adat and Islam*, Boulder: Westview, 1992. 他认为当地妇女参与农业劳动、交换食物、照顾孩子，所做的贡献有利于东南亚地区互惠主义的发展，这是马来社会最早的福利制度，以邻里关系网络为中心。

② 关于泰米尔语族群，尤其是殖民时期的槟城岛，请参见：Nasution, Khoo Salma, "The Tamil Muslims in early Penang: networks for a new global frontier", in Karim, W. J. (ed.), *Straits Muslims: Diasporas of the Northern Passage of the Straits of Melaka*, George Town: Areca, Chapter 3, 2009.

③ Clarence-Smith, "Middle-eastern entrepreneurs".

④ Morley, J. A. E., "The Arabs and the eastern trade", *Journal of the Malayan Branch of the Royal Asiatic Society*, 22, 1 (1949), pp. 143–176. 另可参见：Freitag, Ulrike, "Hadhrami Migration in the 19th and 20th centuries", 1999, *The British-Yemeni Society Journal*, from http://www.albab.com/bys/articles/freitag99.htm, last accessed 4 Sep. 2007.

食品等。① 他们与当地人通婚，形成了土生阿拉伯族群和土生爪夷族群等混合族群。② 在荷兰对荷属东印度群岛实行殖民统治和英国征服马来亚期间，这些商人争得了公民权，通过缴纳税款，获取了贸易特许权。他们逐步取代了当地的马来人、爪哇人和亚齐人，垄断了沿海贸易，并在当地政府中担任职务。③

10.2 福利、慈善和信托的概念

慈善、福利和信托机制在本地城市经济的可持续发展中发挥着至关重要的作用。所谓本地城市经济，实际上是在苏门答腊岛和马来半岛西部沿海地区的港口城市中马来人、印度尼西亚人、印度人、阿拉伯人和波斯人的利益混合在一起的产物。④ 16世纪，伊斯兰教在马来和印度尼西亚社会中逐渐制度化，宗教领袖制定了天课和什一税制度，以此建立针对穷困群体的相对公平的再分配制度。英国在统治马来亚期间，这一制度上升为国家制度，国家拥有征管天课的绝对权力。但在印度尼西亚，教堂会众或清真寺等相关团体在征收和分配天课方面拥有较大自由空间。⑤ 统治马来亚的英国人和统治荷属东印度群岛的荷兰人发现这是一个可以利用的制度。他们利用这一制度向稻农征税，在殖民地攫取了更多利润。

1957年，马来西亚摆脱了英国的殖民统治，宣布独立。作为马来半岛的开拓者，当地土著（马来语直译为"大地之子"），尤其是穷人，享有免费接受高等教育和在公共部门就职的权利。但在此之前，定居在马来群岛的哈达拉毛人和印度穆斯林移民已制定了类似于生产性福利制度的集体责任福利制度。生产性福利的重点在于保障村民捐款的可持续性。福利资金通常用于教育事业，所有儿童都能免费接受教育。儿童被送往当地的寄宿学校（又称作"茅棚"），这种学校通常由一群小茅屋组成，分布在伊斯兰学校和清真寺的周围。有时，老年人居住

---

① Meilink-Roelofs, M. A. P., *Trade and Islam in the Malay-Indonesian Archipelago Prior to the Arrival of Europeans*, Philadelphia: Bruno Cassier and the University of Pennsylvania Press, 1970; Di Megglio, R. R., *Arab Trade with Indonesia and the Malay Peninsula from the 8th to the 16th Century*, Philadelphia: University of California Press, 1970.

② Mandal, S., "Natural leaders of native Muslims: Arab ethnicity and politics in Java under Dutch rule", in Freitag and Clarence-Smith (eds.), *Hadrami Traders*; Karim, W. J., "The Hadrami diaspora in the Straits of Melaka: economic and political empowerment at the Ocean's edge", in Karim, *Straits Muslims*, Chapter 4.

③ Othman, Mohammad R., "Hadramis in the politics and administration of the Malay states in the eighteenth and nineteenth centuries", in Freitag and Clarence-Smith (eds.), *Hadrami Traders*.

④ Nasution, Khoo Salma, "The Tamil Muslims in early Penang: networks for a new global frontier", in Karim, *Straits Muslims*.

⑤ Scott 对马来西亚农村地区征收大米什一税的天课制度进行了叙述。参见：Scott, J., *Resistance without Protest: Peasant Opposition to the Zakat in Malaysia and to the Tithe in France*, Asian Studies Association of Australia, 1986. 关于天课和瓦克夫的概念，请参见：Bamualim, C. S. and I. Abubakar, "Note from the Editors", in Bamualim C. S. et. al., *Islamic Philanthropy and Social Development*, Jakarta: Centre for the Study of Religion and Culture, with the Cooperation of the Ford Foundation, 2006.

的茅屋群落也叫作"茅棚"。穆斯林宗教教师（ustaz, f. ustazah）能从社区捐款中领取少量的津贴。这种生产性福利制度一方面为穆斯林学生免除了学费，另一方面还可为学校提供额外的宗教教学和奖学金。学生往返于岛屿和港口之间，形成了一种欣欣向荣、积极向上的学习氛围。① 因此，就正规教育与社会教育而言，福利制度与人力和社会资本息息相关，年轻一代移民、马来和印度尼西亚的本地穆斯林均可从中受益。社区参与到宗教教育当中，贫困问题得到缓解。② 然而，在殖民统治之下，要实现社会经济流动，民众必须接受正规的英语教育。19世纪末，在混血阿拉伯和印度穆斯林的职业人员和半职业人员中兴起了城市中产阶级，主要有土生阿拉伯人、土生爪夷人和印度裔穆斯林，他们接受过英语教育，分布在乔治城、马六甲、亚齐、雅加达和新加坡等地，在管理能力和资本数量方面稍逊于南洋华人。③

尽管马来西亚农村地区可以从新兴社会资本网络中获益，但大部分农民和城市移民却仍在贫困的泥淖中挣扎。他们只接受了马来语和阿拉伯语的基础教育，在港口城市只能做最低下的工作，服务富有的穆斯林家族和欧洲家族，成为马六甲海峡港口城市中的新城市工人阶级。当然，他们也获得了一些权利，比如接受基础教育和基础医疗，但是他们不会也不能与拥有更多特权的人建立社会联系。此外，他们也是主人家的施舍对象，在斋月期间可以得到免费的食物、衣服等。如果未接受过正规教育，缺乏学历和社会支持，极少有人能超越老一代人的收入水平。因此，穆斯林移民，无论贫富，都比当地的马来穆斯林富有。在摆脱英国的殖民统治后，马来人争取到了政治自治权，能够与当地商人开展更紧密的合作。因此，其中一部分人获得了新的财富、地位和特权。

在实现社会公平的进程中，功利主义和公平利益并非水火不容。1957年马来西亚获得独立后，专职的土著机构和信贷机构蓬勃发展，推动穆斯林参与到企业和创业之中。这是之前移民穆斯林参与的生产性福利制度的延伸。当时，当地人在教育和商业方面享有特权。由于人力资本水平的提高，当地人能够自力更生，竞争力日益增强。信任和生产性福利制度的关系根植于良好的公民意识当中，即相信国家能帮助公民过上幸福生活，但是公民必须具备良好的职业道德和能力。依附福利主义则是一种传统观念，认为没有工作的市民会努力寻找工作。这种观念不会增进国家和市民之间的互惠和信任。

生产性福利主义更接近社会民主原则，让所有公民都享有权利，提供一定数额的公共资金，让受益人参与。受益人参与主要针对弱势群体（例如在马来西

---

① Karim, *Straits Muslims*.
② Fowley, W. W., J. D. McCarthy and M. Chaves, "Social capital, religious institutions and poor communities" in Saegert, S., J. P. Tompson and M. R. Warren (eds.), *Social Capital and Poor Communities*, New York: Russell Sage Foundation, 2001.
③ Karim, *Straits Muslims*.

亚，当地人是弱势群体），目的是减少社会不平等，符合以互惠互助和相互义务为基础的社会正义理论。生产性福利主义也包括"信任"，因为经济资助和制度支持的条件之一是承诺履行给予和执行的义务。罗尔斯（Rawls）在《正义论》(*A Theory of Justice*)（1971）中提到，社会民主制度可以容纳一定程度的功利主义思想，如此人们就能够自由地创造财富，但必须为穷人谋取福利，创造财富不能完全以牺牲穷人的利益为代价。① 国家和市民之间一定要有信任关系，同时还要有扶危济困的慈善精神。在穆斯林社会中，还有一个额外条件，即"公平意图"或"尼亚特"（niat）。所谓"尼亚特"，是指在双方交往过程中，如果一方比另一方获益更多，只要不是有意或使用特定议程利用另一方或剥夺另一方获得成功的机会，这种交易便是可以被接受的。

从社会学的角度看，东南亚和远东的阿拉伯移民和印度移民推动了与其他穆斯林的关系网络建构，通过战略联姻和商业合作等途径进一步强化了流动性。欧洲人的关系网络具有排他性，而马来人和印度尼西亚人的关系网络则具有包容性。殖民初期，哈达拉毛人和印度穆斯林与英国人和荷兰人交好。他们拥有伊斯兰学识，又与马来皇室和爪哇的特权阶层交往甚密，从中获益良多。他们获得了土地和权利，享有更多的商业和政治特权。拥护伊斯兰教意味着在理性主义和爱国主义之间取得一种平衡——支持伊斯兰教就是支持当地人的行动，此类行动以伊斯兰教中追求公平的理念为基础。② 哈达拉毛人和印度穆斯林成为受欢迎的社区领袖，能够参与政治和社区选举。这里有一个问题值得关注：究竟是民主伊斯兰将理性主义和爱国主义统一起来③，还是受到"广泛民主"中标志性文化的影响④？民主伊斯兰和标志性文明都促进了社区福利和托管制度的发展。慈善通常体现在为教育和福利基金会提供种子资金，穆斯林集会和乌玛也因此拥有领导社会的正当理由。掌控资金和基金会是获取影响力和社会声望的重要途径，在政治决策和经济发展中发挥着重要作用。

诚然，"福利"和"信托"这两个概念在伊斯兰教和现代社会中是有所区别

---

① Rawls, John., *A Theory of Justice*, Cambridge：Belknap Press of Harvard University Press, 1971.

② Baswedan, A. R., *Sumpah Pemuda Indonesia Keturunan Arab*, *Hari Kesedaran Bangsa Indonesia Keturunan Arab*, *Perintis Kemerdekaan Bangsa dan Negara Indonesia 1913*, first published on 4 October 1934 in *de Sarekat Islam*, Surabaya：Pers Nasional, 1974. 另可参见：Berg, L. W. C., *Le Hadramout et les Colonies Arabes dan l'archipel Indien*, Batavia：Imprimerie du Gouvernement, 1886. 同时参见：Lffan, M. F., *Islamic Nationhood and Colonial Indonesia: The Umma Below the Winds*, London：Routledge, 2002.

③ 民主伊斯兰被定义为"大众政治"，参见：Hefner, R., *Civil Islam: Muslims and Democratization in Indonesia*, Princeton：Princeton University Press, 2000. 在这一章中，伊斯兰文明被定义为一种参与性、社区性和福利性的宗教活动。参见：Laffan, *Islamic Nationhood*.

④ Noor, Farish, "The Caliphate: coming soon to a country near you? The globalisation of Islamic discourse and its impact in Malaysia and beyond", paper presented at Institut for Islamwissenschaft, Freie Universitat of Berlin, Germany, 2003; Sunderland, H., *The Making of a Bureaucratic Elite: The Colonial Transformation of the Javanese Priyayi*, Singapore：Heinemann (Asia), 1979.

的。阿拉伯穆斯林和印度穆斯林在移民社群中建立的慈善制度符合马来本地穆斯林的期望，后者希望有钱有势的人可以帮助他们。互惠和受惠（受益于当地的资源、土地和资金创造财富）是一种本地价值观，在这种价值观的影响下，人们通过福利事业实现互惠互利：阿拉伯穆斯林和印度穆斯林资助教育和仪式等社区事务，在其中发挥着领导作用。财富积累与伊斯兰教义中的借贷原则实际上是背道而驰的，但是在伊斯兰教育"文明化"的过程中，这种观点受到越来越多的质疑。因此，发展福利和信托机制的民间运动与伊斯兰教育文明的兴起相融合，为研究当地习俗和价值观提供了一个全球性的视角。只要社区中有公平的分配制度，财富和金钱的来源就不会引起争论。伊斯兰教通过"人性化"的方式传播和分配财富，推动了资本主义的发展。

10.3　历史上的企业家

槟城、亚奇和新加坡的海峡穆斯林移民创办的企业如雨后春笋般蓬勃发展，成为马来群岛穆斯林社群中本土企业的典范。① 在双边和多中心的文化环境中，人们用全新视角来看待社区关系和公民领导②：

①加强本地社区和社会关系网络，促进福利、慈善和信托机制的发展；

②促进本地人和移民的融合，传播更多有关福利、慈善和信托机制的知识，扩大正规教育的范围；

③具备基于家族和社群的福利、慈善和信托管理知识。

在早期的马来人和马来世界（"海洋之间的陆地"）文化中，福利机制以妇女为中心，重点在于食物和劳动合作③，十分不健全。后来在该地区建立的福利机制、慈善机制和信托机制填补了这一空白。很多移民与殖民政府关系密切，能够接受当地人无法接受或尚未接受的殖民统治制度，大多从事商业活动。移民能够迅速适应英语、荷兰语和法语教学，而当地人仍然坚持本土教育体系，产生了民族情绪。在土生阿拉伯人和土生爪夷人的混合社区中，移民后代学习到了更专业的国际贸易知识，更适应发展迅速、富有竞争的国际经济环境，比当地马来人更具优势。④ 20世纪40年代，移民后代作为新的"印度尼西亚人"，具有公平意识，满怀激情地投身荷属东印度群岛的民族主义运动中。

马来西亚在1957年赢得独立后，国家重新界定了本地人的国家社会权利，

---

① Karim, *Straits Muslims*；Khoo, "Tamil Muslims".
② Karim, *Straits Muslims*.
③ Karim, *Women and Culture*.
④ Halimah and Zainab, *Images of the Jawi Peranakan：Assimilation of the Jawi Peranakan into Malay Society*, Tanjong Malim：Universiti Pendidikan Sultan Idris（UPSI），2004. 另可参见：Fujimoto, H., *The Jawi Peranakan of Penang*, Tokyo：ILCAA, 1988.

以及福利和托管机制,社群中的信托机制随之走向衰弱。国家创建了权威的福利机构,逐渐取代了社群创建的福利机构。马来西亚的伊斯兰民间运动也没有了明确的目标,依靠个人的积极意愿和行动继续发展。目前,在马来西亚,伊斯兰福利机构是国家托管机构,通过教育和商业托管机构引进,如人民信托局和马来西亚伊斯兰基金会等。

10.4 联姻与慈善

马来贵族和苏丹与印度穆斯林和哈达拉毛商人之间的关系意义重大。印度人和阿拉伯人被称为"国王的商人",从中可以看出他们的特殊地位。① 马来人发现阿拉伯人和印度人擅长谈判,精通多种语言。于是后者成为殖民政府和马来贵族的贸易中间人。② 土生爪夷人和土生阿拉伯人经常与王室女性联姻,因此与马来贵族和苏丹关系密切。在马来诸邦之一的玻璃市,赛义德家族(Syed)通过联姻实际控制了皇室,以阿尔马哈姆·笛奥丁·阿尔姆卡拉姆·沙阿(Almarhum Dhiauddin Almukaram Shah)之名成为这个苏丹邦国的领导者。在吉打,赛义德家族中的女性嫁入皇室。通过联姻,马来贵族和皇室建立了更多基于信仰的福利机构。哈达拉毛人与马来当地以及印度尼西亚的女性通婚,将自己的庄园扩展到马来族的核心地带。马来族的领袖是由皇室母系血统者担任,因此使用"拉贾"(Raja)(拉惹)而不是"苏丹"代称,后者指由皇室父系血统者担任最高领袖。吉打皇室与赛义德家族有着亲缘关系,皇室任命赛义德家族成员在吉打文职部门和王宫中担任国家管理人员,创造出了一个贵族阶层,一直延续至今。如果情况相反——马来人与土生阿拉伯人通婚,产生马来商人阶级,就可以打破马来人对阿拉伯福利机制和托管机制的依赖。但是马来族男性通常接触不到阿拉伯土生女性,因此他们需要通过政治手段建立福利机制。

槟城的英国殖民者希望促进苏门答腊岛胡椒港口的贸易以获取财富,于是他们通过各个渠道招揽商人。除了在马六甲海峡贸易中获利的富商和船长,他们还招募出生在苏门答腊岛的土生阿拉伯人。苏门答腊岛同样也在英国的控制之下,后被荷兰人控制,成为荷属东印度群岛。③ 土生阿拉伯商人在香料贸易中获利颇丰,组建的社群坚持信守伊斯兰习俗,形成了较强的内部凝聚力。代表人物之一当属亚奇土生的阿拉伯大亨,名为赛义德·谢里夫·腾古·赛义德·侯赛因·艾底德(Syed Sheriff Tengku Syed Hussain Al-Aidid)。1786 年,弗朗西斯·莱特

---

① Halimah and Zainab, *Images of the Jawi Peranakan*.
② Wright, A. and H. A. Cartwright, *Twentieth Century Impressions of British Malaya*, London: Lloyds, Greater Britain Publishing, 1908, pp. 705 – 706. 另可参见: Newbold, T. J., *Political and Statistical Account of the British Settlements in the Straits of Melaka*, 2 vols, London: John Murray, 1839.
③ Othman, "Hadramis"; Karim, *Straits Muslims*.

(Francis Light)船长占领槟榔屿,并宣称槟榔屿为大英帝国领地。① 他想要腾古·赛义德·侯赛因在伊斯兰法律下管理他的财产和社群,于是做出了一些让步。1792年1月23日,他给加尔各答总督康瓦利勋爵(Lord Cornwallis)写了一封信:

> 赛亚德·侯赛因(Seyad Hussain)和赛亚德·杰夫(Seyad Juffer)是两个有着阿拉伯血统的马来人。他们拥有大量财产,将率领庞大的家族定居于此。他们提出了几个条件,首先是获得一份书面声明,说明受管辖的法律;其次获得一份许可令,允许他们独立管理自己的家族、奴隶和仆从。他们提出在任何情况下都接受伊斯兰法律的管辖。如果不愿居住在这里,可以不受任何限制,与家族一起离开。在决定是否要在此定居之前,需要经过长时间的讨论……
>
> 我和他们解释,任何主体都不能拥有完全独立的权利。但在一般的福利制度下,他们有权利管理自己的家族和附庸;他们所信仰的宗教、遵守的法律和习俗也不会受到干扰;他们有权惩罚子女和家人,当然,致残和谋杀除外……②

这可能是英国统治马来亚以来,首次承认伊斯兰法律。③ 随后,槟城岛上建立了亚奇-哈达拉毛殖民地,其中大片土地被用于贸易和商业,即现在的打石街(Lebuh Acheh)。④ 腾古·赛义德·侯赛因(Syed Hussain)是亚奇的皇室成员,其祖先哈达拉毛传教士迎娶了亚奇公主。他在槟城进行投资,拉近了英国殖民港口与亚奇之间的联系。

亚齐与阿拉伯半岛和哈达拉毛联系密切,是从远东地区到麦加朝圣的中心地区。亚齐很快就被称为"麦加走廊"。哈达拉毛人从商者较多,他们精通阿拉伯

---

① Othman, "Hadramis"; 1786年,马来苏丹国吉打的部分土地、槟榔屿和大陆毗邻地(英国统治后改名为威尔斯利省)割让给英国东印度公司,条件是英国保护吉打,抵抗暹罗人和缅甸人的入侵。然而英国并没有兑现承诺,弗朗西斯·莱特船长不顾吉打皇室的反抗,占领了槟城岛。槟城是英国在马来诸国和东南亚的第一个据点。苏丹艾哈迈德·塔胡德丁·哈林·沙阿(Sultan Ahmad Tajuddin Halim Shah)在反抗暹罗的独立战争后流亡了21年,于1843年回到吉打,重新成为吉打苏丹,但失去了北部的玻璃市和赛图尔,以及南部的槟城。参见:Zain, Sabri, *Sejarah Melayu*:*A History of the Malay Peninsula*, http://www.sabrizain.org/malaya/kedah.htm, last accessed 4 Sep. 2007. 另可参见:Hussin, Nordin, "Networks of Malay merchants and the rise of Penang as a regional trading centre", *Southeast Asian Studies*, 43, 3(December 2005), pp. 215 – 237. 同时可参见:Hussin, Nordin, "Trading networks of Malay merchants and traders in the Straits of Melaka from 1780 to 1830", *Asian Journal of Social Science*, 40, 3(2012), pp. 51 – 82.

② 参见:*Journal of the Indian Archipelago and Eastern Asia*, 4(1850), pp. 655 – 656; Hussin, "Networks of Malay merchants".

③ Nin, Khoo Su, "The Acheen Street mosque—the legacy of Tengku Syed Hussain; an ursurper of the Achenese throne: the pepper trade: a nation under seige", *Pulau Pinang*, 2, 2(1990), pp. 12 – 19.

④ 街道名称保留了"Acheh"原来的拼写。

语，了解《古兰经》教义，在金融、会计和贸易方面具有丰富的经验，因此能够轻松获得马来当地女性和亚齐女性的青睐。马来人和亚齐人的土地很快就得以转手，因为丈夫享有妻子财产的所有权，兄弟享有姐妹财产的所有权。马来人和亚齐人将土地廉价出售，以赚取朝圣的费用。他们往往会将土地转让给哈达拉毛人和土生阿拉伯人。通过朝圣，哈达拉毛人和土生阿拉伯人快速获得土地和资金。但他们并未将这些财富完全用于个人享乐，而是将当中的很大一部分都用于资助当地的穆斯林慈善项目。1808年，腾古·赛义德·侯赛因在打石街建造了贾木克·马来由（Jamek Melayu）清真寺；这座清真寺被称为"马来由"，与甲必丹吉林清真寺区别开来。甲必丹吉林清真寺是1803年一位印度穆斯林富商考得·莫姆丁（Cauder Mohudeen）建造的，他又被称为克林船长（Captain Kling）。[①] 1820年，赛义德·谢里夫立下遗嘱，创建了一个瓦克夫（信托机构），将66396平方英尺的土地用于"宗教目的"。[②] 其中包括马来由清真寺建造用地、清真寺大院以及牛干冬街和打石街的房屋。此外，还包括在兰卡威贾兰（Jalan Langkawi）的伊斯玛仪公墓和亚依淡（Air Itam）的部分区域。这份遗产由穆斯林和印度教捐赠委员会管理，之后由国家伊斯兰宗教办公室管理。

1795年，亚齐统治者贾豪尔·埃莱穆（Jahaur Al-Alam）提议将苏门答腊岛各个胡椒港口的贸易集中起来，只允许外国船只停靠在亚齐港。当地首领反对这一提议，因为他们主要通过在冷吉、德里、沙登、巴图巴拉和阿萨汉等较小港口进行胡椒贸易来创收；此外，他们不能对外国船只征税，收入也会随之降低。胡椒是远东地区的新"黄金"，美洲商人很快便留意到这一商机，以高价卖到美洲。腾古·赛义德·侯赛因率领一众叛军首领推翻了贾豪尔·埃莱穆的统治，1816年立自己的儿子为苏丹，称号为萨伊夫·埃莱穆（Saif Al-Alam）。

贾豪尔·埃莱穆向槟榔屿的英国政府寻求帮助，在法庭上为自己辩护。他认为，在腾古·赛义德·侯赛因的带领下，叛军在船上悬挂英国的旗帜，因此他无法拦截叛军的战船。在叛军濒临城下后，就将英国旗帜换为红色旗帜，行径与海盗无异，烧杀抢掠，无恶不作。叛军挥舞着红色旗帜，占据了亚齐数年，法院才做出判决。腾古·赛义德·侯赛因被控海盗罪，但他向总督提交了一份长长的请愿书，这个总督受槟城穆斯林社群支持，因此他就被释放了。

腾古·赛义德·侯赛因的垮台是因为他的儿子在马六甲海峡做海盗，攻击当地和欧洲的船只。由于海盗猖獗，胡椒贸易被迫中止，东印度公司驻明古鲁（Benkulen）的副总督斯坦福·莱佛士（Stamford Raffles）不得不出面协调。1819年，莱佛士帮助贾豪尔·埃莱穆登上亚齐的王位。根据当年签署的《亚齐条约》，亚齐成了英国的盟友。英国给贾豪尔·埃莱穆提供了大量资金和武器，

---

① Khoo, "Tamil Muslims".
② Nin, Khoo Su, "The Acheen Street Mosque". 直到如今，它依然是槟榔屿岛上规模最大的穆斯林瓦克夫。

1820年，他将萨伊夫·埃莱穆赶下王位。《亚齐条约》生效的时间很短，因为贾豪尔·埃莱穆直到去世都未能再次成为苏丹。1824年，莱佛士签署了《英荷条约》，以明古鲁据点换取荷兰在马六甲海峡的据点。因此，英国控制了新加坡和马来诸国，而荷兰控制了苏门答腊岛及其东边诸岛屿。

10.5 朝圣作为财富和特权的新来源

对于东南亚本地的穆斯林群体而言，赛义德家族作为圣裔，是能为他们安排麦加之旅的最合适人选。因此，很多生活在马六甲海峡各个港口的赛义德人成了朝圣之旅的代理人及中间人，他们为客户安排往返麦加的行程，准备相关文件，从中获利颇丰。这些由阿拉伯人掌控的中介机构中，有一家是赛义德·艾哈迈德·马舒尔（Syed Ahmad Al-Mashoor）经营的吉达朝圣票务代理（Jeddah Pilgrim Ticket Agency）。他从曼斯菲尔德公司（Mansfield Company）租赁轮船，是轮船的担保人。他为顾客提供和朝圣之旅有关的各项服务，包括订票，以及抵达目的地后的衣食住行。20世纪50年代，打石街因为朝圣之旅变得繁荣起来，吸引了来自印度尼西亚、泰国和马来各邦国的朝圣者。每一位朝圣者都会带上至少五位家人朝圣，因此朝圣队伍日益扩大，利润也开始成倍增长。时至1975年，随着朝圣基金局（Pilgrim Fund Board）的成立，去往麦加的包机时代来临了。这个马来版本的"天路历程"重创了打石街的朝圣产业，破坏了慈善和福利活动的主要资金来源。不过从好的方面看，为筹款而举办的庆祝和宴会减少了，落入哈达拉毛人和土生阿拉伯人手里的土地也因此减少了。基金局接受按月缴款，人们不必再为了朝圣而卖掉土地。

在新加坡，阿萨戈夫（Alsagoff）家族是最杰出的土生阿拉伯家族之一，他们经营着阿萨戈夫公司（Messrs. Alsagoff and Co.），为朝圣和慈善事业的商业发展作出了突出贡献。约160年前，阿卜杜勒拉赫曼·阿尔·萨格夫（Abdulrahman Al Sagof）创立了该公司。他曾投资建立自己的船队，在爪哇、新加坡和马六甲经营业务。他与苏拉威西（Sulawesi）王室联姻，并发展了一项重要业务——向当地人出租各种类型的船只。其子赛义德·阿赫麦德（Syed Ahmed）娶苏拉威西岛上戈瓦（Gowa）的苏丹王妃哈吉·法蒂玛（Hadjee Fatima）之女拉贾·西提（Raja Sitti）为妻，利用她的权势攫取当地航运业的利益。赛义德·阿赫麦德在妻子死后接管了她的业务，实际上妻子在世时这些业务就已交由他管理。赛义德·阿赫麦德在新加坡去世后，其子赛义德·马赫迈德（Syed Mahomed）继任。他曾管理着一支中远程船队，进行了盛极一时的朝圣贸易，在20世纪70年代包机时代来临之前，这一业务是该家族主要收入来源。早在19世纪30年代，他们就已开通了往来于马来亚各个荷属港口之间，以及各个英属殖民地之间的航线。哈达拉毛人自称为先知的后裔，并据此享有许多公民权以及马来统治者授予的特殊地位。哈达拉毛人免于缴纳关税和履行相关义务，能够接送来自巴达维亚、泗水、槟城和新加坡的朝圣者。阿萨戈夫家族面临着其他哈达拉毛家族的竞争，例如赛义德·哈桑（Sayyid Hassan）——19 世纪 20—30 年代爪哇最大的阿拉伯贸易商，他受荷兰人委托处理外交事务，影响力远至暹罗。

赖特（Wright）和卡特赖特（Cartwright）如此描述阿萨戈夫家族：

> 他们从事将各种当地产品和木材出口到阿拉伯和欧洲的大宗生意，其中包括在柔佛州库库布（Cocub）的大型庄园的橡胶、西米、椰子、咖啡、可可和菠萝等产品。该公司的财产包括毅力地产（Perseverance Estate）、海峡自行车和摩托车公司（the Straits Cycle and Motor Company）以及东方最大的锯木厂之一的迅捷锯木厂公司（the Express Saw Mill Company），还从马鲁古省的班达群岛出口香料。他们在库库布雇佣了多达 200 名员工，在新加坡的员工则有 40 名。

赖特还指出，他们是 1900 年代莱佛士酒店大楼和新加坡其他地产的所有者。1885 年，在新加坡的阿拉伯人投资额估值居东南亚之首，达 400 万荷兰盾，占该岛房地产总值的 25%。相比之下，当地马来人拥有的房地产不到 1%。20 世纪初，这些人主要以渔民和工人为主，在海运、陆地运输和通信方面的工作高度依赖哈达拉毛人和英国人。由于英国人没有为该岛穷人建立任何慈善机构，因此马来人依赖于哈达拉毛人建立的慈善机构，这些机构的主要工作是为有需要的人提供奖学金。

尽管慷慨是一种美德，但与捐给已建立的伊斯兰机构，如清真寺和学校的捐款相比，这些家族慈善事业则显得微不足道。在爪哇岛泗水市的港口，哈达拉毛人拥有 300 万荷兰盾，相当于房地产总价值的 18.8%。新加坡的犹太人、中国人和英国人开办的公司，泗水的荷兰人及荷兰–印尼贵族混血家族是当地房地产的主要投资者。弗里兰德写道，阿拉伯人和犹太人是 1931 年"最大的房产所有者"，他们通过高利贷轻松地从马来人手中购置了大量廉价土地。克拉伦斯·史密斯（Clarence-Smith）指出，放贷是哈达拉毛人经济活动中至关重要的一环。他还指出，富豪们向所有种族的人提供高利率贷款，不论穷人还是富人，利率都在 25%～30% 之间。尽管伊斯兰教禁止高利贷，但这些贷款常以"租金"的形式发放（是"租"钱而不是"借"钱）。20 世纪 40 年代，世界经济衰退，许多阿拉伯富人被迫将资产转让给欧洲或印度的公司，用来延迟不良贷款的还款期限，或扩大放贷规模。以上种种，导致慈善和福利事业逐渐衰退。

10.6 树立地位的模式

罗夫（Roff）表示，海峡马来人对阿拉伯人推高土地价格感到不满。20 世纪

30 年代，阿拉伯人、犹太人和中国人不断购买农村土地，土地价格让马来人难以承受。马来人能在以阿拉伯语和马来语授课的学校接受免费教育，但实际上，由于社会对英语人才的需求不断增加，马来人在热门行业、行政部门和金融领域的就业市场并无太大竞争力，无法获得稳定体面的工作以维持生计。商业活动仍以种族为中心开展，由土生阿拉伯人、印度裔穆斯林以及华人父系宗族控制，而马来人只能做低薪的工人和劳力，难以获得商业发展机遇。如此一来，马来人逐渐被边缘化。尽管资助者和东印度公司存在利益关联，但主持穆斯林教育信托基金的教师却是反殖民的。时至 1885 年，哈达拉毛人拥有的房地产从新加坡港口一直到荷兰控制的泗水、巴达维亚、坤甸、三宝垄、巨港以及亚齐和见陂堤里的各胡椒港口。他们在槟城和马来亚的房地产总值高达 100 万荷兰盾，占当地房地产总值的 6.3%。尽管慈善事业是殖民权力体系下的直接结果，但伊斯兰政治社会化却让教育体系免于欧化。

伊斯玛仪派社群另一个著名的穆斯林家庭是孟买商人易卜拉欣宝·帕达尼（Ebrahimbhoy Padaney），他是新加坡马六甲街 5 号的代理人。1908 年，其子卡里姆博伊·易卜拉欣（Carrimbhoy Ebrahim）爵士成为公司的主要所有者。卡里姆博伊爵士与儿子穆罕默德波伊（Mohamedbhoy）、法祖尔波伊（Fazulbhoy）和古拉姆侯赛因波伊（Gulamhusseinbhoy）共同经营公司。他们将业务扩展到了中国的香港、上海，以及日本的神户，维系了阿拉伯与桑给巴尔之间近一个世纪的商业贸易。卡里姆博伊爵士在孟买拥有数家棉纺织厂和各种类型的企业，并被任命为伊斯兰协会（Anjuman-i-Islam）副主席，同时也是马赫迈德教育大会（Mahomedan Educational Conference）的成员。他被封为爵士，还被委任为太平绅士（Justice of the Peace）。他的两个儿子也被任命为太平绅士，受邀担任孟买市政局成员。波伊家族向当地的伊斯兰协会捐赠了大量善款，还为孟买的博物馆捐款。在这个穆斯林家族里，慈善事业与树立地位之间的联系最为明显，他们一直尝试与在新加坡的英国人建立良好的关系。

伊斯玛仪、哈达拉毛和印度穆斯林的社会身份显赫，同时接受过阿拉伯语和英语教育，因此在应对全球化发展方面得心应手。当地马来语社区的人们只接受过马来语教育，在欧洲殖民热潮的鼎盛时期，随着全球资本主义兴起，他们逐渐被边缘化。慈善机构无法赋予马来穆斯林足够的政治资本，他们也就无法开展海峡殖民政府允许的社会运动。哈达拉毛人和其他印度穆斯林通过与当地贵族妇女联姻而声名显赫，土生阿拉伯人和土生爪夷人的混血社区更倾向于参与由英国人、荷兰人和华人主导的生意。他们不愿意改变有利于自身业务的政治生态，因此，在马来亚民族主义的政治进程中并未起到太大作用。

印尼的情况则有所不同，土生阿拉伯人明确了自身在国家建构中的政治利益，并在情感上支持荷兰东印度群岛的荷属占领区是"印度尼西亚的"，他们以这样的方式保持着"民族主义"的立场。巴达维亚是印尼最大的港口，但移民数量远不及新加坡多，当地的巴达维语基本上是一种作为商业通用语的马来语，后来成为印度尼西亚的民族语言之一。尽管印尼华人在商业上处于主导地位，控制着利润丰厚的印尼商业和贸易网络，但他们无法成立有影响力的政党以获得支持，因此无法影响国家政局的走向。马来亚和新加坡的政治环境与印尼不同，伊斯兰教在马来亚和新加坡是教育和福利的实现途径，但不能获得足够的支持，就无法成为政治动员的实现途径。

土生阿拉伯人在20世纪头20年以及民族主义运动后期以独特的方式参与政治，促成了伊斯兰教与印度尼西亚的教育、福利和政治方面的融合。然而，在马来亚和新加坡，土生阿拉伯人在20世纪40年代才加入当地马来人追求自由的队伍。他们直到那时才意识到，像马来民族团结组织（UMNO）这样的马来政党会实现独立，若不给予支持，他们将被排除在获取政治权力的行列之外。知识分子和作家赛义德·谢赫·艾哈迈德·哈迪（Sayyid Shaykh b. Ahmad al-Hadi）是一名土生阿拉伯人，最初反对马来人的民族主义独立情绪，他认为马来人尚未有充分准备，马来人将被华人和印度移民中更为富有和受教育程度更高的群体统治。因此，在政治社会化过程中，树立地位和社会动员的基础是族群认同而非伊斯兰教。在20世纪50年代，马来亚伊斯兰教党（PAS）只能在被英国人忽视的东海岸邦国获得支持。

10.7　独立穆斯林媒体的兴起

在马六甲海峡的槟城和新加坡，阿拉伯文、马来文、爪夷文和英文书籍以及印刷材料都很便宜，英国人在当地采取了较为宽松自由的政策以鼓励多元文化和世俗化教育，因此，这两地吸引了大量来自伊斯兰世界的作家、学者和学生。

赛义德·谢赫·艾哈迈德·哈迪是槟城的媒体大亨，拥有位于吉鲁洞的吉鲁洞出版社。新加坡哈达拉毛人率先涉足出版印刷业，在1906—1908年之间出版了《伊玛目》杂志。20世纪30年代，阿拉伯媒体巨头开始雇佣马来记者和作家。1930年，阿尔萨格夫家族成立了马来亚新闻报纸集团。赛义德·奥马尔·阿尔巴（Sayyid b. Umar al-Bar）是新加坡的另一位新闻界大亨。20世纪30年代，阿拉伯慈善事业衰落，他们对马来和阿拉伯媒体的掌控，引起了马来人的不满。对于马来亚、新加坡和荷兰东印度群岛的土生阿拉伯人媒体大亨来说，这是一个不容错过的政治机会，可以借此对民族主义表达一定的同情，同时传播有利于欧洲人统治的现代化和进步思想。但是，马来民族主义者与同情民族主义的阿拉伯人并未有过紧密合作，后者在1957年马来西亚独立前20年的政治运动中一直处于边缘位置。

在英国的统治下，土生阿拉伯人中的中产阶级知识分子的生活并未受到压迫。富有的商人从海湾地区至印度洋的跨洋贸易中获益颇丰，对他们十分慷慨。

时至20世纪末，阿拉伯和印度穆斯林在马六甲海峡的主导地位逐渐被欧洲、中国和日本的商人取代。不过，在房地产和可持续性服务行业拥有巨额投资的人，如印刷、装卸和酒店业，将财富转化为对知识和教育的追求。教师通过和他们的关系，还可以干一些别的行当以维持自己对教书育人的热情。

10.8 志愿服务与社会福利

毋庸置疑的是，资本主义精神催生了企业精神，而企业精神则是志愿服务精神的源泉。私人和企业家出资举办节日庆典和宴会，通过这类慈善活动极大地提升了自己的地位。

英国和荷兰的管理者注意到了这一点，把私人和企业家视为具有影响力的社区领袖，给予了他们一定的特权。马来民族主义者，特别是农村地区的马来民族主义者，并未在慈善、企业和资本主义之间寻求社会关系资源，因此被殖民当局忽略，无法进入经济活动的中心。

20世纪三四十年代，随着民族主义热潮的兴起，居住在城市的爪夷人和土生阿拉伯人企业家开始赞助当地马来人和印度尼西亚活动家，因为这些活动家将会成为马来亚和荷兰东印度独立运动的新领导人。爪夷以及土生阿拉伯企业家之所以能在马六甲海峡取得成功，主要原因在于他们在企业和帝国之间进行周旋的能力，使得他们能够通过慈善事业寻找到机会进行生产活动。

10.9 福利和慈善的本土社区网络

亲属和朋友之间的关系网络成为人们加入本土社区的基础，志愿服务借助这种关系网络得到蓬勃发展。宴会及典礼所需要的免费人力资源来自三类人：工人及其家人、依靠较富裕的亲戚获得金钱利益和粮食援助的贫困亲戚，以及被旧移民"赞助"而刚刚迁入的新移民。他们对于资助人的忠诚毋庸置疑。福利与劳动文化结合在一起，大批移民劳工的生活依靠"东家"的施舍，因此当地的马来人、亚齐人和米南人（Minang）几乎不可能被平等地纳入志愿关系网络中。仅有一小部分受过阿拉伯语和英语教育的当地人才具有一定的工作流动性，但是出于对族群血缘的偏好，当地人又被排挤出这类家庭信托机制。大多数当地人参与到更偏向于农村平均主义的社区信托机构，这些信托机构以农村和农村地区清真寺为中心。

穆斯林移民通过参与有组织的教学活动和社会福利活动以融入本地社群，而本地信托机制也使人们参与到复杂的大型集体网络、政治文化和经济发展之中。信托机制和资源的结合促进了信托行为，通常还会影响正式的政治宗教组织的成功与否。例如，在印度尼西亚，礼拜场所或信众团体等宗教机构都拥有雄厚的社会资本。这归因于民众对宗教机构和宗教领袖的信任,在民众看来,宗教领袖诚实可信、声望卓越。

印度尼西亚的经学院(印尼文是 pesantren 或 pondok pesantren,马来文是 madrasah,即乡村宗教学校)长期以来都是根植于社区的重要福利机构。建立在社区内部的传统学校需要使用社区成员捐赠的资金以及土地,而经学院则高度依赖其他伊斯兰慈善形式,如天课(zakat)和瓦克夫(waqf)。从地理位置上看,经学院就位于社区内,社区居民对经学院进行投入,因此与经学院联系较为紧密。他们提供资金支持,并送子女去经学院学习。这说明了本土社群中伊斯兰式的慈善形式是非等级的,一直以来取决于参与者之间的群体凝聚力。学生是在"赚取"受教育的机会,为了换取课程、食物和住宿,他们会去经学院老师的稻田里干活。经学院老师既是提供教育以及维护和传播宗教与文化价值的媒介,又扮演着"文化掮客"的角色,对社区内的社会宗教变化进行协商。

在更非正式的层面上,通过朋友圈子(马来语中的 kud, kutu;印尼语中的 arisan)建立的本地小额信贷体系同样基于信任——参与者坚持还款,他们资金有限,在亲属、朋友和邻里关系的基础上,形成了"借贷者"网络。每一位参与人获得贷款的机会均等。在这一体系中,马来妇女作为"借贷人"集体工作,债务偿还的价值体系(个人声望和荣誉)与筹集生产和再生产资本的能力息息相关。

一旦资金到位,当地人就可以进一步接受教育、培训,学习有关的商业知识。但是,关于慈善和福利机制与当地人的再生产和物质积累能力强弱之间的关系几乎没有可供研究的数据。如有这些数据,可以用来解释马来人和马来群岛其他本地居民更为平等主义的财富和资源分配制度。在20世纪下半叶东南亚伊斯兰国家独立后,他们开始追求自由企业和个人财富。

马六甲海峡内的农村社会结构是建立在集体责任和合作基础上的,但是在该地区定居的移民利用这种社群关系进行了复杂的交易,涉及金钱、土地和资源。在苏丹国的封建税收制度统治下,农村生产水稻和使用水路都要纳税。首领为苏丹征收税款,作为回报,苏丹支持他们控制包括水路在内的特定地理区域。但是,与西方世界的其他地区相比,一种"先进的交换经济"早已出现在马六甲海峡的各个港口。乔杜里(Chaudhuri)认为:"从农民社区中榨取剩余价值并将其重新分配给其余经济体带来了棘手的社会和经济问题。"首领必须向农民征税以维持封建地位,但交不上税的人也不会遭受任何肉体上的摧残或惩罚,因为他们能够选择逃跑并寻求另一位首领的保护。在农村地区维持修建道路、通道和运河的徭役制度是必要的,尽管这一制度并不受人欢迎。掌控土地租金的地主、殖民当局的官僚、首领和企业家开始与有财富和资本的阿拉伯和印度穆斯林移民建立密切的关系,出现了依赖于资本化的制度,这种制度使得马来人和其他当地人与大量土地和资源相分离。

穆斯林移民带来了侵蚀集体责任制的经济依赖体系。随着首领、统治者和移民企业家之间的联盟更加巩固，当地农村社会分层愈加严重。许多伊斯兰领袖成了土地的特权所有者，并实行一夫多妻制。伊斯兰教育成为一种社会补助制度，儿童能够在英国人和荷兰人建立的学校免费接受阿拉伯语和马来语教育，无须为昂贵的书本、校服和鞋子付费。失去的财富通过接受教育得以弥补，包括精神教育和社会教育。伊斯兰教成为社会资本的重要来源，在对殖民统治的非正式抵抗中使得当地的社区网络进一步全球化。出于对智力和社会补助的兴趣与担忧，农民参与了这些生产的再分配制度。

在荷兰的殖民统治之下，亚齐的社群采取了 weukeuh 制度，和天课一样，由宗教领袖动员收取。爪哇地区的村庄头领（penghulu）征收天课以筹集资本抵抗殖民统治，但没过多久，什一税（zakat）、物质捐赠（infak）以及贡献（sedekah，在印尼亦作 ZIS）就被直接交予个人或由个人自行处理捐赠给经学院。但是，马来西亚、印度尼西亚和文莱宣称国家具有筹集和管理天课的权利。天课本是本土社区慈善事业的主要资金来源，数十年来，成了官僚机构的运营资本。巴姆阿利姆等人认为"像雅加达的 BAZUS DKI 和西爪哇省的 BAZ 等天课管理机构面临着公众对执政党信心不足所带来的挑战"。在马来西亚，由于强势的推广力度，国家筹集的天课资金有所增长，本土社区筹集的天课也相应增长，但具体幅度有待研究。

就如同中东和印度农村的社会结构创造出了凌驾于农民阶层之上的农村精英阶层，西印度洋地区的制度渗透到了马六甲海峡，为城市企业家与传统精英结盟进入农村地区指明了道路。移民的慷慨是一个悖论——把他们的捐款汇集起来，然后以信托的方式交给外国或移民教师。精神知识成为当地社会补助体系的一部分。农村社群耕种土地也是慷慨的付出，但他们的贡献在社会交换中无法通过金钱计算出来。社会交换是农民劳动报酬的一部分。沃尔特斯（Wolters）将史前时期东南亚的政治统治中心多元化与殖民前和殖民时期新知识的不断涌现联系起来。这体现了思想体系的延续，这些思想体系十分容易在血亲关系中蔓延，形成支持本地强势领导者的网络。尽管人们渴望支持中央集权的统治者，以使"统治者那湿婆式的超凡能力延伸到无限的宇宙中。实际上，区域里的人民对于权力扩张或衰落的迹象保持着高度的警觉。统治者的权力可以通过婚姻关系和贸易活动、武装实力以及名气威望扩展到更广泛的区域"。慈善事业通过当地领导层的支持网络（主要是宗教或精神上）而蓬勃发展，但领导层依靠支持者（农民）的生产过剩而过活。考虑到这个传统，由穆斯林移民带到马六甲海峡各个港口的福利制度是否可持续受到质疑。

10.10 结语

阿拉伯和印度穆斯林对混合着资本主义和福利制度的封建主义持迎合态度令

人费解。不过，可以理解的是，这种制度和移民社群中强大的父权制领导传统在结构上是相似的。哈达拉毛宗族的发展是基于家庭福利主义，这恰恰与印度穆斯林大型家族网络的集体信托是一致的。通过集体信托获取的财富和社会利益不一定重合，除非普通百姓对福利有很高的期望。而对皇室、贵族和商业阶层而言，通过现成的集体信托制度，既可以攫取资本、土地和劳动力资源，又能传播慷慨和良善的精神。只要能坚持分配正义的原则，集体信托制度就能支持而非反抗财富和特权的等级制度。从理论上讲，当地马来人认为，支持这些较新的慈善体系最符合他们的利益。毕竟，殖民统治者并不热心慈善，认为福利应由当地商人来提供。

索 引

（本索引所标页码为英文版页码，参见中译本边码。）

Aapravasi Ghat Trust Fund 阿普拉瓦西·加特信托基金，176

Abdala, Abdilatif 阿卜迪拉提夫·阿卜杜拉，190，199

Abdulaziz, Mohamed Hassan 穆罕默德·哈桑·阿卜杜拉齐兹，186，190

Aden, Ferusi Mbarak 费鲁西·姆巴拉克·亚丁，115

African Association 非洲人协会，212，213

Afro-Shirazi Party（ASP）非洲-设拉子党，212-214

Ahmed, Akbar S. 阿克巴·S. 阿赫麦德，205

Ahmed, Syed 赛义德·阿赫麦德，282

Al-Aidid, Syed Sheriff Tengku Syed Hussain 赛义德·谢里夫·腾古·赛义德·侯赛因·艾底德，278-280

Akbar 阿克巴，54

Al-Alam, Jahaur 贾豪尔·埃莱穆，280，281

Alexandrowicz, Charles Henry 查尔斯·亨利·亚历山大诺维奇，60

Ali, Mgeni 姆戈尼·阿里，255，260

Anglo-Dutch Treaty《英荷条约》，281

Anjuman-i-Islam 伊斯兰协会，284-285

Avery, Henry 亨利·艾弗里，62

Bab-el-Mandeb Straits 曼德海峡，63

Bang, Anne 安妮·邦，202

Bani Yas 巴尼亚斯部落，75

Bantu（language）班图语，6，188，189，194

al-Bar, Sayyid b. Umar 赛义德·奥马尔·阿尔巴，286

Barghash, Sultan 苏丹巴尔加什，246

Batawi（language）巴达维语，285

Beall, Jo 乔·比尔，160，165

Beechert, Edward 爱德华·比彻特，166

Bertrand, André 安德烈·伯特兰，259

Bhana, Suren 苏伦·巴纳，160

Bhanna, Surendra 苏仁达·巴纳，163

Boas, Franz 弗朗茨·博阿斯，198

Boustead, Ridley and Company 博斯泰德·莱德利公司，113

British School of Linguistics 英国语言学学派，190

Bucktowar, L. 巴克托瓦尔，163

Bugis 布吉，55

Bujra, Janet 珍妮特·布贾拉，185

Bukka: co-founder of Vijayanagara Empire 布卡：维阇耶那伽王国的共同创立者，51

Carter, Marina 玛丽娜·卡特，153，160，165，172；*Last Slaves*《最后的奴隶》，172；*Sirdars Servants and Settlers*《监工、奴隶和定居者》，160

Caumeau, Lucien: French Consul to Comoros Islands 卢西安·考梅：法国驻科摩罗群岛领事，255

Chakrabarty, Dipesh 迪佩什·查卡拉巴提，210，231

Chomsky, Noam：*The Sound Pattern of Eng-*

lish，诺姆·乔姆斯基：《英语音系》，194；*Syntactic Structures*《句法结构》，190

Cohen, Robin 罗宾·科恩，211

Comorian Association 科摩罗协会，254 – 256

Comorian County Societies 科摩罗郡县组织，254

Comorian School 科摩罗学校，257 – 260

Cornwallis, Lord：Governor General in Calcutta 康瓦利勋爵：加尔各答总督，278

Cumpston, I. M.：*A Survey of Indian Immigration to British Tropical Colonies to 1910* 坎普斯顿：《截至1910年印度向英国热带殖民地移民的调查》，157

Curtin, Philip 菲利普·科廷，175

DeLaet, Joannes 乔安尼斯·德莱特，51

Devaraya II 德瓦拉亚二世，54

Dilmun 迪尔蒙，74

Estado da India 葡属印度，60，63，64

Firth, J. R. 弗思，190

Fish, Stanley 斯坦利·费什，206

Fletcher, Joseph 约瑟夫·弗莱彻，49

Fleure, Herbert 赫伯特·弗勒，49

Foucault, Michel 米歇尔·福柯，187

Franco-Comorian School 法国 – 科摩罗学校，240

Freitag, Ulrike 乌尔里克·弗赖塔格，232

de Freitas, Seraphim 塞拉菲姆·弗雷塔斯，60

Freund, Bill 比尔·弗洛恩德，163

Fuma, Sudel 苏德尔·福玛，160

Glassman, Jonathon 乔纳森·格拉斯曼，212

Golkonda Sultanate 高康达苏丹国，54，62

Govinden, Santa Sully 圣·苏里·格温敦，160

Green, William 威廉·格林，174

Gujarati（language）古吉拉特语，25，194

Gulf of Aden 亚丁湾，40，128

Gungwu, Wang 王赓武，37

Gupta, Anirudha 安尼路德·古普塔，22

Haji, Muyaka Mwinyi 姆亚喀·姆维尼·哈吉，186

Hall, Douglas 道格拉斯·霍尔，175

Hall, Richard：*Empires of the Monsoon* 理查德·霍尔：《季风帝国》，13 – 14

Halle, Morris：*Sound Pattern of English, The*（1968）莫里斯·哈勒：《英语音系》，194

Harihara：co-founder of Vijayanagara Empire 哈里哈拉：维阇耶那伽王国的共同创立者，51

Hindi（language）印地语，71

Hinnebusch, Thomas：*Swahili and Sabaki: A Linguistic History* 托马斯·辛尼布：《语言史——斯瓦希里语和萨巴基语》，195

Hodgson, Marshall 马歇尔·霍奇森，51

Huan, Ma 马欢，35

Humblot, Léon：Société Anonyme de la Grande Comore 莱昂·汉布洛：大科摩罗岛股份有限公司，250

Hurgronje, Snouck 斯诺克·赫格罗赫，27

International Conference on Indian Immigration 印度移民国际会议，170

Druze 德鲁兹派，269

al-Jalahima, Rahma bin Jabir 拉赫马·本·贾比尔·贾拉希玛，87

Jang'ombe 加翁贝区，235

Johnston, Keith 基思·约翰斯顿，114，115

Kaguru：practice of *utana* 卡古鲁人：戏谑，119

Kannada 卡纳达，50

Karume, Abeid Amani 阿贝德·阿曼尼·卡鲁梅，239 – 240

Kassim, Sheikh Muhammad 谢赫·穆罕默德·卡西姆，199 – 200

Khan, Ghazan 合赞汗，49

Khan, Hulagu 旭烈兀可汗，45

Khutu：practice of *utana* 库图人：戏谑，119

Kingwana（language）金瓦纳语，197

Kirk, William 威廉·柯克, 16

Kramer, Fritz 弗里茨·克雷默, 229

Kresse, Kai 凯·克雷斯, 199

Krishna Deva Raya 克里希纳·德瓦·拉亚, 54

Kwere: practice of *utana* 奎勒人: 戏谑, 119

Lal, Brij 布理杰·拉尔, 158, 161, 165-168

Lambek, Michael: *Knowledge and Practice in Mayotte* 迈克尔·兰贝克:《马约特的知识和实践》, 200

Lamour, Louis: French Consul to Comoros Islands 路易斯·拉莫尔, 255

Light, Francis 弗朗西斯·莱特, 278

Litwack, Leon: *Been in the Storm So Long* 列昂·里特瓦克:《长处风暴之中》, 179

Lodhi, Abdulaziz 阿卜杜拉齐兹·洛迪, 197

Low, Jocelyn Chan 乔斯林·陈·罗, 170

Luguru: practice of *utana* 卢古鲁人: 戏谑, 119

Maganga, C. 马甘加, 193

Mahomed, Syed 赛义德·马赫迈德, 282

Mahomedan Educational Conference 马赫迈德教育大会, 284

Malayalam (language) 马拉雅拉姆语, 30

Mazrui, Alamin 阿拉明·马祖瑞, 189

Mbalia, Turkey: President of Comorian Association 图尔其·姆巴利亚: 科摩罗人协会主席, 264

Mbaye, Himidi 希米迪·姆巴耶, 255

Mbaye, Said 萨义德·姆巴耶, 255, 264

Meneley, Anne 安妮·梅内利, 227

Meshthrie, Uma 乌玛·麦思里, 160

Messrs. Alsagoff and Co. 阿萨戈夫公司, 282

Middleton, John: *The World of the Swahili*: *an African Mercantile Civilisation* 约翰·米德尔顿:《斯瓦希里世界: 一种非洲商业文明》, 188

Miehe, Gudrun 古德·鲁米耶, 190, 191

Mijikenda (dialect) 米吉肯达(方言), 195, 196

Mishra, Vijay 维杰·米什拉, 159

Mlomry, Ahamd Muhammad 艾哈迈德·穆罕默德·莫洛里, 260

Mohamed, Alwiya 阿尔维亚·穆罕默德, 193

Mohudeen, Cauder 考得·莫姆丁, 279-280

Mrima Coast 姆里玛海岸, 101, 193

Mukalla 木卡拉, 21, 23, 27, 80

Munasinghe, Viranjini 维兰吉尼·穆纳辛格, 169

Munro, Doug 道格·芒罗 159, 166

Muzaffaris 莫扎法尔, 56

Nabhani, Sheikh Ahmad Sheikh 谢赫·艾哈迈德·谢赫·纳巴尼, 190, 199

Naipaul, Shiva 希瓦·奈保尔, 187-188

Nassir, Sheikh Abdillahi 谢赫·阿卜杜拉·纳赛尔, 199

Nurse, Derek: *Swahili and Sabaki*: *A Linguistic History* (1993) 德里克·纽斯:《语言史——斯瓦希里语和萨巴基语》, 195

Okigbo, Christopher 克里斯托弗·奥基博, 206

Ya'arubi Dynasty 阿曼雅鲁卜王朝, 74

Omar, Said Ali bin Said 萨义德·阿里·本·萨义德·奥马尔, 245-246

Padaney, Ebrahimbhoy 易卜拉欣宝·帕达尼, 284

de Paiva, Tristam: Portuguese Ambassador to court of Sadasivadevaraya 特里斯坦·帕伊瓦: 葡萄牙驻萨达斯瓦德瓦拉亚朝廷大使, 54

pan-Arabism 泛阿拉伯主义, 212

Parti Se-Islam Malaya (PAS) 马来亚伊斯兰教党, 286

Peake, Harold 哈罗德·皮克, 49

Pearson, Michael 迈克尔·皮尔森, 18, 99

Peerthym, Sateeanand 萨坦德·皮瑟姆, 170

Piat, Emile 埃米尔·皮亚特, 246, 248

Pires, Tomè 托梅·皮莱资, 57

Polo, Marco 马可·波罗, 33

Polome, Edgar: *Swahili Language Handbook* (1967) 埃德加·波罗姆:《斯瓦希里语手册》, 186

Prabhang: 琅勃拉邦, 56

Prins, A. H. J. A. H. J. 普林斯, 186

Ptolemy 托勒密, 11

Purpura, Allyson 艾莉森·普尔普拉, 203

Raichur 赖久尔, 54

Raffles, Stamford 斯坦福·莱佛士, 280

Ramsamy-Nadarassin, Jean Regis 让·瑞吉·拉姆萨米-纳达拉辛, 160, 162

Ramsurrun, P. 拉姆苏伦, 163

Rawls, J.: *A Theory of Justice* (1971) 罗尔斯:《正义论》, 273

Reddi, Sada 萨达·瑞迪, 170

Reddock, Rhoda 罗达·瑞道克, 166

Rediker, Marcus 马库斯·雷迪克, 96

Richardson, Peter 彼得·理查德森, 160

River, Chaophraya 湄南河, 55-56

River, Great Ruaha 大鲁阿哈河, 109

River, Irrawaddy 伊洛瓦底江, 55

River, Tana 塔纳河, 189

Rodd, Rennell: British Consul in Zanzibar 伦内尔·罗德:英国驻桑给巴尔领事, 247

Rombi, M. F. 罗姆比, 193

Rukh, Shah 沙哈鲁, 53, 54

al-Sabah, Shaykh Mubarak 谢赫·穆巴拉克·萨巴赫, 86, 87

Sacleaux, C. 萨克利厄斯, 186, 192, 193

Sadasivadevaraya 萨达斯瓦德瓦拉亚, 54

Safar, Hajji Mirza Mohammed 'Ali 哈吉·米尔扎·穆罕默德·阿里·萨法尔, 84

Al Sagoff, Abdulrahman 阿卜杜勒拉赫曼·阿尔·萨格夫, 282

Said, Edward 爱德华·萨义德, 205

Saleh, Ibuni 伊本尼·萨利赫, 255, 259-260

Salim, Ahmed Idha: concept of 'elusive Mswahili' 阿赫麦德·伊达·萨利姆:"难以捉摸的斯瓦希里人", 187; *Swahili-speaking Communities of Kenya's Coast 1895-1965*《1895—1965年肯尼亚沿海地区的斯瓦希里语言社区》, 186

Salum, Mwinchum Hassan 明丘姆·哈桑·萨鲁姆, 239

Samudra Sultanate 苏木都剌苏丹国, 56

Sapir, Edward 爱德华·萨丕尔, 198

Saunders, Kay: *Troublesome Servants* 凯·桑德斯:《麻烦的奴仆》, 167

de Saussure, Ferdinand: *A Course in General Linguistics* 费尔南德·索绪尔:《普通语言学教程》, 201

al-Sayf, Shamlan bin 'Ali 沙姆兰·本·阿里·萨伊夫, 86

School of African and Oriental Studies (SOAS) 伦敦大学亚非学院, 185, 190

Shariff, Ibrahim Noor 易卜拉欣·诺尔·谢里夫, 189

Shepherd, Veren 维伦·谢泼德, 164

Shlomowitz, Ralph 拉尔夫·史洛莫维茨, 160

Signaty 西格纳提, 62

Spivak, Gayatri 佳亚特里·斯皮瓦克, 205

bin Sultan, Mohamed 穆罕默德·本·苏丹, 246

Sulu 苏禄, 55, 129, 133, 136, 139

bin Sumeit, Omar 奥马尔·本·苏梅特, 260

Sunley, William: British Consul in Ndzuwani 威廉·桑利:英国驻恩兹瓦尼领事, 244

Swahili Arts Group 斯瓦希里艺术团, 235

Taussig, Michael 迈克尔·陶西格, 229

Thiong'o, Ngugi Wa 恩古齐·瓦·提安哥, 205

bin Thuwaini, Hamad 哈马德·本·杜威

尼，247

Tinker, Hugh: *New System of Slavery* 休·廷克：《奴隶制新体系》，155

UN Educational, Scientific and Cultural Organization (UNESCO): World Heritage Sites 联合国教科文组织：世界遗产，152

United Provinces of the Netherlands: States-General 荷兰共和国的议会代表，64

University of Leipzig 莱比锡大学，190

Vahed, Goolam 古兰姆·瓦希德，160，163

Villiers, Alan 艾伦·维利尔斯，21，27，102，103，118

Virahsawmy, Raj 拉吉·维拉萨米，163

Wagoner, Phillip 菲利普·瓦格纳，51

Zanzibar Indian Ocean Research Institute (ZIORI) 桑给巴尔印度洋研究所，2

Zanzibar National Party (ZNP): 桑给巴尔民族主义党，212，214

Zein, Abdulhamid: *The Sacred Meadows* 阿卜杜勒哈米德·泽恩：《神圣草甸》，198，199

关于作者

穆罕默德·巴卡利（Mohamed Bakari） 出生于肯尼亚，先后就读于肯尼亚内罗毕大学和英国约克大学。曾任教于内罗毕大学和肯雅塔大学，现任土耳其伊斯坦布尔法提赫大学语言学和后殖民研究学教授、美国文化和文学系主任。著作包括《肯尼亚斯瓦希里语的形态音位学》（*The Morphophonology of the Kenyan Swahili Dialects*，1985 年）、《肯尼亚的伊斯兰教》（*Islam in Kenya*，1995 年），与约书亚·帕克（Joshua Parker）和露西·唐克罗娃（Lucie Tunkrova）合编的《变形与位置》（*Metamorphosis and Place*，2009 年）。目前正在针对桑给巴尔和大科摩罗的著名学者赛义德·奥马尔·阿布达拉（Sayyid Omar Abdala）开展传记研究。主要研究方向为班图语结构、斯瓦希里语文学、后殖民社会文学和肯尼亚伊斯兰教文学。

法赫德·艾哈迈德·比沙拉（Fahad Ahmad Bishara） 威廉玛丽学院历史学助理教授，哈佛大学历史与经济学研究中心经济学、历史学与政治学奖得主。著作包括科威特海洋史译本《科威特与海洋：经济社会简史》（*Kuwait and the Sea: A Brief Economic and Social History*，2010 年）。目前正撰写西印度洋经济生活的法律史，主要关注阿曼和印度向东非移民和商业化过程。

格温·坎贝尔（Gwyn Campbell） 加拿大麦吉尔大学印度洋世界中心主任，印度洋地区经济史专家，目前正在研究印度洋地区的奴隶制、移民和侨民、印度洋地区"全球"经济的基础以及基督教传教士的影响。著有《1750—1895 年马达加斯加帝国的经济史》［*An Economic History of Imperial Madagascar*（1750—1895），2005 年］、《大卫·格里菲斯与传教士——马达加斯加历史》（*David Griffiths and the Missionary—History of Madagascar*，2012 年）。目前正撰写一份关于 1900 年前非洲和印度洋地区概况的手稿。

鲍拉·伊凡诺夫（Paola Ivanov） 慕尼黑大学社会人类学博士，主要研究 19 世纪早期全球化背景下苏丹南部和刚果东北部的政治进程。曾担任多个非洲艺术和历史展览的策展人和联合策展人。在拜罗伊特大学担任研究员期间，对手稿《伊斯兰桑给巴尔的跨地域性、消费与美学：一个实践理论的研究》（*Translocality, Consumption and Aesthetics in Islamic Zanzibar: A Practice Theoretical Study*）

开展深入研究，并于 2013 年在拜罗伊特大学获社会人类学博士学位。现任柏林民族博物馆东非、中非及南非藏品馆馆长，并计划举办印度洋区域主题展览。

拉维·阿尔温德·帕拉特（Ravi Arvind Palat） 纽约州立大学宾汉顿分校社会学教授，并在此获得社会学博士学位。曾任教于夏威夷大学和奥克兰大学，并担任约翰霍普金斯大学客座副教授。著有《资本主义重组与环太平洋地区》（Capitalist Restructuring and the Pacific Rim）、《亚太与世界体系的未来》（Pacific-Asia and the Future of the World-System）。

史蒂芬·J. 洛克尔（Stephen J. Rockel） 1997 年毕业于多伦多大学，获博士学位，自 1999 年起先后在南非夸祖鲁·纳塔尔大学、多伦多大学经济史系任教。其研究方向主要为劳工史及非洲奴隶制度，就此话题发表文章《文化的载体：19 世纪东非的劳动之路》（Carriers of Culture：Labor on the Road in Nineteenth-Century East Africa，2006 年）并获得加拿大非洲研究协会授予的乔尔·格雷戈里奖。此外，还与里克·哈珀恩（Rick Halpern）合著文章《制造附带损害：平民伤亡、战争和帝国》（Inventing Collateral Damage：Civilian Casualties, War and Empire，2009 年），并在相关学术书籍、期刊中发表部分章节和文章。现从事项目包括对 19 世纪坦桑尼亚商业城市塔波拉的历史研究，以及对坦桑尼亚民族认同、加拿大南非反种族隔离流亡者的研究。

阿卜杜勒·谢里夫（Abdul Sheriff） 出生于桑给巴尔，在加州大学洛杉矶分校获得文学学士学位（1964 年）及文学硕士学位（1966 年），在伦敦大学亚非学院获得博士学位（1971 年）。曾在达累斯萨拉姆大学教授历史（1969—1991 年），曾任桑给巴尔博物馆顾问兼首席策展人（1993—2005 年）、桑给巴尔印度洋研究所（ZIORI）执行董事（2007—2012 年）、桑给巴尔国立大学主席团主席（1995—1997 年）、柏林高级研究所研究员（2002—2003 年）。出版的专著包括《桑给巴尔的奴隶、香料和象牙》（Slaves, Spices & Ivory in Zanzibar，1987 年）、《殖民统治下的桑给巴尔》（Zanzibar under Colonial Rule，1991 年）、《桑给巴尔石头城的历史与保护》（The History & Conservation of Zanzibar Stone Town，1995 年）、《印度洋的独桅帆船文化：世界主义、商业与伊斯兰教》（Dhow Cultures of the Indian Ocean：Cosmopolitanism, Commerce & Islam，2010 年）等。

维亚亚拉克什米·蒂洛克（Vijayalakshmi Teelock） 毛里求斯大学历史学与政治学系主任、教授，奴隶制与契约研究中心的协调员。专门研究毛里求斯奴隶制历史，尤其是种植园奴隶制的历史。主编三卷本契约史《安格》（Angage，2013 年），并为毛里求斯真理与正义委员会 2011 年 11 月发表的最终报告撰稿。最近与托马斯·韦内特（Thomas Vernet）合作整理的毛里求斯奴隶制历史 C4 藏品清单在法国国家档案馆展示。

伊恩·沃克（Iain Walker） 人类学家，悉尼大学博士，现就职于牛津大学人类学与博物馆民族志学院移民政策和社会研究中心（COMPAS）。研究领域主要包括科摩罗群岛的年龄制度、婚姻和空间使用权,西印度洋的网络及其流动性,以及桑给巴尔科摩罗社区的身份认同等问题。目前正致力于研究散居在海湾国家、东非和也门的哈达拉毛人的融合问题。代表作品为《做他人,做自己:在互联世界中构建身份》(Becoming the Other, Being Oneself: Constructing Identities in a Connected World,2020年)。

瓦齐尔·贾汉·卡里姆(Wazir Jahan Karim) 伦敦政治经济学院经济人类学博士,1977年荣获雷蒙德·费思奖。她是社会经济研究与分析学院(ASERA)的创始人,是其目前所就职的马来西亚理科大学妇女发展研究中心创始人。她撰写并编辑的关于伊斯兰教和妇女的书籍包括《妇女与文化:马来西亚习惯与伊斯兰教的关系》(Women and Culture: Between Malay Adat and Islam,1992年)、与贝尔(D. Bell)和卡普兰(P. Caplan)合著的《性别领域:女性、男性、民族志》(Gendered Fields: Women, Men, Ethnography,1994年),以及参与合著的《马来西亚半岛的少数族裔文化:土著遗产的遗存》(Cultural Minorities of Peninsular Malaysia: Survivals of Indigenous Heritage,2002年)。近期出版的作品有《槟城的盛宴:穆斯林烹饪遗产》(Feasts of Penang: Muslim Culinary Heritage)。